본서를 선물 받으신 분 가운데
경전에 익숙하지 않으신 분은
270쪽 부록1 부분을 먼저 읽으신 후
앞 부분의 경전을 독경하시면
도움이 되시겠습니다.

<u>   </u> 불자님께

<u>서기 20 년 월 일</u>

<u>   </u> 드림

윤회를 벗어나 성불하는 지름길

정토삼부경과 염불감응록

무량수경 · 아미타경 · 관무량수경
정종심요 · 아미타불 염불감응록

아미타불 명호 염해 생사 윤회 벗어나는 무상심묘선無上深妙禪

염불은 가장 쉽고 빠르게 육도윤회를 벗어나 깨달음의 정토이자 성불학교인 극락세계에
서 무생법인을 증득한 후 다시 사바세계로 원력소생하여 중생을 구제하는 수행법이다.

무량수여래회 편역

비움과소통

일러두기

1. 『무량수경』은 중국 근대 인물인 하련거 거사께서 무량수경
   5종 역본을 회집하신 『불설대승무량수장엄청정평등각경佛說
   大乘無量壽莊嚴淸淨平等覺經』(무량수경 회집본, 또는 선본)을 텍
   스트로 삼아 번역하여 실었다.

2. 『아미타경』은 구마라즙 대사께서 변역한 위역본 아미타경을
   저본으로 삼아 우익대사의 『아미타경요해阿彌陀經要解』를 참조
   하여 품으로 나누어 경문을 번역하여 실었다.

3. 『관무량수경』은 송원宋元嘉中 강량야사畺良耶舍가 번역한 역본
   을 경문으로 삼는 한편 경문의 이해를 돕기 위해 철종 4년
   (1853) 내원암 간행 『불설관무량수불경』의 관경변상도를 실
   었다.

阿彌陀佛接引圖

목 차

정토삼부경을 내면서[1]

자운慈雲 율사

정토삼부경은 『무량수경』과 『관무량수경』과 『아미타경』을 말하며, 정토삼부경이라고 해서 특별히 귀중하게 여기기 시작한 것은 북위北魏의 담란(曇鸞 ; 476~542) 이후입니다.

이 중에서 『아미타경』은 아미타불의 정토와 그 정토에 이르는 종교적 실천의 길로서의 염불을 찬탄하는 경입니다.

그리고 『관무량수경』은 석존의 만년에 일어난 왕사성의 비극을 인연으로 해서 어리석은 사람을 대표하는 위제희韋提希 부인이 제도 받는 길을 설한 경입니다.

범부의 정토왕생淨土往生을 설한 이 경전은 정토신앙에 있어서 결정적 의의를 갖는 경입니다. 이 경이 아니면 후세의 정토교는 설립할 수 없었을 것이라고 할 만큼 정토신앙에 있어서 중요한 경전입니다.

---

1) 한국 현대의 고승으로서 서상瑞相을 보이며 왕생극락 하신 자운(慈雲, 1911-1992) 율사律師께서 쓰신 이 서문은 법정 스님 역저인 『정토삼부경』(대각회출판부, 1971)의 해인사 염불원 법공양본에 실린 글이다.

다음으로 정토삼부경 가운데 가장 중심이 되는 경은 아미타부처님의 본원을 설한 『무량수경』입니다. 이 경은 「쌍권경雙卷經」이라고 하는 다른 이름이 있듯이 내용이 크게 둘로 나뉘어 있습니다.

신라의 스님 경흥憬興은 그가 지은 『무량수경연의술문찬無量壽經連義述文贊』에서, 모든 중생이 성불할 것이 약속된 아미타불의 정토가 어떤 원과 실천을 통하여 이루어졌는가 하는 것을 설하고 있으며[상권], 그에 대응하여 중생이 어떻게 해서 그 궁극적인 종교적 세계에 도달할 수 있는가를 설한다[하권]고 합니다. 다시 말하면, 상권은 여래정토의 인과를 설한 것이며, 하권은 중생왕생의 인과를 설한 것이라고 할 수 있습니다.

때문에 그것은 여래如來와 중생衆生이 「정토왕생」이라고 하는 길에서 완전히 하나가 되어 사는 것을 원하는 것입니다. 그것은 근본의 원리이기도 하고, 구체적인 실천의 길이기도 한 아미타불의 본원에 의하여 선택된 염불의 법과 그에 근거한 종교적 자각으로서의 믿음의 확립이 이 경전의 진정한 중심안목中心眼目인 것입니다.

범본 『무량수경』의 최후에 "높으신 아미타불의 공덕을 찬탄하며, 정각을 구하며 그치지 않는 구도자들을 두 번 다시 미혹迷惑의 세계에로 물러서지 않도록 불퇴전의 경지에 들게 하며, 아미타불의 안락정토의 훌륭한 경관이라고 하는 경전을 설해 마친다."고 한 것에서도 잘 알 수가 있습니다.

본래 불교는 중생이 정각正覺함으로서 모든 중생에게 뿌리 깊고,

얽히고, 쉬는 일 없는 무명과 번뇌로부터 해탈하여 성불하는 것이 궁극적인 관심사입니다.

아난은 『무량수경』에서 불교의 궁극적인 이 관심사인 정각正覺의 내용에 대해서 석존에게 묻습니다. 『무량수경』에 등장하는 사람 가운데서 오직 한 사람, 아직도 번뇌를 버리지 못한 아난이 묻는 것은 우리와 같은 범부중생을 아난이 대리하는 것이며, 부처님의 안에 깊숙이 감추어진 깨달음의 내면에 다가서려고 하는 구도자로서의 아난은 그대로 범부중생의 구도적 욕구를 나타낸 것이라고 해도 좋을 것입니다.

그때, 석존이 밝힌 내용은 대략 다음과 같습니다.

정광여래(錠光如來 ; 연등불)로부터 차례로 53부처님을 거슬러 올라가 세자재왕불世自在王佛의 가르침을 만난 한 국왕이, 모든 중생이 남김없이 구제받는 정토를 건설하겠다고 하는 보리심菩提心을 내어 출가를 하고, 스스로 법장보살法藏菩薩이라고 이름합니다. 그리고 스승의 가르침에 따라 정토가 실현되는 길을 사유하되 다섯 겁 동안을 하는데, 이것이 사십팔원四十八願입니다. 그리고 스승의 이 사십팔원에 더해서 광명과 수명, 지혜와 자비의 힘이 무한하여 모든 중생을 다 제도하리라고 서원합니다. 이같이 서원한 법장보살은 그 서원이 무간지옥無間地獄의 중생에게도 미칠 수 있도록 하기 위해 영겁의 수행을 하여 드디어 아미타불의 정토를 완성하였으며, 그곳에 왕생하면 어떠한 중생도 열반의 깨달음을 얻을 수 있게 되는 것입니다.

경에 의하면, 우리가 왕생할 정토는 서방으로 십만 억 국토를 지난 곳에 있다고 합니다. 정토교의 이론가들, 특히 길장吉藏이나 혜원慧遠에 의하면 정토가 해가 지는 서방에 있는 것은 정토가 생사의 저쪽에 있음을 뜻한다고 합니다. 이것은 생사를 초월하여 돌아갈 고향으로서의 정토가 우리들 앞에 열려 있음을 시사하는 것입니다.

또 십만 억의 많은 국토를 지난 곳에 정토가 있는 것은, 그 거리적인 표현으로써 생사의 세계에 있어서의 고뇌와 죄업의 깊이를 나타낸 것이라고 이해되고 있습니다.

따라서 정토는 무시이래로 자기 마음속에서 애증과 선악이라고 하는 대립적인 세계를 만들어 끝없이 고뇌하는 인간의 업을 부처님의 본원에 의거해서 정화한 세계로서 중생 위에 펼쳐지는 세계임을 알 수 있습니다.

아미타불의 48원은 중생 위에 펼쳐지는 정토의 왕생을 구체적으로 설하고 있는 것이기도 합니다. 중생에 대한 구원은 헛되이 생사의 길을 한결같이 오가는 자에게 정토왕생이라고 하는 확고한 방향을 설정해 주며, 그로 인하여 밝은 인생이 열리게 하는 것입니다. 그것은 중생의 무명을 깨뜨리고 희망을 충족시켜 주는 위신력을 완전히 갖춘 부처님 명호의 힘을 인因하여 깨우쳐지며 아미타불의 본원을 믿음으로써 비로소 가능해지는 것입니다. 여기에 아미타불의 정토가 본원에 의하여 보답으로 나타나는 참다운 보토報土인 까닭이 있습니다. 그것은 또 중생에게 있어서 아미타불의 본원이 성취되는 것입니다.

이렇게 볼 때, 아미타불에게 귀의하여 구원을 바라는 이가 보리심을 내어 아미타불의 본원을 념하고 저마다의 능력에 따라 정진하면, 그것은 여래와 중생이 하나가 되는 것이므로 여래가 임종을 당한 중생을 맞이하러 온다고 하는 형식을 취하여 현전하리라고 설하는 아미타불의 서원은 우리에게 인간적인 감동을 갖게 합니다.

이 **견불사상**見佛思想이야말로 정토교 경전 가운데 가장 초기적인 내용이지만 그만큼 정토사상의 핵심인 것입니다.

부처님을 뵙고 서방의 정토에 왕생하여 성불하는 것, 이 이외에 더 크고 긴요한 불사는 없는 것입니다. 우리는 다 같이 여기 옮겨 싣는 정토삼부경의 가르침과 그 인연공덕으로 이고득락離苦得樂하고 왕생정토往生淨土하여 이윽고는 대각을 성취하길 바라마지 않습니다.

불기 2517년(1973년) 10월

자운慈雲 성우盛祐 지음

정종심요淨宗心要

황념조黃念祖 거사 주강主講2)

1. 세존께서는 오직 아미타부처님 본원의 바다를 설하셨다

전 세계에 정토종 신자는 매우 많지만, 정토종의 수승한 점을 진정으로 이해할 수 있는 사람은 매우 드뭅니다. 중국과 일본에서는 공히 존경하는 선도대사께서 남기신 '석가모니 부처님께서 세상에 오신 까닭은 오직 아미타부처님 본원의 바다를 말씀하시기 위함이다(釋迦所以興出世, 唯說彌陀本願海)'는 두 마디 말씀을 소중히 여기고 있습니다. 세존께서 왜 세상에 오시어 설법하시고 중생을 제도하였으며 갖가지 교화를 펼치셨는가? 그 유일한 원인은 아미타여래의 본원을 설하시는 것이었다는 말씀입니다. 이 두 마디는 어떤 특수한 명사 술어도 없이 부처님께서 세상에 오신 까닭이 오직 아미타부처님 본원의 바다를 말씀하고자 함임을 누구나 알아들을 수 있습니다.

그러나 확실히 이를 진실로 이해할 수 있는 사람은 대단히 드뭅니다. 여러분 생각해 보십시오. 부처님께서 그렇게 많은 법을 설하

2) 황념조 거사의 어록집인 『심성록心聲錄』에 실린 글로 1989년 북경 광제사廣濟寺 염불칠念佛七 도량에서 강연한 녹음을 기초로 하여 1991년 북경연사北京蓮舍에서 정리한 것이다.

셨는데, 왜 아미타부처님 본원의 바다를 말씀하셨다고 말하는가? 이 부분은 잘 이해되지 않습니다. 불경의 말씀은 너무나 깊기 때문입니다. 우리들은 한평생 이 두 마디 말을 진정으로 명백히 이해할 수 있다면 결코 헛되지 않을 것입니다! 이 말은 선도대사와 같은 수준이라야 얻는 경지라고 말할 수 있습니다. 그래서 연지대사께서는 "사람들은 선도대사를 아미타부처님의 화신이라 한다. 설사 아미타부처님이 아닐지라도 관음·대세지·문수·보현보살과 동등한 인물이다."라고 자신 있게 말씀하실 수 있었습니다.

이렇게 수승한 법문을 들을 수 있어, 저는 부처님의 은혜에 깊이 감사하고 있습니다. 그리고 응당 은혜에 보답하고 싶습니다. 그래서 이곳 염불도량에 와서 아미타부처님 본원의 큰 바다에 경의를 표시하기 위해 「정종심요」를 공양하고자 합니다.

불법은 심법心法을 전하는 것입니다. 그 심법의 강요를 심요心要라고 부릅니다. 정토삼부경에서 『아미타경』을 소경小經이라 하고, 『무량수경』을 대경大經이라 합니다. 어떤 사람은 다만 한 경전으로 여겨서 『아미타경』을 소본小本이라 하고, 『무량수경』을 대본이라고 하였습니다. 그래서 우리들은 이 두 경전으로부터 정토의 종요를 연구하고 있습니다. 『무량수경』은 정종 제일의 경전이고, 『아미타경』은 가장 널리 유통되고 날마다 염송되는 경전입니다.

(2) 아미타경 종요宗要

『아미타경』의 강종綱宗은 무엇입니까? 우익藕益대사께서 가장 잘 말씀
하셨습니다. 근대 정종의 대덕이신 인광印光대사께서는 우익대사께
서 쓰신 『미타요해彌陀要解』에 대해서, "『요해』는 아미타경의 모든
주해 중에서 가장 훌륭한 것으로 석가모니부처님께서 직접 오셔서
주해하셔도 이를 뛰어넘을 수 없을 것이다." 말씀하셨습니다.

소본(아미타경)의 종요는 **신원지명**信願持名, 즉 믿음과 발원으로 명호를
집지하는 것입니다. 소본을 연구할 때 우리는 우익대사를 따라갈
것입니다. 우익대사께서는 소본의 강종은 '신원지명信願持名'이라고
말씀하셨습니다. 믿음 · 발원 · 지명행(信願行)을 삼자량三資糧이라고
합니다. 집을 나서서 여행하려면 돈을 준비해야 하는데, 이것이
노잣돈(資)입니다. 식권을 휴대해야 하는데, 이것이 식량(糧)입니다.
휴대가 간편한 건조식품은 훨씬 더 확실한 식량입니다. 믿음 · 발원 ·
지명행, 이 셋은 생사의 바다를 건너는데 있어 없어서는 안 되는
자량입니다.

오늘 여러분께서는 모두 진실한 불자가 되셨습니다. 그런데 여전히
말만하고 믿지 않는다면 되겠습니까? 이번 염불도량에 참가하셨으면
당연히 극락세계가 있고, 아미타부처님이 있음을 알 것입니다. 이것
이 곧 믿음입니다. 그렇지만 이보다 더 수승한 믿음이 있습니다.
우익대사께서 그의 『요해』에서 이러한 믿음에 대해 여섯 가지를
드셨는데, 오늘은 간단히 설명해보겠습니다.

믿음에는 **여섯 가지 믿음(六信)3)**이 있습니다. 지금 말씀드려보겠습니
다. 우선 극락세계가 있다고 믿고, 아미타부처님께서 계시다는 것을
믿습니다. 이렇게 믿는 것이 사事, 즉 사상事相입니다. 사상 차원에서
믿을 수 있으면(信事) 유리한 고지를 차지할 수 있습니다. 불학佛學을
전문적으로 연구하는 적지 않은 사람들은 바로 이 측면을 믿지
않습니다. 아미타부처님께서 계시고 당연히 그가 부처님임을 믿는
것이 바로 타인을 믿는 것(信他)입니다. 여섯 가지 믿음 중에서 사상을
믿고 아미타부처님(타인)을 믿는 것은 신심에서 가장 많은 부분으로
3분의 1에 해당합니다.

그리고 여섯 가지 믿음 중에서 사상(事)과 상대적인 것은 이체(理)입니
다. 우리는 사상을 믿고 또한 이체를 믿어야 합니다. 예를 들면
금으로 반지를 만들면 이것은 둥근 형태이고, 고리를 만들면 또
하나의 형태이며, 목걸이를 만들면 또 다른 형태입니다. 그러나
당신은 이것을 반지라고 인식합니다. 귀걸이와 목걸이도 마찬가지로
모두 금이라고 인식하지 않고, 사상이라고 인식합니다. 금은 바로
이들 귀고리와 반지의 본체입니다. 본체는 금으로, 차별적인 것이
아니라 평등한 것입니다. 그래서 이체理體, 즉 본체는 변하지 않아
생함도 멸함도 없습니다. 그것은 일체 형상을 출현시킬 수 있습니
다. 금은 어떠한 형상의 물건으로도 나타날 수 있습니다. 반드시

---

3) "믿음[信]이란 자신(自身)의 본원심성(本元心性)·부처님의 말씀[法門]·
   원인(原因)·과보(果報)·사(事)·이(理)를 의심없이 철저하게 믿는다는
   것을 말한다." 『미타요해彌陀要解』

장방형이어야 합니까? 일정하지 않습니다. 주조하는 상황에 근거
하여 일체 상으로 나타날 수 있습니다. 금은 반지를 만든 것으로
나타나는 것이 아니라 그것은 본래 있는 것입니다. 그것은 녹이지
못하고, 사라지지도 않으며, 전부 그대로 있습니다.

이체와 사상, 우리는 사상을 믿을 수 있고 또 이체를 믿을 수 있습니다.
이체는 바로 법신불입니다. 법신불은 미래제가 다하도록 허공에
가득하고, 과거도 현재도 미래도 없습니다. 우리는 이체와 사상을
같이 믿어야 합니다. 만약 흠결이 있으면 깊은 믿음이 아닙니다.
자기와 타인도 마찬가지 입니다. 아미타부처님(타인)을 믿을 뿐만
아니라 자기의 본원심성(자성본연)을 믿어야 합니다. 이것이 밀종密宗의
근본도리입니다. 수많은 사람들이 모두 밀종을 배우고 싶어 하지만,
이것이 밀종의 요령要領임을 알지 못합니다. 단지 관정灌頂을 받기만
하고, 수법修法4)은 수승한 법익法益에 이르지 못합니다.

밀종의 수승한 곳은 자기의 본원심성, 바로 본존本尊에 있습니다.
선종에서는 무엇을 부처(佛)라고 말합니까? "맑고 깊은 못을 마주하는
것이 부처이다(淸潭對面就是佛)"라고 말합니다. 당신이 맑고 깊은 못의
물을 보고, 맑고 깊은 못을 마주하면 당신 자신이 바로 물 가운데
드러나는데, 이것이 바로 자기의 본원심성입니다. 『관경觀經』에 이르
시길, "이 마음 그대로 부처이고, 이 마음 그대로 부처가 된다(是心是佛,
是心作佛)"5) 하였습니다. 당신이 염불하고 있을 때 바로 이 마음으로

---

4) '가지加持 기도법'이라고도 한다. 밀교에서 행하는 식재(息災)·증익(增
益)·경애(敬愛)·조복(調伏) 등 4종의 기도법을 말한다.

부처가 되는 것입니다. 당신이 부처가 되는 이 마음, 그것이 본래 그대로 부처입니다. 이것은 선종과 밀종이 완전히 한 뜻(一味)입니다. 그래서 우리는 아미타부처님을 믿고, 자기의 본원심성을 믿어야 합니다.

끝으로 원인에 대한 믿음(信因)과 과보에 대한 믿음(信果)이 있습니다. 수많은 불교도들은 인과에 대한 믿음을 잊어버렸습니다. 정말 인과를 믿는다면 감히 어떻게 악한 일을 저지르겠습니까? 악한 일을 저지르면 그 사람은 변했습니다. 이것이 일반적으로 말하는 인과입니다. 믿음으로는 아직 모자랍니다. 여섯 가지 믿음에서 인과는 한 걸음 더 깊이 나가야 합니다. 단지 선하면 선한 과보가 있고 악하면 악한 과보가 있다고 믿는 것에 그치는 것이 아닙니다. 이것은 당연히 믿어야 하지만 깊은 믿음이 아닙니다. 깊게 믿는 것은 당신은 범부이고 믿음·발원·지명持名으로 한평생 염불하거나 임종시 내지 십념을 염하면 아비발치阿鞞跋致(불퇴전)를 이루게 될 것이라 믿는 것입니다. 당신은 본래 범부이고 믿음이 있고 발원이 있어 오로지 아미타불을 염하면 이 한 마디 한 마디 염念에는 어떠한 별도의 기교와 미묘함도

---

5) "경계는 마음으로 말미암아 나타나는 까닭에 성불하고자 하면 반드시 마음을 말미암아 성불의 인연을 닦아야 부처님의 의정과보가 드러날 수 있는데, 이를 시심작불是心作佛이라 한다. 마음이 부처가 되지 않으면 마음은 부처를 나타낼 수 없는 까닭이다. 부처는 바로 마음이고 타인은 바로 자신이다. 성취하는 대상인 부처를 거두어 성취하는 주체인 마음으로 돌아가는데, 이를 시심시불是心是佛이라고 한다." 『만선동귀집 강의』 석성범 스님

없지만, 당신이 현생에서 얻는 과보는 결정코 성불입니다. 증득하여 물러나지 않으면 결정코 성불하지 않겠습니까? 이것은 믿음·발원·지명의 인因으로 무상보리의 과果를 얻는 것입니다. 수많은 사람들은 이를 믿지 못하는 것 같습니다. 일반인은 언제나 이것도 조금 닦고, 저것도 조금 닦고 싶어 합니다. 이것도 구하고 저것도 구하고 싶어서, 이 수승한 인과를 믿을 수 없습니다.

그래서 우리는 여섯 가지 믿음을 가져야 합니다. 여섯 가지 믿음을 가질 수 있다면 이미 매우 깊은 지혜를 가지고 있습니다. 만약 부족하다면 조금씩 증가시켜 가면 됩니다. 현재 사상을 믿고 아미타부처님을 믿는 것으로부터 시작해서 끊임없이 깊이 들어가야 하고, 끊임없이 발전시켜 나가야 합니다. 병이 나면 내가 염불을 잘 할 수 있을지 믿을 수 없습니다. 의사를 찾아 당신의 병을 치료한다면 당신은 의사의 능력이 부처님 명호의 위신력보다 크다고 생각할 것입니다. 당신은 이런 신심에 마땅히 물음표를 쳐야 합니다! 그래서 모두 다 깊이 들어가고 깊이 믿어야 합니다. 이처럼 믿음에는 여섯 가지 측면이 있습니다. 이 여섯 가지 측면을 모두 깊이 믿어야 합니다. 이것이 바로 심요心要입니다.

염불을 많이 하든 작게 하든, 염불할 때 망상이 있든 망상이 없든 그것은 왕생의 관건이 아닙니다. 관건은 당신에게 얼마나 깊은 믿음과 간절한 발원이 있는가에 있습니다. 그래서 우익대사께서는 "왕생 여부는 믿음과 발원의 유무에 달려있다"고 말씀하셨습니다. 발원은 「극락세계가 좋아서 가고 싶어 하고, 사바세계가 싫어서 떠나고 싫어 하는 것(欣慕極樂 , 厭離娑婆)」입니다. 이 일은 매우 쉬워 보이지만, 실제로는 전혀 쉽지 않습니다. 특히 「사바세계가 싫어서 떠나고 싶어 하는 것」은 대단히 어렵습니다. 얼마간 수행한 사람도 여전히 명성을 다투고 이익을 다툽니다. 이러한 명리는 모두 사바세계의 것이 아닙니까? 미련이 남아 있는 것이 아닙니까? 언제나 조금씩 고쳐가면서 생활하고 싶어 합니다. 고치지 않고 생활한다고 해서 사바세계의 것이 아닙니까? 연인, 부부사이의 감정은 다만 자신에 대한 상대방의 사랑이 진실하지 못할까 두려워할 뿐입니다. 당신에 대한 나의 사랑은 진실하다, 나에 대한 당신의 사랑은 진실하다, 승강이 하며 가슴 아파합니다! 이러한 감정은 극락세계에는 없습니다. 극락세계는 여성이 없고 모두 다 남자입니다. 이러한 감정이 바로 사바세계에 얽매이게 하고, 본래 부처인 당신을 오늘 이런 형태로 타락시키게 합니다. 그래서 진정으로 사바세계를 싫어하는 마음이 필요하고 일체 모든 것에 대해 미련을 갖지 말아야 합니다.

그렇다고 모두 다 출가해야 한다고 말하는 것이 아닙니다. 수많은 출가인의 경우 몸은 출가하였지만, 마음은 여전히 집에 있습니다. 그도 또한 불교에서 지위와 명문을 다투고 있습니다. 또한 새로운 관계를 맺어 그와 서로 친한 사람도 있고. 또 서로 소원한 사람도 있으며, 모르는 사이에 파벌을 형성하여서 자신의 일파와 단결하여 다른 사람을 공격하기도 합니다. 출가하였지만 마음이 집에 있으면 사바세계에 미련이 남아있는 것입니다. 거사들의 경우 가장 좋은 것은 몸이 집에 있으면서 마음으로 출가하는 것입니다. 먼저 담박한

생활로부터 시작하여 점점 진실한 염리厭離로 발전시켜 나가 털끝만큼
도 미련이 없어야 합니다.

요컨대 여섯 가지 신심을 확고히 하고, 극락세계가 좋아서 그곳에 태어나
길 발원하며, 착실하게 명호를 굳게 지니면(信心堅定 , 欣願極樂 , 老實持名)
삼자량이 원만해집니다. 이것이 소본 『아미타경』의 종요입니다.

(3) 무량수경 종요

대경(무량수경)의 종요는 발보리심發菩提心 · 일향전념一向專念 · 아미타불阿
彌陀佛입니다. 발보리심은 정토종에서만 중시하는 것은 아닙니다. 어
떠한 대승법문이든 당신이 참선을 하든, 교학을 하든, 특히 밀종을
하던 관계가 없습니다. 밀종이 수승한 것은 빠르게 성취하고 크게
성취하기 때문입니다. 그 유일한 원인은 바로 보리심을 특별히 중시
하기 때문입니다. 경을 보거나(간경看經) 가르침을 듣는 것(간교看教)
등 갖가지 수행법은 모두 다 보리심과 떼어 놓을 수 없습니다. 보리심
이란 어떤 마음입니까? 여섯 가지 믿음이 견고하여 모두 다 깊은
믿음이어야 하고, 사바세계에 대해 털끝만큼도 미련이 없어야 하며,
오직 일체중생과 함께 극락세계에 도달하기 위해 정성 다해 닦을
것을 일심으로 발원하는 것입니다. 그래서 소경(아미타경)의 믿음과
발원이 바로 보리심입니다.

보리심은 대지혜大智慧 · 대자비大慈悲 · 대원력 세 가지가 일체인 이러

한 마음입니다. 일반적인 지혜가 아니고 대지혜이고, 반야입니다. 대자비와 대원, 이러한 마음이라야 보리심이라 합니다. 이것을 밀종에서는 행원行願 보리심(수행자의 행원에 의해 생기는 보리심), 승의勝義 보리심이라고 합니다. 현교顯教도 이것을 순사보리심順事菩提心이라 하고, 또 순리보리심順理菩提心이라고 합니다. 또는 세속보리심, 승의제勝義諦 보리심이라 부릅니다. 요컨대 이 두 가지 마음을 구족하여야 진정으로 보리심을 일으키는 것입니다.

당나라 시대 신라의 승려인 원효元曉스님께서는 『무량수경종요無量壽經宗要』에서 말씀하시길, "무상보리심은 첫째 사에 따라 발심함(隨事發心)이고, 둘째는 이에 수순해서 발심함(順理發心)이다." 말씀하셨습니다. 「사에 따라 발심함」은 바로 우리들이 늘 발원하는 사홍서원四弘誓願입니다. "끝없는 번뇌를 끊어오리다(煩惱無邊誓願斷)", 이는 단덕(斷德)으로 끝없는 번뇌를 일제히 잘라버립니다. "무량한 법문을 배우오리다(法門無盡誓願學)", 이는 지덕(智德)으로 부처님의 무량한 법문을 닦을 수 있고, 이렇게 많은 법이 대지혜이기에 지덕입니다. 번뇌를 끊으려면 지혜가 있어야 합니다. "한없는 중생을 건지오리다(衆生無邊誓願度)", 이것은 은덕(恩德)으로 우리는 중생에 대해 은혜를 입고 있습니다. 그렇게 이 세 가지 서원이 합쳐서 일어나면 성불이므로, "위없는 불도를 이루오리다(佛道無上誓願證)"라고 발원합니다. 그래서 진정으로 사홍서원을 발하면 보리심을 발하는 것입니다. 이를 사에 따른 발심 또는 세속보리심이라 하고, 밀종에서는 행원보리심이라 합니다. 이런 마음을 발한 공덕은 불가사의합니다.

한 걸음 더 나아가 「이理에 수순하여 발심」합니다. 이理에 수순하여
발심함은 언어를 사용해서 말할 수 없습니다. 억지로 말하자면 실제
이 마음은 바로 자기 본래의 진심, 각오(覺悟 ; 깨달음)의 마음입니다.
보리가 바로 깨달음입니다. 깨달음이란 무엇입니까? 자기 자신을
깨달으면 바로 부처이고, 자기 본래 그대로가 부처입니다. 이 대각大覺
은 언어가 문득 끊긴 자리(言語道斷)입니다. 언어의 길이 끊어져 말할
수 없지만, 억지로 말하자면 일체법은 모두 환 같고 꿈과 같습니다.
이것은 인아人我의 집착을 깨뜨리는 것일 뿐만 아니라 법집法執도
깨뜨립니다. 부처님께서는 『금강경金剛經』에서 이르시길, "일체 유위
법은 꿈과 같고, 환 같으며, 거품 같고, 그림자 같으니라(一切有爲法 , 如夢幻
泡影)." 하셨습니다. 수많은 사람들은 경을 매일 염송하지만, 경의
내용에 대해서는 눈먼 사람 같고 귀먼 사람 같습니다. 중국에서
수많은 사람들은 매일 기공을 연마합니다. 기공을 연마하는 것을
진실한 일로 여깁니다. 이는 『금강경』과 격차가 너무 큽니다! 일체
유위법, 유위有爲라는 것은 무언가를 하고 싶어 하고, 무엇을 얻고
싶어 하며, 무엇을 단련시키는 것입니다. 이 몸뚱이를 변화시켜
무너지지 않은 몸을 성취하고, 9년간 면벽공부로 단丹을 이루어서
신선이 되고자 합니다. 이런 것들은 모두 다 꿈과 같고, 환 같습니다!
그래서 일체사상(일체에 상대되는) 법은 위에서 말한 것처럼 법은 환과
꿈일 뿐만 아니라 아라한의 출세간법과 같습니다. 아라한은 법집을
깨뜨리지 못하여 끊을 수 있는 번뇌가 있고, 증득할 수 있는 아라한이
있으니, 이것이 법집을 이룹니다. 정각正覺은 응당 유有도 아니고
무無도 아니며, 무無와 리理에도 걸림이 없음을 알아야 합니다.

"부처님께서 제법이 공함을 설하심은 제유를 제거하기 위한 까닭이다(佛說諸法空, 爲除諸有故)."하셨습니다. 부처님께서 제법이 공하다고 말씀하신 것은 당신이 유에 집착하기 때문입니다. 이러한 유를 깨뜨려야 합니다! 만약 공에 집착한다면 그것은 더욱 나쁩니다. 또한 "만약 다시 공에 집착하면 제불께서도 제도할 수 없다." 하셨습니다! 불교의 수승하고 뛰어난 점은 바로 여기에 있습니다. 순리보리심에서 이理는 실제이체實際理體로 간략히 말해 본체라 합니다. 그것은 유도 아니고 공도 아니며, 공과 유가 둘이 아니어야 중도에 맞습니다. 유에 집착하고 공에 집착하는 것은 모두 다 본체를 떠나는 것이고, 모두 다 둘에 떨어지는 것입니다. 공은 유에 대해 말한 것으로 둘입니다. 둘이면 "불이법문不二法門"이 아닙니다. 『유마경(維摩詰經)』은 바로 불이법문을 설한 경입니다. 수많은 수행인은 이 둘 사이에서 맴돕니다. 이렇게 분리되면 본체로부터 매우 멀어집니다.

먼저 말도 여의고 사려도 끊어져야(離言絶慮)하며, 언설을 내려 놓아야 합니다. 그래서 언설에 시비가 없이 달을 가리키는 손가락이고, 길을 가리키는 표지판입니다. 예를 들면 북경의 이화원頤和園에 이르면 표지판에 이화원이라 적혀 있습니다. 표지판이 가리키는 방향으로 따라가면 쉽게 공원을 찾을 수 있습니다. 그러나 수많은 사람들은 표지판이 있는 곳을 이화원이라고 여기는데, 그것은 큰 잘못입니다. 또 예를 들면 방안에 등불이 있습니다. 제가 손가락으로 가리켜 이것이 등불이라고 말합니다. 저는 손가락을 가리켰는데, 당신은 이 손가락이 등불이라 여깁니다. 현재 사람들의 착각은 여기에 있습니다. 특히 학자들이 그렇습니다. 이것은 등불입니다. 제가 말한 것은 잘못이 없습니다! 이것은 등불인데 그는 제 손가락이 가리키는 것을 따라가면 등불이 보임을 알지 못하고, 그는 저의 이 손가락이 등불이라 여깁니다. 말을 여의십시오, 말이 필요한 것도 아니고, 경이 필요한 것도 아니지만, 당신이 집착하면 바로 손가락이나 도로 표지판에 사로잡히게 됩니다. 그래서 언어의 길이 끊어지고, 마음 가는 곳이 없어져야 합니다.

마음의 행처에는 길이 없습니다. 그래서 선종의 개오開悟와 밀종의 대원만대수인大圓滿大手印은 모두 다 "산이 막히고 물이 다하여 더 이상 길이 없는 줄 알았더니, 버들 우거지고 꽃이 밝게 핀 마을 하나 또 있다." 이러한 경지입니다. 불이 꺼지고 재가 식은 후에 차가운 재 안에 돌연히 뜨거운 콩 한 알이 나타납니다. 이러한 해오(悟解)로부터 광대한 마음이 일어납니다. 이러한 부분에서 출발하여 이렇게 발심합니다.

번뇌가 선법과 대립하고 있음을 보지 않고, 단지 번뇌를 끊고 선법을 닦아야 중도입니다. 어떤 사람이 번뇌와 선법은 평등하다는 말씀을 듣고서 '나는 선을 닦을 필요도 없고 번뇌를 끊을 필요도 없다. 번뇌와 선법이 평등하다고 말하는데, 정말 평등할 수 있을까?'라고 의심합니다. 오리구이(烤鴨)와 곰팡이 빵(黴面包)을 먹는 것이 같겠습니까? 만약 같을 수가 없다 하더라도 여전히 선법을 닦고 번뇌를 끊어야 합니다. 비록 선법을 닦고 번뇌를 끊지 못했을지라도 번뇌와 선법은 평등합니다. 중생을 제도하는 경우 제도하는 이(能度)와 제도받는 이(所度)란 마음이 없이 한량없고 가없는 중생을 제도해야 합니다. 『금강경』에서는 "이와 같이 무량 무수의 한없는 중생을 제도하였지만, 실은 한 중생도 제도를 얻은 자가 없느니라(如是滅度無量無數無邊衆生, 實無衆生得滅度者)." 말씀하시는데, 바로 이런 뜻입니다. 내가 종일토록 중생을 제도하길 원하지만, 종일토록 누가 제도하는 이이고, 누가 제도 받는 이라는 생각이 없습니다.

그래서 보시할 때 삼륜체공三輪體空을 말합니다. 내가 일만 금을 친구에게 송금하려고 하는데, 안으로 일만금을 보낼 수 있는 나(施者)를 보지 않고, 밖으로 일만금을 받는 그(受者)를 보지 않으며, 중간에 일만금(施物)을 보지 않는 것을 삼륜체공이라 합니다. 우리들은 보시공양하며 일체의 복을 닦을 때 모두 다 마땅히 삼륜체공을 체득하여야 합니다. 그렇다면 당신의 공덕은 일만 배·일만억 배 크고, 무한대일 수 있습니다. 왜냐하면 당신이 집착하면 유위법이 되기 때문입니다. 유위법은 공덕이 유한하고, 무위법은 무한합니다. 이理에 수순한 발심은 물러남이 없고, 이와 같은 발심의 공덕은 끝이 없습니다! 여러 부처님께서는 겁이 다하도록 연설하시지만, 그 공덕을 말씀하셔도 능히 다 말씀하시지 못한다고 하셨습니다.

부처님께서는 『유마경』에서 이르시길, "아뇩다라삼먁삼보리심(보리심은 이것의 약칭임)을 발할 수 있음이 출가이니라(能發阿耨多羅三藐三菩提心是出家)." 하셨습니다. 출가를 하고 싶은 사람이 수없이 많으나, 늘 곤란한 장애를 겪게 됩니다. 예를 들면 부모님께서 승낙하지 않으면 안 됩니다. 그러나 보리심을 발하면 출가이므로 재가인도 출가인과

같은 공덕이 있습니다. 『유마경』에서는 또한 "아뇩다라삼먁삼보리
심을 발하면 일체 공덕을 구족하느니라(發阿耨多羅三藐三菩提心一切具足)."
말씀하십니다. 일체공덕을 이미 구족하였으니, 다시 아무것도 모자
라지 않습니다. 그래서 우리는 수행할 때 이렇게 근본을 틀어쥐어야
합니다! 그러면 일체 공덕을 구족합니다.

또한 『비바사론毗婆沙論』6)에서는 "이 법문은 제불의 아버지이다."
하셨습니다. 이 법문은 곧 발보리심으로 이것은 일체 부처님의 아버
지입니다. "제불의 어머니"는 보이지 않습니다. 제불은 완전히 발보
리심에서 나오는 것입니다. 또한 "제불의 눈이다." 하셨습니다. 제불
께서는 두루 제도해야 하고, 일체를 비추어 볼 수 있어야 합니다.
무엇이 눈입니까? 보리심이 눈입니다.

그리고 "무생법인의 어머니이다." 하셨습니다. 우리들은 모두 다
극락세계에서 연꽃이 피어서 아미타부처님을 뵙고 무생법인에 들
것입니다. 무생법인의 어머니는 무엇입니까? 발보리심입니다. 연꽃
이 필 때 왜 무생법인을 증득합니까? 왜냐하면 당신이 일찍 진정으로
보리심을 발한 적이 있었기 때문입니다.

또한 "대자대비의 어머니이다." 하셨습니다. 언제나 닦고 읽히면
공덕이 한량없고 끝이 없습니다! 발보리심의 수승함을 찬탄합시다!

---

6) "이 법문은 제불의 아버지이고, 제불의 어머니이며, 제불의 눈이고
   무생법인의 어머니이며, 대자대비의 어머니이다. 항상 닦고 익히면 공덕
   이 한량없고 가없다." 『비바사론』

그것은 부처님의 부모입니다. 연꽃이 피어 부처님을 뵙고 무생에
들어가니, 이것은 무생의 어머니입니다. 다시 『대반야경大般若經』7)에
서 이르시길, "화살로 물건을 향해 쏘는 것과 같다(如以箭射物)"하셨습
니다. 화살을 잡고 과녁을 쏘면 쏘아 맞출 수도 못 맞출 수도 있습니다.
그러나 땅을 향해 쏘면 누구라도 맞춥니다. 이것은 보리심을 발하면
마치 화살을 잡고 땅을 쏘듯이 절대로 맞춘다는 뜻입니다. 이것이
발보리심의 공덕입니다.

다음으로 밀종의 보리심 공덕을 말해보면 더욱 더 깊어집니다. 우리
들은 왕왕 근본을 버리고 말단을 구합니다. 가장 근본적인 것은
당신이 그것을 버리는 것입니다. 밀종의 경전인 『보리심의菩提心義』8)
에서 이르시길, "보리의 마음은 성불의 근본이다(菩提之心, 成佛之本)"
하셨습니다. 이런 보리의 마음이 성불의 뿌리입니다! 근본원천입니
다! 일대사인연, 부처님께서 세상에 출현하신 일대사인연입니다.
"일대사인연은 이것보다 나은 것은 없다(大事因緣莫過于此)."하셨습니
다. 일대사인연은 다시 발보리심을 넘어서는 것은 없습니다.

다음으로 "만약 지혜를 구한다면" 이 문구를 설명하겠습니다. 만약

---

7) "화살로 물건을 향해 쏘면 혹 맞출 수도 혹 못 맞출 수도 있지만 화살을
   땅을 향해 쏘면 맞추지 않음이 없는 것과 같다(如以箭射物, 或中或不中, 以
   箭射地, 無不中者)."『대반야경』
8) "보리의 마음은 성불의 뿌리다. 일대사인연은 이것보다 나은 것은 없다.
   만약 부처님의 지혜를 구하려면 보리심을 통달하라. 부모님이 낳아준
   이 몸으로 빨리 대각의 과위에 오른다."『보리심의』

어떤 사람이 부처님의 지혜를 구하려 한다면 부처님이 바로 지혜입니다. 팔식(八識 ; 아뢰야식)을 굴려서 네 가지 지혜9)를 이루면 바로 지혜입니다. 열반삼덕涅槃三德은 법신 · 반야 · 해탈입니다. 해탈을 하면 다시 본래 지니고 있는 법신으로 돌아가고, 모두 다 반야의 미묘한 지혜에 전적으로 의지합니다. 부처님의 지혜를 구하려면 "보리심을 통달"해야 합니다. 보리심을 통달하면 "즉신성불卽身成佛"할 수 있습니다. 부모님이 낳아준 이 몸, 바로 이 몸으로 대각大覺의 과위를 증득합니다. 선종은 즉심성불卽心成佛이고, 밀종은 즉신성불卽身成佛입니다. 즉신성불의 관건은 철저히 보리심을 통달함에 있습니다.

그러나 현재 유감스럽게도 현교든 밀종이든 관계없이 무엇이 보리심인지 진정으로 명백히 깨달은 사람은 많지 않습니다. 잎을 따고 가지를 찾는 사람은 많지만, 근본을 중시하는 사람은 적습니다. 『보리심론菩提心論』10)에 이르시길, "이 보리심으로 일체 부처님의 공덕법을 품을 수 있다." 하셨습니다. 이 보리심은 일체 제불의 공덕법을 포괄하고 함장含藏합니다. "만약 수증修證이 나타나면" 그래서 이것은 개오開悟와 같아서 대원만해大圓滿解 · 대원만견大圓滿見이

---

9) "부처님의 지혜가 부사의지(성소작지) · 불가칭지(묘관찰지) · 대승광지(평등성지) · 무등무륜최상승지(대원경지)임을 깨닫지 못하여"『무량수경』「제40품 변지, 의심의 성에 갇히다」. 상세한 설명은『무량수경심요』(비움과소통), 정공법사 강설 참조.

10) "이 보리심은 일체 제불의 공덕법을 품을 수 있는 까닭에 만약 수증修證이 나타나면 일체도사를 위하고, 만약 근본으로 곧 밀엄국토로 돌아가면 자리에 일어나지 않고 일체불사를 성취할 수 있다."『보리심론』

열린 후 대원만에 계입契入합니다. 이것은 선정과 같습니다!

5조 홍인대사께서는 6조 혜능대사에게 "자심自心을 이해하지 못하고 본성을 모르면 법을 배워도 이익이 없다." 말씀하셨습니다. 자기의 마음을 이해하지 못하고 자기의 본원심성을 모르면 법을 배워도 아무런 이익도 없습니다. 또한 "자심을 알고 자기의 본원심성을 알면 장부丈夫·천인사天人師이다." 하셨습니다. 당신이 바로 부처라면, 의발衣鉢을 그에게 주었을 것입니다. 출가하여 수계를 받은 사람에게 의발을 얻은 사람이 없다는 것은 천고千古에 제일로 기이한 일입니다. 그래서 당시 묘(廟 ; 사찰) 안의 사람들은 어찌 천한 일을 하는 사람에게 묘 안으로 부처의 의발을 가지고 가도록 하였는지 납득할 수 없었습니다. 그래서 뒤쫓아 갔습니다. 이것은 명리를 위해 뒤쫓아 간 것이 아닙니다. 여러분들은 이것이 너무나 납득이 되지 않음을 알아야 합니다.

위의 문구를 보면 "일체 도사를 위하고" 다른 사람을 깨닫게 하고, 자신이 깨닫는 즉 "일체 도사는 근본으로 돌아갑니다(歸本)." 발원한 마음은 바깥을 향해 달려 나가는 것이 아니고, 마음의 근원을 돌이켜 궁구하고 마음을 돌려서 근본에 도달하는 것입니다. 근본(本)이란 본원本源, 본각本覺입니다. 구슬이 빛을 발하여(발심) 구슬의 몸체를 다시 비추는 것(귀본)입니다. 하련거 거사께서는 『정수첩요淨修捷要』에서 "시각이 본각을 여의지 않아야 구경각에 이르는 깨달음의 길로 곧장 달려갑니다." 하셨습니다. 시각이 본각과 합하면 깨달음과 떨어지지 않습니다.

게다가, "본本"은 바로 밀엄국토密嚴國土입니다. 밀엄국토는 바로 극락국토입니다. 밀종에는 "먼저 마음을 극락으로 보낸다(先送心歸極樂)"는 말이 있습니다. 이 말은 비록 자기 몸은 사바에 있지만 심신은 극락에 살 수 있고, 자기의 심신은 저 국토와 분리되지 않음을 가리킵니다. 이것은 처음 해석한 것이고, 한걸음 더 나아가면 마음과 국토가 불이하다는 말입니다. 만약 자신의 마음(自心)과 극락의 상적광토가 상응하면 자신의 몸(自身)이 당하當下에 즉시 법신대사法身大士입니다. 그래서 당하에 "자리에서 일어나지도 않고, 일체불사를 이룰 수 있다." 하셨습니다. 자리에서 일어날 필요도 없이 일체불사가 모두 원만히 이미 완성되었습니다(圓滿成辦). 이것이 바로 원돈교圓頓敎의 교지敎旨입니다. 만약 이를 이해할 수 있다면 지극히 수승한 공덕이 있습니다. 설사 이해할 수 없을지라도 일단 이근耳根을 통과하면 모두 다 영겁에 소멸하지 않은 법익이 있습니다. 왜냐하면 모두 다 금강의 지혜이고 부처님의 진정한 심수心髓이기 때문입니다.

성불하려면 부처의 인因을 심어야 합니다. 부처란 각오覺悟입니다. 각覺이란 무엇입니까? 평등법平等法입니다. 자신의 마음과 부처님의 마음은 평등합니다. 석가모니 부처님께서 성불하실 때 설하신 제일구第一句는 "신기하고 신기하여라. 모든 중생들은 여래의 지혜 덕상을 모두 갖추고 있다. 오직 망상집착으로 증득할 수 없을 뿐이라(奇哉奇哉, 一切衆生, 皆具如來智慧德相, 唯以妄想執著不能證得)." 바로 이 한마디 말씀11)이

---

11) "신기하고 신기하여라. 어찌하여 이 모든 중생들이 여래의 지혜를 모두 갖추고 있는가? 그런데 어리석고 미혹하여 알지 못하고 보지 못하는

었습니다. 일체중생, 파리나 개미들도 한가지로 모두 다 여래의 지혜 덕상을 지니고 있습니다. 단지 망상과 집착이 있기 때문에 그것을 나타낼 수 없고, 범부가 되었습니다. 누구를 탓하겠습니까? 자신을 탓할 따름입니다.

발심의 수승공덕은 앞에서 설명하였습니다. 만약 발심하지 않으면 어떠한가? 묻는다면 두 가지 측면에서 말할 수 있습니다. 『열반경涅槃經』에서, 부처님께서는 열반에 드실 때 "비록 별상別相을 믿을지라도" (차별의 능신能信에 대해) "일체, 무차별상을 믿지 않느니라."(자성은 일체이고, 본래 무차별의 상임을 결코 믿지 않음) 이라고 말씀하셨습니다. 이를 "믿음을 구족하지 않음(信不具)"12)이라고 합니다. 현재 여러분들은 믿음을 구족하고 있는지 구족하고 있지 않은지, 여러분들은 스스로 『열반경』의 말씀에 근거하여 살펴보고 살펴보아야 합니다. 믿느냐 믿지 않느냐, 이것이 일체 무차별의 본체입니다! 만약 믿음을 구족하고 있지 않다면 경에서는 이르시길, "믿음을 구족하고 있지 않은 까닭에 모든 경계도 또한 구족하지 못한다." 하셨습니다. 이 말씀은 대단히 중요합니다. 왜냐하면 믿음을 구족하고 있지 않기 때문에 비록 진지하게 계를 지녀서 살생도 음주도 무엇 무엇도 하지

구나. 그러므로 내가 마땅히 성스러운 진리로써 가르쳐서 그들로 하여금 망상과 집착들을 영원히 떠나게 하고 스스로 자신 속에서 여래의 넓고 큰 지혜가 부처님과 전혀 다른 점이 없음을 볼 수 있게 하리라." 『화엄경』 「여래출현품如來出現品」

12) 천제인(闡提人), 진리를 믿지 않거나 인과를 믿지 않고 악을 행하는 자를 말함.

않을 지라도 당신은 여전히 오계五戒를 구족하지 못하고 있습니다.

"비록 많이 들었어도 구족하지 못하고 있느니라." 비록 법문을 많이 들었을지라도 가장 중요한 것에 대해 이해하지 못하고 있습니다. 고덕께서는 또 "보리심이 없으면 삼귀三歸·오계五戒 또한 성취하지 못한다." 하셨습니다. 이는 근기가 상相에 이르렀음을 말합니다. 삼귀·오계를 모두 다 성취하지 못하였다면 부끄럽고 두려워하여야 합니다. 그래서 정말로 무엇이 순리보리심인지 정말로 분명히 알아야 합니다. 왜 삼귀·오계가 성취되지 않았다고 합니까? 불법의 근본 뜻을 명백히 이해하지 못하였기 때문입니다.

『화엄경』에는 또 한마디 말씀이 있으니, 여러분들은 이 말씀을 듣고 확실히 기억해두어야 합니다. 경에 이르시길, "보리심을 잃고서 선법을 닦으면 마업이 되느니라(忘失菩提心, 修諸善法是爲魔業)." 하셨습니다. 보리심을 발한 적이 있으나 잊어버렸다면 선한 일을 하여도 마구니(魔)의 사업이 되어버립니다. 그래서 마침내 부처님 공부(學佛)를 하고 있으나, 여전히 마구니 공부를 하고 있습니다. 수많은 사람들은 이런 부분을 여전히 또렷이 이해하지 못하고 있습니다. 수많은 사람들은 자신이 부처님 공부를 하고 있다고 여기나, 이미 마구니 대열 속으로 출근하고 있습니다. 불전에서 발심문을 염송하고 불전을 나서면 모조리 잊어버려서, 번뇌가 예전대로 일어나고 화기가 여전히 왕성하여 법을 배워도 아무런 이익이 없습니다. 근본을 분명히 하지 못하고 단지 작은 선을 행하니, 마구니가 나갈 수 없습니다. 그래서 여러분들은 모두에게 이 근본을 분명히 하라고 거듭 권하시길 희망합니다. 만약 그렇지 않으면 귀의함이 없어 불교도가 아닙니다.

위에서 설명한 순리보리심은 깊어집니다. 현재 정종의 초보 수행자는 어떻게 해야 합니까? 담란曇鸞대사께서는『논주論注』13)에서 인용하여 말씀하시길, "무상보리심은 곧 부처가 되길 바라는 마음이다." 하셨습니다. 성문연각을 구해서도 안 되고, 천상(천국)에 태어나고 싶어 해서도 안 되며, 천수를 누리다가 죽어서 다음 생에 부귀를 누리고 싶어 하는 것도 안 됩니다. 부처가 되길 바라는 마음을 일으켜야 합니다.

"부처가 되길 바라는 마음은 곧 중생을 제도하고자 하는 마음이다." 하셨습니다. 나 자신만 성불하는 것이 아닙니다. 불교의 위대함은 나만 위하는 것이 아닙니다. 왜 부처가 되고자 합니까? 중생을 제도하고자 부처가 됩니다. 어떻게 중생을 제도합니까? 즉 **"중생을 거두어 부처님 계신 국토에 태어나게 하고자 하는 마음"**입니다. 중생을 거두어 부처님이 계신 국토에 이르게 하고자 하는 마음입니다. 『대승

---

13) "이 무상보리심은 곧 부처가 되길 바라는 마음이다. 부처가 되길 바라는 마음은 곧 중생을 제도하고자 하는 마음이다. 중생을 제도하고자 하는 마음은 곧 중생을 거두어 부처님 계신 국토에 태어나게 하고자 하는 마음이다. 그러므로 저 안락국토에 태어나길 바라는 사람은 반드시 무상보리심을 일으켜야 한다. 만약 무상보리심을 일으키지 않고 다만 저 국토에 왕생하면 끊임없이 즐거움을 받는다는 것만 듣고 그 즐거움을 누리기 위해 그곳에 태어나길 바란다면 역시 왕생할 수 없다." 『왕생론주往生論注』, 담란대사

기신론』에서 이르시길, "중생은 가지에 매달려 있는 약한 새와 같다." 하셨습니다. 작은 새는 간신히 날수 있으므로 나뭇가지에서 떼어놓으면 안 됩니다. 성취하지 못한 사람은 부처님으로부터 떼어놓으면 안 됩니다. 어떻게 중생을 제도합니까? 중생으로 하여금 부처님께서 계신 곳으로 이르도록 합니다.

"그러므로 저 안락국토에 태어나길 바라는 사람은 반드시 무상보리심을 일으켜야 한다." "만약 무상보리심을 일으키지 않고 다만 저 국토에 왕생하면 끊임없이 즐거움을 받는다는 것만 듣고 그 즐거움을 누리기 위해 그곳에 태어나길 바란다면 역시 왕생할 수 없다." 일체중생을 널리 제도하고 타인을 이롭게 하기 위해서가 아니라 오로지 자신이 행복할 수 있으면 되고, 법을 공부하는 것도 단지 모든 길상을 구하고 번뇌가 없기를 바라며, 단지 금생에 한 평생 좋을 뿐만 아니라 내가 죽어서 다음 세상에서도 좋아야 한다는 등 전부 개인을 위한 것은 대승의 마음이 아닙니다. 극락세계에 왕생하는 것은 모두 다 대승입니다. 그 가운데 성문연각이라 부르는 것은 미혹을 끊은 정도를 가리킵니다. 만약 발심을 논한다면 모두 다 대승의 마음을 일으키는 것입니다. 『왕생론往生論』에서 이르시길, "이승二乘의 종성으로 왕생하지 않는다." 하셨습니다. 이승二乘의 종성種性인 성문연각은 왕생할 수 없습니다. 그래서 정토대법淨土大法이 천하고 얕다고 여기지 마십시오.

대경(무량수경)의 종요는 「발보리심 · 일향전념 · 아미타불」입니다. 우익대사께서는 말씀하시길, "한마디 아미타불 부처님 명호는 석가모니 부처님께서 증득한 아뇩다라삼먁삼보리법이다." 하셨습니다. 아미타여래께서 인지因地 상에 계실 때 갖가지 대원을 발하셨고 몇 겁의 수행으로 부처님을 이루셨으니, 이것은 한량없는 갖가지 공덕의 과실입니다. 이 한마디 아미타부처님 명호는 무량겁 이래 공덕을 성취한 것입니다. 그래서 명호는 공덕의 과실이고, 명호에는 자연히 무량한 일체공덕이 들어 있습니다. 현재 부처님의 이러한 과지果地, 각오覺悟의 과실은 우리들 박지범부를 위해 지으셨습니다. 생사고해生死苦海 한 가운데 중생은 인지(발심 수학하는 단계)에서 수행하고 있는 초심 수행자입니다.

아미타불, 이 부처님 명호는 만덕萬德을 갖추고 있습니다. 내가 아미타불을 염하면, 나의 마음은 바로 이 한마디 아미타불입니다. 이 한마디에는 아미타부처님의 만덕이 들어있어 나의 마음을 성취합니다. 그래서 나의 마음은 아미타여래의 만덕을 불러와서 불가사의를 직접 깨칠 수 있습니다. 정종(淨宗 ; 정토법문)의 묘용妙用은 우익대사께서 『요해』에서 말씀하신 "사의 집지로부터 이의 집지에 도달하고, 범부의 마음 그대로 부처님의 마음을 이룬다(從事持達理持 , 卽凡心成佛心)'는 두 마디 말씀을 따를 수 있다는데 있습니다. 사의 집지(事持)는 사람마다 모두 행할 수 있습니다. 여기서부터 시작하여 점차 업장이 맑아지고 공부가 순정한 경지에 이르며(垢淨功純),14) 은연중 도의 미묘함에

---

14) "공순업정功純業淨이란...염불행이 전일해진 후 오래도록 공부가 순숙해져서 「공부가 순정한 경지에 이른다(功純)」. 염불이 이미 육근을 거두어서 자연이 새로운 업이 만들어지지 않고 또 염불일성이 80억겁의 생사중

합치되며(暗合道妙), 이의 집지(理持)에 도달합니다. 이것은 범부의 마음이 이미 자기도 모르는 사이에 범부를 뛰어넘어 성인을 이루고 부처님의 마음을 성취함을 말합니다.

우리들은 시작하자마자 곧 이렇게 한마디 염불을 하면 됩니다. 그래서 수많은 촌부들께서 착실히 수행하여 왕생하셨습니다. 복건福建성에 사시는 80여 세의 할머니께서는 거의 10년간 채식하며 염불하셨습니다. 임종 시에 줄곧 8일 동안 식사를 하지 않고서 단정하게 앉아 염불하셨습니다. 사후에도 여전히 단정히 앉아 있었고, 의자에 채워둔 고정 걸쇠도 모두 흔들리지 않았으며, 여전히 매우 장엄하였다고 합니다. 80여 살의 나이였음에도 그녀는 사의 집지로부터 자기도 모르는 사이에 은연중 도의 미묘함에 합치되면서 이의 집지로 나아갔습니다.

당신이 염할 때 세간사에 모두 다 미련을 갖지 않고, 바깥의 온갖 인연(萬緣)을 놓아버려야 합니다. 마음에는 오로지 한마디 아미타불을 염하면 바로 일념단제(一念單提 ; 일념으로 아미타불 명호를 드는 것)입니다. 사의 집지로 이렇게 일체를 놓아버릴 수 있으면 머무는 바가 없습니다. 『금강경』의 종요는 "마땅히 머무는 바 없이 그 마음을 내어라(應無所住而生其心)"입니다. 이 머무는 바 없는 마음은 본래 등지보살登地菩薩15)이라야 이룰 수 있는 사事이지만, 범부가 착실히 염불하면 자기도

죄를 소멸할 수 있는 까닭에 자연이 「업이 맑아진다(業淨)」", 『심성록心省錄』, 황념조 거사

15) 보살의 위位는 십신위十信位 · 십주위十住位 · 십행위十行位 · 십회향위

모르는 사이에 은연중 도의 미묘함에 합치하여 온갖 인연에 머무르지 않고 쉬지 않고 마음을 내니, 지상보살과 같습니다. 그래서 염불공덕은 불가사의합니다(주문을 수지하는 것도 이와 같습니다). 사의 집지로부터 이의 집지에 이르기에 이러한 사의 집지를 행하는 범부의 마음은 당하에 부처님의 마음을 성취합니다. 곧 범부의 마음 그대로 부처님의 마음을 이루고, 마음 그대로 부처를 이루며(即心成佛), 바로 깨칩니다(直接了當). 그래서 염불공덕은 불가사의합니다.

우리는 『관불삼매경觀佛三昧經』에서 수승한 비유를 찾을 수 있습니다. 한 가난뱅이가 왕자의 금병을 훔쳤는데, 그것은 보배였습니다. 다들 그를 추적하자 그는 나무에 올라갔습니다. 뒤쫓던 자가 나무를 넘어뜨리자 가난뱅이는 아래로 떨어졌습니다. 그런데 이때 그는 금병 보배를 그만 삼켜버렸습니다. 그는 마침내 떨어져 죽었습니다. 나중에 신체는 이미 썩었지만, 금병은 여전히 방광하고 있었는데, 그들 악인은 이미 놀라 달아났습니다. 이것은 부처님께서 말씀하신 비유입니다. 부처님께서는 또 아난에게 이르시길, "염불에 머무는 자의 심인心印은 무너지지 않나니, 또한 이와 같으니라." 하셨습니다. 염불에 머무는 사람의 심인은 무너지지 않습니다. 이 가난뱅이는 보배를

十廻向位 · 십지위十地位 · 동료등각同了等覺 · 묘각妙覺으로 모두 합쳐서 52위이다. 등각보살은 부처와 비교하면 이미 차이가 많지 않아 서로 같은 각오覺悟로 보살에서 가장 높은 계위이다. 묘각妙覺은 바로 부처이고, 등지는 십지위에 오른 것으로 어떤 위에 오르든 모두 다 등지보살이라 한다.

먹은 후 이미 떨어져 죽었고, 사지도 이미 썩었지만, 이 보배금병은 마음속에 방광하고 있었고, 악인들도 이미 놀라 달아났습니다.

그래서 염불을 하는 자는 마땅히 마음속에 착실히 한마디 부처님 명호가 있으면 심인이 무너지지 않음을 알아야 합니다. 심인心印이란 부처님께서 마음으로써 마음을 전하고 마음으로써 마음에 도장을 찍는 것을 말합니다. 마음으로써 도장을 삼아 만법을 인증합니다. 전법傳法, 전함이란 무엇입니까? 전함이란 마음입니다. 어떻게 인증할까요? 마음을 붙잡아서 인증합니다. 인印이란 인감印鑑입니다. 당신의 인감이 맞으면 다른 사람과 은행이 당신에게 돈을 지급합니다. 인감이 틀리면 본인의 돈이라도 은행에서 출금하지 못합니다. "염불에 머무는 자는 심인이 무너지지 않는다." 이는 『관불삼매경』의 경문입니다. 무너지지 않음이란 항상 비춤이고, 방광입니다. 선禪·밀密·정토는 서로 상통하는 곳이 많습니다.

4. 허운 노화상 설법의 정업심요淨業心要

1931년 복건성 공덕림功德林 거사 염불칠(念佛七 ; 7일간의 염불집중수행) 법회에서 중국 근대의 3대 고승(체한·인광·허운) 중 한 분이신 허운 노화상(화상은 나를 거두어 불문에 들인 첫 번째 은사이시다)께서는 마침 일이 있어 그곳에 계셨는데, 염불칠이 있다는 말을 듣고 가셨다고 합니다. 공덕림 거사들이 마침 염불을 하고 있었는데, 노화상께서 오신다는 말을 듣고 수많은 사람들이 마중 나가서 예배하였습니다. 생각지도 않게 노화상께서 그들을 크게 꾸짖고 나무라며 말씀하셨습니다. "그대들은 다 거사이고, 염불칠에 참가하여 수년간 부처님 공부를 잘 해왔다. 오늘 불칠도량인데, 그대들은 어찌하여 불법의 당번幢幡을 거꾸로 꽂았는가! 거꾸로 꽂았는가! 왜 뛰어나와 나에게 절을 하는 가." 말씀을 마치자 모두들 곧 제자리로 돌아가서 똑바로 앉아 법문을 들었습니다.

화상께서는 이어서 말씀하시길, "염불타칠念佛打七은 한마음(一心)을 중히 여긴다." 하셨습니다. 이 말씀의 의미는 이렇습니다. 몸이 도량에 있으면 한마음 한뜻으로 닦아야 합니다. 만약 한마음 한뜻이 아니면 이쪽으로 보고 저쪽으로 들어서 하루 종일 잡담을 할 것입니다. 이렇게 염불칠에 참가하면 지금 이 순간도 성취하지 못할 뿐만 아니라 미륵보살께서 다시 오실 때까지 염해도 여전히 업장이 몸을 얽어맬 것입니다. 마땅히 머리부터 발끝까지 면밀하게 한마디 바로 뒤를 따라 한마디, 한 글자 한 글자 한마디 한마디 산란하지 않아야 합니다. 바로 이 한마디 부처님 명호를 산란하지 말고 염하십시오. 잠시 떡을 먹고 싶어 하고, 잠시 텔레비전을 보고 싶어 하고, 잠시 집안 화로 위에 올려놓은 물주전자를 생각하는 바로 이 마음이 산란散亂입니다. 도량에서 이런 것들을 모두 내려놓고 「나무아미타불, 나무아미타불」 하십시오. 부처님께서 오셔도 이렇게 염하고, 노화상님께서 오셔도 말할 것도 없으며, 부처님께서 앞에 나타나셔도 이렇게 염하고, 마구니가 와도 이렇게 염해야 합니다. 바람이 불어도 스며들지 못하고, 비가 와도 적시지 못하며, 바깥의 무엇에도 방해받지 않을 정도로 염해야 성취하는 날이 있습니다. 부처란 무엇입니까? 부처란 각오覺悟입니다. 부처란 깨달음입니다. 마구니란 무엇입니까? 마구니는 마장과 번뇌(魔惱)입니다. 마구니란 번뇌이고, 뇌란惱亂이며, 당신을 번뇌케 하는 것입니다. 부처님은 당신이 깨달았다고 하였습니다. 부처님은 깨달으신 분입니다. 그래서 당신이 깨달았을 때가 바로 부처님을 친견하는 때입니다. 깨달은 마음(覺心)이 또렷하게 비치는 것이 부처님을 친견하는 것입니다. 번뇌가 일어나면 괴롭히거나 괴롭힘을 당합니다. 이러한 때 마구니가 나타납니다.

허운 노화상께서는 또 법문하셨습니다. "지금 막 불칠도량에 들어가자 수많은 사람들이 움직이지 않고 앉아 있다. 누가 와도 상관없이 부처님을 염하면 이러한 사람은 모두 견불할 것이다." "몇 명이 와서 나에게 절하고 마중하였는데, 그대들은 왜 마중 나왔는가? 세월을 헛되이 보내었고, 공연히 시간을 낭비하였다."(그래서 우리들은 모두 다 시간을 최대한 아껴야 합니다. 시간은 바로 생명입니다) "그렇다면 어찌 나 때문에 그대들의 큰일을 뇌란시키는 것이 아니겠는가? 그대들이 염불할 때 내가 와서 그대들의 마음이 불안하여, 나와서 나를 마중하니 이는 내가 그대들을 방해한 것이고, 그대들이 나를 마구니 곁으로 떠미는 것에 불과하다."

이것은 정말 지극히 수승한 법문입니다. 부처님 공부를 하는 수많은 사람들이 이미 전도되어 있습니다. 이래야 삼보를 존경하는 것이고, 이래야 여법하게 수지하는 것이며, 이래야 스스로를 속이고 남을 속이는 것을 면할 수 있습니다.

또 노화상의 몇 마디는 신통한 측면의 일에 대해 이야기 했습니다. "일반인은 불법을 이해하지 못하므로 세상의 명리를 잊지 못하고, 신통을 바라고 변화를 바란다. 이러한 망상을 품으면 사도邪徒가 아니라 곧 마구니이다." 하셨습니다. 일반인이 불법을 이해하지 못하는 것은 왜일까요? 명리의 마음을 근본적으로 잊지 못하고, 생각생각 마다 어떻게 불교계에서 명성·지위와 권리·이익을 쟁탈하느냐를 계산하기 때문입니다. 불법을 공부한 후 신통을 얻고 싶고 능히 변모하고 싶어 합니다. 이와 같은 망상이 존재하는 것은 사도邪徒가 아니라 마구니의 권속입니다. 따라서 "사도가 아니라 곧 마구니이다." 말씀하셨습니다.

모름지기 마음 바깥에는 법이 없고, 일체법은 자신의 마음속에 있음을 알아야 합니다. 우리는 앞에서 자신의 믿음을 말하였습니다. 자기 자신의 마음은 본래 여래지혜의 덕상임을 믿어야 하고, 마음 바깥에 법을 구해서는 안 됩니다. 지금 막 우리들은 아미타불을 염하였습니다. 그것은 마음바깥에서 구하는 것이 아닙니다. 당신은 자기의 본원심성을 믿어야 합니다. 이미 당신이 자심自心에 있다면 당신의 마음은 부처님의 마음과 같이 일체 처에 두루 가득합니다. 아미타부처님께서 당신의 마음속에 있을 뿐만 아니라 일체 부처님께서 당신의 마음속에 계십니다.

허운 노화상께서는 또 말씀하셨습니다. "신통이 마음에 일어나길 어찌 바라겠는가? 이러한 마음 씀(用心)이 있으면 어찌 머묾이 없는(無住) 진리를 증득할 수 있겠는가?『금강경』에서 이르시길, 마땅히 머무는 바 없이 그 마음을 내어라! 하셨다. 당신이 먼저 어떠한 신통을 구하는 마음이 있다면 머무는 바가 있으니, 어떻게 머묾이 없는 진리와 도리에 서로 계합할 수 있겠는가? 이러한 유의 사람들을 부처님께서는 불쌍하고 안타까운 자라고 부르셨다!"

허운 노화상께서 말씀하신 법문이 지닌 묘의妙意는 무궁합니다. 그 가운데 수승한 점은 자리를 떠서 당신을 맞이하여 정례한 사람들에게 "불법의 당번幢幡을 거꾸로 꽂았다!" 꾸짖어 책망하셨다는 것입니다. 본래 자리에 서서 움직이지 않는 사람이 "염불"하여 "견불"합니다. 이는 그 당시 석존께서 하늘에 올라 어머님을 위해 설법한 후 인간으로 돌아와서 환영 나온 비구니에게 꾸짖어 책망하셨지만, 마중 나오지 않은 수보리가 동일한 전철을 밟은 것과 같습니다. 이 비구니는 신통력이 있어 전륜성왕으로 화현化現하고서 열을 지어 부처님을 마중하는 대오 앞에 상수가 된 첫 번째 분이었습니다. 과연 그녀는 일차로 부처님을 친견하였습니다. 부처님께서 일견 왜 대승(大僧 ; 비구) 앞에 서서 그녀를 바로 책망하였을까? 그녀는 "부처님을 일찍 뵙고 싶었다."고 말했습니다. 부처님께서는 말씀하시길, "네가 먼저 나를 보지 않았다. 오히려 수보리가 첫 번째 나를 보았다." 하셨습니다. 이날 수보리는 숲 사이에서 정좌하고 있었는데, 한 생각이 일어났습니다. "오늘 세존께서 돌아오실 때 마중을 나갈 것인가? 계속해서 여래는 어디서부터 온 것도 없고 어디로 가는 것도 없으니, 어떻게 마중을 가겠는가?" 라는 생각에 미쳐서 계속 정좌하였습니다. 선문禪門은 마음을 전하는 법이라고 볼 수 있습니다. 세존의 마음은 현대의 고승인 허운 노화상에게 까지 전해졌습니다. 마음과 마음이 서로 도장을 찍으니, 한맛으로 차이가 없습니다. 이 공안의 계시(啓示 ; 일깨워 가르침)에 따르면, 무엇을 견불見佛이라고 하고, 어떻게 하면 견불할 수 있겠습니까? 이미 더 이상 질문이 필요하지 않습니다.

동시에 정종에 대해서도 지극히 소중한 법문을 힘껏 선포하셨습니다. "염불은 한마음을 중히 여긴다." 부처님께서 오시든 마구니가 오든 일절 상관하지 말고, 단지 전후가 이어지도록 착실히 전일하게 염할 뿐입니다. 마중 나오는 자에게 큰 소리로 꾸짖었습니다. "불법의 당번幢幡을 거꾸로 꽂지 말라!"(전도되어 불법을 비방하지 말라!) 계속해서 지념持念하여 움직이지 않는 사람이 "염불하여 부처님을 친견하게 된다." 찬탄하셨습니다. "염불하는 순간이 부처님을 친견하는 순간이다."라는 정종의 경구는 허운 노화상의 말씀임을 알 수 있습니다. 바로 선종 제일 대덕의 정종에 대한 소중한 인증認證입니다.

혹 어떤 이는 말합니다. "당신이 잘못 이해한 것이오. 허운 노화상은 중점은 「부동不動」에 있지, 염불에 있지 않소." 저는 말하겠습니다. "염불의 중점은 「부동不動」에 있소. 정념을 이어감(淨念相繼)이 바로 「여여부동如如不動」입니다."

끝으로 "염불하는 순간이 곧 부처님을 친견하는 순간이고, 부처님을 친견하는 순간이 곧 성불하는 순간이다!"라는 정종의 미묘한 문구를 보충하여 인용하는 것을 본문의 맺음말로 갈음하겠습니다.

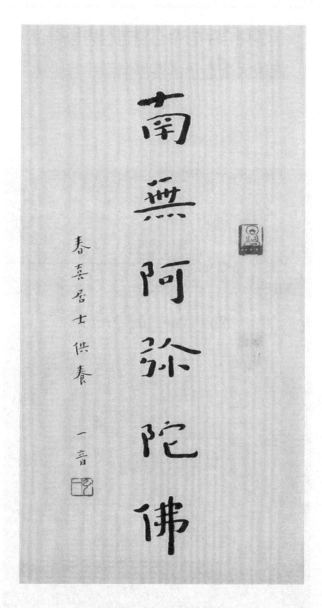

홍일 법사弘一法師 휘호

불설대승무량수장엄청정평등각경

佛說大乘無量壽莊嚴淸淨平等覺經

노향찬 爐香讚

향로에 향을 사루니
법계에 향기가 가득
부처님 회상에 두루 퍼져서
가는 곳마다 상서구름 맺히나이다
저희 정성 간절하오니
부처님 강림하옵소서

나무향운개 보살마하살
나무향운개 보살마하살
나무향운개 보살마하살

연지찬 蓮池讚

연지해회 아미타부처님
관세음보살·대세지보살
연화대 앉아계시며
저희들 접인해 황금계단

오르게 하시나이다.
원하옵건대, 큰 서원 널리 여시어
저희들 티끌세상 여의게 하옵소서
나무연지해회 보살마하살
나무연지해회 보살마하살
나무연지해회 보살마하살

나무본사석가모니불

(세번)

개경게 開經偈

위없이 깊고 깊은 미묘한 법문
백천만 겁에도 만나기 어려워라
제가 지금 듣고 보아 수지하오니
여래의 진실한 뜻 알아지이다

불설대승무량수장엄청정평등각경

무량청정평등각경
　후한 지루가참 역

불설제불아미타삼야삼불살루불단과도인도경
　일명 『무량수경』 · 일명 『아미타경』 오지겸 역

무량수경
　조위 강승개 역

무량수여래회
　당 보리류지 역

불설대승무량수장엄경
　조송 법현 역

○ 한나라에서 송나라에 이르기까지 같은 경전의 다른 역본을
　살펴보면 무릇 12역본이나 되었지만, 근대에 유통되는 것은
　오직 이 5역본뿐이다.

보살계 제자 운성 하련거(법명 자제慈濟)가 각각의 역본을
(공경을 다해 장차章次를 나누어) 회집하다.

제1품 법회에 모인 성중

이와 같이 나는 들었다. 한때 부처님께서 왕사성 기사굴산에 머무르사, 큰 비구 대중 1만 2천 인과 함께 계셨으니, 이들은 모두 대성인들로 신통에 이미 통달하였다. 그 이름은 존자 교진여·존자 사리불·존자 대목건련·존자 가섭·존자 아난 등이었고, 이들이 상수가 되었다.

또한 보현보살·문수사리보살·미륵보살 및 현겁 중의 일체 보살들도 모두 법회에 와서 모여 계셨다.

제2품 보현대사의 덕을 좇아 수학하다

또한 현호보살 등 16정사들도 함께 계셨으니, 이를테면 선사유보살·혜변재보살·관무주보살·신통화보살·광영보살·보당보살·지상보살·적근보살·신혜보살·원혜보살·향상보살·보영보살·중주보살·제행보살·해탈보살 등이었고, 이들이 상수가 되었다.

그 보살들께서는 모두 같이 보현대사의 덕을 좇아 수학하시고, 무량한 행원을 구족하여 일체 공덕법 가운데 안온히 머물러 계신다. 또한 시방세계에 두루 다니면서 선교방편을 실행하여 부처님의 법장에 들어가 구경열반의 피안에 도달하고, 무량한 세계에서 등정각을 성취하기를 발원하신다.

또한 도솔천을 버리고 왕궁으로 내려와, 왕위를 포기하고 출가하여 고행하며 성불의 도를 배우시니, 이와 같이 시현하심은 세간에 수순하고자 하는 까닭이다. 선정과 지혜의 힘으로 마구니와 원수를 항복시키고, 미묘한 법문을 얻어 최상의 정각을 성취하신다.

이때 천인들이 귀의하고 우러러보며, 법륜을 굴려 주시길 청하자, 항상 법음으로 일체 세간을 깨우쳐주신다.

대보살들께서는 번뇌의 성을 쳐부수고, 여러 탐욕의 구덩이를 허물어서 마음의 더러운 때를 씻어주시고, 청정·순백한 자성을 드러내 밝혀주신다.

또한 중생을 훈육시키시나니, 미묘한 이치를 펼쳐 보이시고, 공덕을 쌓고 복전을 가리켜 보이시며, (여래의 미묘한)

일체 법약으로써 삼계 중생의 생사 고를 돌보고 치료하여 주신다.

또한 대보살들께서는 (무량한 보살을) 관정의 계위에 오르게 하여 보리수기를 받게 하시고, 다른 보살들을 가르치기 위해 아사려의 모습으로 나타나서 불법을 끊임없이 학습하여 가없는 제행에 상응하도록 하시며 보살로서 가없는 선근을 성숙시켜 주시니, 무량제불께서 다 함께 호념하신다.

또한 시방 제불찰토 어느 곳에서나 모습을 나타내실 수 있나니, 비유컨대 뛰어난 마술사가 온갖 다른 모습으로 변화하여 나타날 수 있지만, 그 나타난 모습 가운데 실로 얻을 것이 없는 것처럼 이 법회에 모인 여러 보살들도 또한 이와 같다.

대보살들께서는 일체만법의 법성과 여러 중생의 근성을 통달하여 일체 제불께 공양을 올리고 모든 중생에게 설법하여 이끌어 주시며, 번갯불처럼 그 몸을 화현하시어 마견의 그물을 찢어버리고 여러 번뇌의 속박을 풀어

주신다.

또한 성문·벽지불의 경지를 멀리 뛰어넘고, 공·무상·무원의 해탈법문을 증득해 들어가 선교방편을 세워서 삼승을 드러내 보여주신다. 중근기·하근기 중생에게는 멸도에 드시는 모습을 나타내 보여주신다.

대보살들께서는 생함도 멸함도 없는 여러 삼마지를 얻으시고, 또 일체 다라니 문을 얻으시며, 수시로 화엄삼매에 깨달아 들어가 무량한 총지와 수백 수천 삼매를 구족하신다. 자성본연의 깊은 선정에 머물러서 무량 제불을 빠짐없이 다 친견하시고, 일념의 짧은 순간에 일체 불국토를 두루 다니신다.

또한 부처님의 변재를 얻어서 보현행에 머물러 계시고, 중생의 언어를 잘 분별할 수 있으며, 진실의 궁극을 열어 보이시고, 세간의 일체 제법을 뛰어넘으신다.

대보살들께서는 그 마음이 늘 진실로 세간 사람들을 제도하는 도에 머물러 계시고, 일체 만물에 대하여 뜻하는 대로 자재하시다. 또한 일체 중생 부류를 위해 청하지 않아도 좋은 벗이 되어 주시고, 여래의 깊고 깊은 법장을 수지하게 하시며, 부처님의 종성을 보호하여 항상 끊어지지 않도록 하신다.

대보살들께서는 대비심을 일으켜서 유정을 불쌍히 여기시고, 중생에게 모범을 보이시고 자비한 변재로 경전을 강설하여 법안을 전수하여 주시며, 삼악도의 길을 막고 삼선도의 문을 열어주신다. 또한 모든 중생을 자신처럼 여겨서 제도하시고, 중생의 짐을 지고 모두 열반의 피안에 이르게 하시며, (중생 한 사람 한 사람) 빠짐없이 다 제불의 무량공덕과 거룩하고 밝은 지혜를 얻도록 하시니, (그 지혜와 공덕은 무량무변하여) 불가사의하다.

이와 같은 등 여러 대보살들께서 무량무변하셨다. 한때 (세존께서 무량수경을 설하시니) 모두 와서 법회에 모여 계셨다. 또한 비구니 5백 명과 청신사 7천 명·청신녀 5백 명, 그리고 욕계천·색계천·제천의 범중들도 다 같이 큰 법회에 모여 있었다.

제3품 큰 가르침 베푸신 인연

이때 세존께서 위덕 광명을 혁혁하게 놓으시니, 마치 황금 덩어리가 녹아서 아름답게 빛나는 듯이, 또 맑은 거울에 영상이 안팎으로 비치는 듯이 큰 광명이 수천수백 가지로 변화하며 나타났다.

아난 존자는 곧 스스로 생각하기를, '오늘 세존께서는 온몸에 기쁨이 넘쳐나고 육근이 청정하며, 얼굴에 위엄이 빛나서 그 가운데 보배 찰토의 장엄을 나타내시니, 과거 이래로 일찍이 본 적이 없도다.'

이에 기쁜 마음으로 세존을 우러러 보니, 희유한 마음이 일어나서 바로 자리에서 일어나 오른쪽 어깨를 드러내고, 무릎 꿇고서 합장하며 부처님께 아뢰기를, "세존이시여! 오늘 세존께서는 대적정에 드시어 기묘하고 특별한 법에 머물러 계시나니, 제불께서 머무시는 대도사의 행, 가장 수승한 도법에 머물러 계시옵니다. 과거·미래·현재의 부처님과 부처님께서 서로 억념한다고 하셨는데, 세존께 서는 오늘 과거·미래의 제불을 억념하고 계시옵니까?

아니면 현재 타방에 계시는 제불을 억념하고 계시옵니까? 무슨 이유로 오늘 세존께서 위신력을 눈부시게 드러내시고, 광명과 상서의 수승하고 미묘함이 이와 같사옵니까? 원하옵건대, 저희들을 위하여 상세하게 말씀하여 주시옵소서."

이에 세존께서는 아난에게 말씀하시기를, "훌륭하고 훌륭하다! 그대는 여러 중생을 불쌍히 여겨서 그들에게 이롭고 그들이 좋아하도록 이와 같이 미묘한 뜻을 잘 물었도다. 그대가 지금 이와 같이 질문한 것은 일천하의 아라한과 벽지불에게 공양하고, 누겁 동안 제천·세간 사람들과 기거나 날거나 꿈틀거리는 벌레의 부류들에게 보시하는 것보다 그 공덕이 백천만 배나 수승하니라.

왜 그러한가? 오는 세상에 제천·사람들과 일체 함령들이 모두 그대의 질문으로 인해 해탈을 얻게 될 것이기 때문이니라.

아난아, 여래께서는 그지없는 대비심으로 삼계 중생을 가엾이 여기시고 세상에 출현하시어 바른 가르침(정토법문)을 광대하게 여신 까닭은 괴로움으로부터 중생을 구제하시고, 그들에게 진실의 이익을 베풀어 주시고자 함이니라. 이 법을 만나기 어렵고 여래를 친견하기 어려운 것은 마치 우담바라꽃이 희유하게 출현하는 것과 같으니라. 지금 그대가 묻는 것은 중생을 크게 이롭게 하리라.

아난아, 여래의 정각은 그 지혜가 헤아리기 어렵고 걸림이 없어서 일념의 짧은 순간에 무량억겁에 머물 수 있고, 몸과 육근은 늘어나지도 줄어들지도 않음을 알아야 하느니라. 왜 그러한가? 여래는 선정과 지혜가 구경까지 펼쳐져 끝이 없으며, 일체 법에 가장 수승한 자재를 얻을 수 있기 때문이니라.

아난아, 자세히 듣고서 잘 사유하고 억념하라! 내 마땅히 그대를 위하여 분별하여 해설하리라.”

제4품 법장 비구께서 발심수학한 인연

부처님께서 아난에게 말씀하시기를, “과거 무량 불가사의 무앙수 겁 이전에 부처님께서 세상에 출현하셨나니, 이름이 세간자재왕여래·응공·등정각·명행족·선서·세간해·무상사·조어장부·천인사·불세존으로 42겁 동안 세상에 머물러 계시면서 가르침을 펼치셨느니라. 이때 제천과 세간 사람들을 위하여 경전을 강설하시고 불도를 말씀하셨느니라.

그때 큰 나라의 왕이 있었으니, 이름이 세요왕으로 부처님의 설법을 듣고 법안이 열려서 환희심에 위없는 대보리심을 일으켰느니라. 그리하여 국왕의 자리를 포기하고 출가하여 사문이 되었으니, 명호가 법장이었고 보살도를 닦았느니라.

법장 비구는 뛰어난 재주와 용맹 명석함이 세간 사람을 뛰어넘었고, 믿음·이해·명확한 기억력이 모두 다 제일이었느니라. 또한 수승한 행원 및 염력·혜력을 지니고 있어 그 마음에 날로 증진하게 하여 견고하고 여여부동하니, 수행정진이 그를 앞지르는 자가 없었느니라.

그는 부처님의 처소로 가서 정례하고, 무릎 꿇고 부처님을 향하여 합장하며, 가타로써 부처님을 찬양하고 광대한

원을 발하였느니라. 게송으로 말하기를,

여래의 미묘한 상호, 단정 장엄하여
일체 세간에 견줄 사람이 없사옵니다.
여래의 무량한 광명, 시방세계를 비추니
해와 달, 불과 보석 다 빛을 감추고 맙니다.

세존께서는 능히 한 언어로 연설하시어
유정이 각각 그 본류에 따라 이해하게 하고,
또한 능히 한 미묘 색신을 나타내시어
두루 중생이 그 본류에 따라 보게 합니다.

원하옵건대, 제가 부처님의 청정한 음성 얻어
법음이 가없는 세계에 두루 미치게 하고,
계율·선정·정진의 법문을 선양하여
중생이 깊고 미묘한 법문 통달케 하옵소서.
저의 지혜, 바다처럼 광대하고 깊어져서
저의 마음, 절로 세상 근심 끊어 청정하고
무량무변 (불가설 불가설) 악취문 뛰어넘어
속히 보리(불과)의 구경언덕에 이르게 하옵고,
무명과 탐욕·분노, 영원히 없애어

의심과 허물, 삼매의 힘으로 정복케 하옵소서.

또한 저는 과거 무량제불과 같이
구법계 일체 중생의 대도사가 되어서
생·로·병·사의 온갖 고뇌로부터
일체 세간을 구제할 수 있게 하옵소서.
보시지계 인욕정진 선정지혜 육바라밀 늘 행해
제도 받지 못한 유정, 제도 받게 하옵고
이미 제도 받은 자, 성불하게 하옵소서.
항하사만큼 많은 성인께 공양하여도
굳은 결의로 용맹정진하여
정각을 구하는 것만 못하옵니다.

원하옵건대, 삼마지에 안온히 머물러
늘 광명 놓아 일체 중생 비추게 하옵소서.
광대하고 청정한 국토 감득하니
그 수승함과 장엄함, 견줄 것이 없사옵니다.

육도에 윤회하는 모든 갈래 중생부류,
저의 찰토에 빨리 태어나 안락케 하옵고,
늘 자비심으로 유정의 고통을 뽑아내어
가없는 고난 중생 다 제도하게 하옵소서.

저의 수행 견고해 흔들리지 않으리니,
부처님 거룩한 지혜로만 증명해 아실뿐입니다.
설사 제가 여러 괴로움(지옥)에 빠진다 할지라도
이와 같은 원심 행하여 영원히 물러나지 않겠나이다.

제5품 지극한 마음으로 정진하다

법장 비구가 이 게송을 읊고 나서 부처님께 아뢰기를, "제가 지금 보살도를 행하고 있고, 이미 무상정각의 마음을 발하였사오니, 이 서원을 성취해 부처가 되고 일체 심행이 부처님과 같아지게 하옵소서.

부처님이시여, 원하옵건대, 저를 위해 경법을 자세히 설해 주시옵소서. 저는 받들어 지녀서 여법하게 수행하여 수고로이 고통 받는 모든 생사윤회의 근본뿌리를 뽑아버리고, 속히 무상정등정각을 성취하도록 하겠나이다.

원하옵건대, 제가 부처 될 적에 저의 지혜, 저의 광명, 제가 머무는 국토, 저의 명호가 시방세계에 들리도록 하고, 제천·사람들과 기어 다니고 꿈틀거리는 벌레의 부류들까지도 저의 국토에 와서 태어나 모두 다 보살이 되게 하여 주시옵소서. 제가 세운 이 서원은 모두 무수한 제불국토보다 수승하나니, 어찌 이 서원을 이룰 수 있겠사옵니까?”

세간자재왕 부처님께서 곧 법장 비구를 위해 경을 설하시면서 말씀하시기를, “비유컨대, 마치 한 사람이 큰 바닷물을 한 말씩 헤아려 몇 겁의 세월이 지나면 마침내 그 바닥이 다 드러날 수 있는 것처럼, 누구라도 지극한 마음으로 도를 구하기를 정진해 그치지 않으면 마땅히 불과를 증득할 수 있나니, 어떤 서원인들 이루지 못하겠는가!

그대는 어떤 방편을 닦아야 불국토의 장엄을 이룰 수 있는지 스스로 사유해보고, 그대가 수행하고자 하는 방법을 스스로 알아야 하며, 청정한 불국토를 스스로 섭수해야 하느니라.”

법장 비구가 부처님께 아뢰기를, “그 뜻은 크고 깊어서 저의 경계가 아니옵니다. 오직 여래·응공·정변지께서 무량하고 미묘한 제불찰토를 널리 연설하여 주시옵소서. 제가 만약 이와 같은 법을 듣게 된다면 사유하고 수습하여 맹세코 저의 서원을 이루겠나이다.”

세간자재왕 부처님께서는 그의 덕행이 높고 지혜가 밝으며, 뜻과 원이 깊고 넓음을 아시고, 그를 위해 210억 제불찰토의 공덕·장엄과 청정·광대·원만한 모습을 상세하게 말씀하여 주셨고, 그 심원에 응하기 위해 제불찰토를 빠짐없이 다 보여 주시니, 부처님께서 이 법을 설하실 때 천억 년의 세월이 흘렀느니라.

그때 법장 비구는 부처님의 설법을 잘 듣고, 제불찰토를 빠짐없이 다 보고서, 위없는 수승한 서원을 일으켰느니라. 저 천인의 선악이나 국토의 거침과 미묘함에 대해 깊이 사유하여 구경에 도달한 후 곧 (청정보토의 진인인) 일심으로 바라는 바를 선택하여 48대원을 맺었느니라.

(이 대원을) 용맹정진 부지런히 찾고 구하였으며, 공경하고 삼가하며 잘 보임하였느니라. 공덕을 수습하고 (대원을) 만족시키니, 모두 5겁이 지났느니라. 저 21구지 불국토의 공덕을 장엄하는 일에 대해 마치 하나의 불찰토인 양 또렷하게 통달하였고, (이렇게) 섭수한 불찰토는 일체 국토보다 뛰어났느니라.

모두 다 섭수하고서, 다시 세자재왕여래의 처소로 가서 머리를 조아려 부처님의 발에 절하고, 부처님의 주위를 세 번 돌며, 합장하고 멈추어 서서 말하기를, "부처님이시여, 저는 이미 불토장엄과 청정행을 성취하였나이다."

부처님께서 말씀하시기를, "참으로 훌륭하도다! 지금이 바로 좋은 때이다. 그대는 자세히 설명하여 대중이 기뻐하도록 할지니라. 또한 대중이 이 법문을 듣고서 (왕생불퇴 성불의) 크고 좋은 이익을 얻도록 하고, 극락정토에 태어나 수습하도록 하며, 대중을 모두 섭수하여 무량한 대원을 만족시킬 수 있도록 할지니라."

제6품 48대 서원을 발하다

법장 비구가 부처님께 아뢰기를, "세존이시여, 오직 원하옵건대, 대자비로 저의 서원을 듣고 자세히 살펴 주시옵소서."

제1 국무악도원 · 제2 불타악취원

제가 만약 무상보리를 증득하고 정각을 이룬다면 제가

머무는 불국토에 무량 불가사의 공덕장엄을 구족하겠나이다. 지옥·아귀·축생과 기거나 날거나 꿈틀거리는 벌레의 부류들이 없도록 하겠나이다. 모든 일체 중생, 염마라계까지도 삼악도에서 저의 국토로 와서 태어나게 하고, 저의 법의 교화를 받아서 누구나 다 아뇩다라삼먁삼보리를 성취하여서 다시는 악취에 떨어지지 않도록 하겠나이다. 만약 이 서원을 이루면 부처가 될 것이며, 이 서원을 이루지 못한다면 무상정각을 성취하지 않겠나이다.

제3 신실금색원 · 제4 삼십이상원 · 제5 신무차별원

제가 부처 될 적에 저의 국토에 태어난 시방세계 모든 중생이 자마진금 빛깔의 몸을 구족하도록 하겠나이다. 32종 대장부상을 구족하도록 하겠나이다. 단정·정결하여서 생김새가 같도록 하겠나이다. 만약 생김새에 아름답고 추한 차이가 있다면 정각을 성취하지 않겠나이다.

제6 숙명통원 · 제7 천안통원 · 제8 천이통원

제가 부처 될 적에 저의 국토에 태어난 모든 중생이 모두 무량겁 동안 전생에 지은 바 선과 악을 알도록 하겠나이다.

모두 능히 꿰뚫어 보고, 철저히 들어서 시방세계 과거·미래·현재의 일을 알도록 하겠나이다. 만약 이 서원을 이루지 못한다면 정각을 성취하지 않겠나이다.

제9 타심통원

제가 부처 될 적에 저의 국토에 태어난 중생이 다른 사람의 마음을 아는 신통력을 얻도록 하겠나이다. 만약 백천억 나유타의 수많은 불국토에 있는 중생의 마음과 생각을 빠짐없이 다 알지 못한다면 정각을 성취하지 않겠나이다.

제10 신족통원 · 제11 변공제불원

제가 부처 될 적에 저의 국토에 태어난 모든 중생이 신통자재 바라밀다를 얻도록 하겠나이다. 일념의 짧은 순간에 무수 억 나유타 무량무변 불찰토를 뛰어넘어 두루 다니면서 제불께 공양을 올릴 수 없다면 정각을 성취하지 않겠나이다.

제12 정성정각원

제가 부처 될 적에 저의 국토에 태어난 모든 중생이 분별을 멀리 여의고, 육근이 적정에 들도록 하겠나이다. 만약 결정코 등정각을 성취하여 대열반을 증득하지 못한다면 정각을 성취하지 않겠나이다.

제13 광명무량원 · 제14 촉광안락원

제가 부처 될 적에 광명이 무량하여 시방세계를 두루 비추어서 제불의 광명보다 훨씬 수승하고, 해와 달보다 천만 억 배나 더 밝도록 하겠나이다. 만약 어떤 중생이 저의 광명을 보아 그의 몸에 비추어 닿기만 해도 안락함을 느끼지 않음이 없고, 자비심으로 선을 행하여 저의 국토에 태어나도록 하겠나이다. 만약 이와 같이 되지 않는다면 저는 정각을 성취하지 않겠나이다.

제15 수명무량원 · 제16 성문무수원

제가 부처 될 적에 저의 수명이 무량하고, 저의 국토에 성문과 천인이 무수하며, 그들의 수명 또한 모두 무량하도록 하겠나이다. 가령 삼천대천세계 중생이 다 연각을 성취하고 백천 겁 동안 다 같이 계산하여 만약 그 양과 수를 알 수 있다면 정각을 성취하지 않겠나이다.

제17 제불칭탄원

제가 부처 될 적에 시방세계 무량찰토에 계시는 무수한
제불께서 만약 다 같이 저의 명호를 칭양·찬탄하지 않고,
저의 공덕과 국토의 선을 말하지 않는다면 정각을 성취하
지 않겠나이다.

제18 십념필생원

제가 부처 될 적에 시방세계 중생이 저의 명호를 듣고서
지극한 마음으로 믿고 좋아하여 일체 선근을 순일한 마음
으로 회향하고 저의 국토에 태어나길 발원하여, 내지 십념
에 저의 국토에 태어나지 못한다면 정각을 성취하지 않겠
나이다. 다만 오역죄를 짓고 정법을 비방하면 제외될 것이
옵니다.

제19 문명발심원 · 제20 임종접인원

제가 부처 될 적에 시방세계 중생이 저의 명호를 듣고서
보리심을 발하여 여러 공덕을 닦고, 육바라밀을 봉행하여
굳건히 물러나지 않으며 또 일체 선근을 회향하여 저의
국토에 태어나기를 발원하도록 하겠나이다. 일심으로 저를

염하여 밤낮으로 끊어지지 않는다면 목숨이 다하는 때
저는 여러 보살성중과 함께 그 사람 앞에 나타나 맞이하여
짧은 시간에 곧 저의 국토에 태어나 불퇴전지 보살이 되도록
하겠나이다. 만약 이 서원을 이루지 못한다면 정각을 성취
하지 않겠나이다.

제21 회과득생원

제가 부처 될 적에 시방세계 중생이 저의 명호를 듣고서
저의 국토에 생각을 매어두고, 보리심을 발하여 견고한
신심으로 물러나지 않으며 온갖 공덕의 근본을 심어 기르
고 지극한 마음으로 회향하여 극락세계에 태어나고자 한
다면 그 원을 이루지 못하는 이가 없도록 하겠나이다.
만약 과거 숙세에 악업이 있다 할지라도 저의 명호를
듣고서 곧바로 스스로 잘못을 참회하고 불도를 위해 선을
지으며, 곧 경전의 가르침을 수지하고 계를 지녀서 저의
찰토에 태어나기를 발원한다면, 그 사람은 목숨이 다할
때 다시는 삼악도에 떨어지지 않고 즉시 저의 국토에
태어나도록 하겠나이다. 만약 이와 같이 되지 않는다면
정각을 성취하지 않겠나이다.

제22 국무여인원 · 제23 염녀전남원 · 제24 연화화생원

제가 부처 될 적에 저의 국토에는 여성이 없도록 하겠나이다. 만약 어떤 여인이 저의 명호를 듣고서 청정한 믿음을 얻고 보리심을 발하여 여자의 몸을 싫어하고 근심하여 저의 국토에 태어나기를 발원한다면, 목숨이 다하는 즉시 바로 남자로 변하여 저의 찰토에 태어나도록 하겠나이다. 시방세계 모든 중생 부류로 저의 국토에 태어나는 이는 모두 칠보 연못의 연꽃에서 화생하도록 하겠나이다. 만약 이와 같이 되지 않는다면 정각을 성취하지 않겠나이다.

제25 천인예경원 · 제26 문명득복원 · 제27 수수승행원

제가 부처 될 적에 시방세계 중생이 저의 명호를 듣고서 환희심을 내어 믿고 좋아하며, 예배하고 귀의하며, 청정한 마음으로 보살행을 닦아서 제천 · 세간 사람들이 공경하지 않는 이가 없도록 하겠나이다. 만약 저의 명호를 들으면 수명이 다한 후에 존귀한 집에 태어나도록 하고, 육근에 결함이 없도록 하겠나이다. 늘 수승한 범행을 닦도록 하겠나이다. 만약 이와 같이 되지 않는다면 정각을 성취하지 않겠나이다.

제28 국무불선원 · 제29 주정정취원

제30 낙여누진류 · 제31 불탐계신원

제가 부처 될 적에 저의 국토에 선하지 않은 이름이 없도록
하겠나이다. 저의 국토에 태어난 모든 중생이 다 함께
일심으로 정정취에 머물도록 하겠나이다. 영원히 뜨거운
번뇌를 여의고 청정하고 시원한 마음을 얻으며, 느끼는
즐거움이 마치 누진비구(아라한)와 같아지도록 하겠나이
다. 만약 상념이 일어나 몸에 탐착하는 이가 있다면 정각을
성취하지 않겠나이다.

제32 나라연신원 · 제33 광명변재원 · 제34 선담법요원

제가 부처 될 적에 저의 국토에 태어난 모든 중생이 선근이
무량하고 금강 나라연신의 견고한 힘을 얻도록 하겠나이
다. 정수리에서 광명이 밝게 비추고 일체 지혜를 이루며,
가없는 변재를 획득하도록 하겠나이다. 모든 불법의 비요
를 잘 말하고 경전을 설하며 불도를 행하여서 그 말씀이
마치 종소리처럼 널리 퍼지도록 하겠나이다. 만약 이와
같이 되지 않는다면 정각을 성취하지 않겠나이다.

제35 일생보처원 · 제36 교화수의원

제가 부처 될 적에 저의 국토에 태어난 모든 중생이 구경에는 반드시 일생보처에 이르도록 하겠나이다. 다만 그의 본원이 중생을 위하는 까닭에 사홍서원의 갑옷을 입고 일체 유정을 교화하여 그들이 모두 신심을 내고 보리행을 닦아 보현의 도를 행하도록 하는 이는 제외될 것이옵니다. 비록 타방세계에 태어날지라도 영원히 악취를 여의도록 하며, 혹은 법문 설하기를 좋아하고, 혹은 법문 듣기를 좋아하며, 혹은 신족통을 보여 뜻하는 대로 수습하여서 원만하지 않음이 없도록 하겠나이다. 만약 이와 같이 되지 않는다면 정각을 성취하지 않겠나이다.

제37 의식자지원 · 제38 응념수공원

제가 부처 될 적에 저의 국토에 태어난 중생에게 구하는 음식과 의복과 갖가지 공양구가 뜻하는 대로 즉시 이르게 하여 그의 원을 만족시키지 못함이 없도록 하겠나이다. 시방세계 제불께서 그들의 생각에 감응하여 그 공양을 받아 주시도록 하겠나이다. 만약 이와 같이 되지 않는다면 정각을 성취하지 않겠나이다.

제39원 장엄무진원

제가 부처 될 적에 국토의 만물은 장엄·청정하고, 빛나고 화려하며 형상과 빛깔이 수승하고 특별하며, 미세함이 궁진하고 미묘함이 지극하여 말할 수도 없고 헤아릴 수도 없도록 하겠나이다. 여러 중생이 비록 천안을 구족하였다 할지라도 그 형상과 빛깔, 광명과 모습, 이름과 수량을 분별하고 전부 상세하게 말할 수 있다면 정각을 성취하지 않겠나이다.

제40 무량색수원·제41 수현불찰원

제가 부처 될 적에 저의 국토에는 무량한 빛깔의 보배나무가 있어서, 그 높이가 혹 백천 유순이나 되고, 도량의 나무는 높이가 4백만 리나 되며, 여러 보살 중에서 비록 선근이 하열한 이가 있을지라도 또한 그것을 알 수 있도록 하겠나이다. 제불의 청정국토 장엄을 보고자 한다면 마치 맑은 거울에 얼굴을 비추어 보듯이 모두 다 보배나무 사이로 볼 수 있도록 하겠나이다. 만약 이와 같이 되지 않는다면 정각을 성취하지 않겠나이다.

제42 철조시방원

제가 부처 될 적에 제가 머무는 불국토는 광대하고 넓으며 장엄하고 청정하며, 광명이 마치 거울처럼 밝고 투명하여 시방세계 무량무수·불가사의 제불세계를 철저히 비추어서 중생이 이를 본다면 희유한 마음을 내도록 하겠나이다. 만약 이와 같이 되지 않는다면 정각을 성취하지 않겠나이다.

제43원 보향보훈원

제가 부처 될 적에 아래로는 땅에서부터 위로는 허공에 이르기까지 궁전과 누각, 칠보 연못과 보배나무 등 국토에 있는 일체 만물이 모두 다 무량한 보배 향이 합하여 이루어지고, 그 향이 시방세계에 두루 퍼져서 그 향을 맡는 중생은 부처님의 행을 닦도록 하겠나이다. 만약 이와 같이 되지 않는다면 정각을 성취하지 않겠나이다.

제44 보등삼매원 · 제45 정중공불원

제가 부처 될 적에 시방세계 불찰토의 여러 보살성중이 저의 명호를 듣고 나서 모두 다 청정·해탈·보등삼매를

체득하고, 여러 깊은 총지를 지니며 삼마지에 머물러 성불
에 이르도록 하겠나이다. 선정 속에서 항상 무량무변한
일체 제불께 공양드리고 선정을 잃지 않도록 하겠나이다.
만약 이와 같이 되지 않는다면 정각을 성취하지 않겠나이
다.

제46 획다라니원 · 제47 문명득인원 · 제48 현증불퇴원

제가 부처 될 적에 타방세계의 여러 보살성중이 저의
명호를 들으면 생사를 여의는 법을 증득하고 다라니를
획득하도록 하겠나이다. 청정하고 환희하여 평등에 안온
히 머물며 보살행을 닦고 공덕의 근본을 구족하여 감응할
때 일(음향인) · 이(유순인) · 삼(무생법인)의 법인을 획득하
도록 하겠나이다. 모든 불법에서 불퇴전을 현증할 수 없다
면 정각을 성취하지 않겠나이다.

제7품 반드시 정각을 성취하리라

부처님께서 아난에게 말씀하시기를, "이때 법장 비구
는 이 서원을 말하고 게송으로 노래하였느니라."

저는 일체세간 뛰어넘는 뜻 세웠으니
반드시 위없는 불도를 이루겠나이다.
이러한 서원을 원만히 이루지 못한다면
저는 정각을 성취하지 않겠나이다.

또한 모든 중생의 대시주가 되어서
여러 궁한 자, 고생하는 자 두루 구제하겠나이다.
중생으로 하여금 기나긴 밤 동안
근심과 고뇌가 없도록 하겠나이다.
갖가지 선근이 생겨나도록 하여
보리과를 성취하도록 하겠나이다.

제가 무상정각을 성취한다면
저의 명호를 「무량수」(법신상주)라고 하겠나이다.
중생이 저의 명호를 들으면
저의 찰토에 함께 오도록 하겠나이다.
모두 부처님처럼 자마진금 빛깔의 몸과
미묘한 상호를 원만히 구족하도록 하겠나이다.

또한 (왕생한 이들이 부처님과 같은) 대비심으로
모든 품류의 중생을 이롭게 하도록 하겠나이다.
탐욕을 여의고(무탐) 깊은 정념(실상)에 들어(무진)

청정한 지혜(무치)로써 범행을 닦도록 하겠나이다.

원하옵건대, 저의 지혜광명이
시방세계에 널리 비추어서
탐진치 삼독의 어두움을 제거하고,
밝은 지혜로 온갖 액난을 구제하도록 하겠나이다.

삼악도의 고통을 완전히 여의고,
여러 번뇌의 어두움을 소멸하도록 하여
저들이 갖춘 지혜의 눈을 열어주고
여래의 광명법신을 증득하도록 하겠나이다.

일체 악도의 문을 닫아 막고,
(인천 등) 선취의 문을 활짝 열어 주며,
중생을 위해 법장(무량수경)을 열어
일체 공덕의 보배를 널리 베풀도록 하겠나이다.

부처님처럼 걸림없는 지혜가 가이없고,
부처님처럼 자비의 행을 실행하여
항상 제천·인간의 스승이 되고
삼계의 영웅이 되도록 하겠나이다.

사자후처럼 두려움 없이 설법하여
일체 유정을 널리 제도하도록 하겠나이다.
제가 옛적에 발한 48원을 원만히 이루어서
일체 중생이 모두 성불하도록 하겠나이다.

제가 발한 이 서원을 원만히 성취해내면
삼천대천세계 제불성중이 마땅히 감동하고,
허공에서는 제천의 선신·호법신들이 환희하며,
진기하고 미묘한 하늘 꽃을 비오듯 내리오리다.

부처님께서 아난에게 말씀하시기를, "법장 비구가 이 게송을 읊고 나자, 이때 상스러운 감응이 있어 두루 대지가 6종으로 진동하였고, 하늘에서는 미묘한 꽃이 비 오듯 내려와 법회가 열리는 상공 위로 흩날렸으며, 공중에서 저절로 음악이 울리면서 찬탄하여 말하기를, 「법장 비구는 반드시 무상정각을 성취하리라.」"

제8품 무량공덕을 쌓아나가다

"아난아, 법장 비구는 세자재왕여래 앞에서 제천·인간

대중 가운데서 이러한 홍서원을 발하고서 진실의 지혜에 머물러 용맹 정진하며 일향 전심으로 뜻을 두어 미묘한 국토를 장엄하였느니라. 그가 수행하여 성취한 불국토는 확 트여 통해 있고 끝도 없이 광대하며 제불국토보다 수승하고 홀로 미묘하며, 건립된 국토는 영원히 변치 않아 일체 만물이 쇠하지도 않고 변하지도 않았느니라.

법장 비구는 무량겁에 덕행을 쌓고 심어서 (안으로는) 탐·진·치와 욕망·일체 망상을 일으키지 않았고, (바깥으로는) 색·성·향·미·촉·법에 집착하지 않았으며, 다만 과거 제불께서 닦으시던 선근을 억념하길 좋아하면서 적정의 행을 행하여 헛된 망상을 멀리 여의었고, 진제 문에 의지하여 온갖 덕의 근본을 심었느니라.

온갖 괴로움을 따지지 않고 작은 것에 만족하면서 오직 선법만을 구하여 모든 중생에게 진실의 이익을 베풀어 그들을 이롭게 하였으며, 뜻과 원을 이루는데 지치지 않는 인내력을 성취하였느니라.

일체 유정에게 늘 자비롭고 인내하는 마음을 품고서 온화한 얼굴과 따뜻한 말씨로 권유하고 채찍질하며, 삼보를 공경하고 스승과 어른을 받들어 모시며, 거짓으로 속이고 굽혀서 아첨하는 마음이 없었느니라.

법장 비구가 온갖 행위로 장엄하고 궤범을 구족할 수 있었던 것은 일체만법이 환과 같다 관하여 일체경계에 삼매를 누리고 적정을 유지할 수 있었기 때문이니라. 한편으로는 구업을 잘 지켜서 남의 허물을 비난하지 않았고, 신업을 잘 지켜서 율의를 잃지 않았으며, 의업을 잘 지켜서 청정하고 물들지 않았느니라.

모든 대도시와 작은 촌락, 가족권속과 진귀한 보배 등에 결코 집착하지 않았으며, 항상 보시·지계·인욕·정진·선정·지혜의 육바라밀 행으로 중생을 교화하여 안온히 건립하도록 하고 위없는 진정한 도에 머물렀느니라.

이와 같이 여러 선근을 성취하였기에 태어나는 곳마다 무량한 보배창고가 저절로 감응하여 나타났나니, 혹은 장자나 거사·부유한 집안이나 존귀한 신분이 되기도 하였고, 혹은 찰제리 국왕이나 전륜성왕이 되기도 하였으며, 혹은 육욕천의 천주 내지 범왕이 되기도 하였느니라. 또한 제불의 처소에서 일체 제불을 존중하고 공양하기를 중단한 적이 없었나니, 이와 같은 공덕은 이루 다 말로 설명할 수 없느니라.

그의 몸과 입에서는 전단향과 우발라화처럼 늘 무량한 미묘한 향기가 흘러 나왔고, 그 향기가 무량세계에 두루 배였느니라. 태어나는 곳마다 상호가 단정 장엄하여 32상 80종호를 모두 다 구족하였느니라. 그의 손에서는 늘 다함이 없는 보배와 장엄 도구들이 흘러나왔으니, 일체가 구하는 것들이고 최상의 물건들로 유정에게 이롭고 그들이 좋아하는 것이었느니라.

이러한 인연으로 무량한 중생이 모두 다 아뇩다라삼먁삼보리심을 발하도록 하였느니라."

제9품 서원을 원만하게 성취하다

부처님께서 아난에 말씀하시기를, "법장 비구는 보살행을 닦고 공덕을 쌓음이 무량무변하여 일체 법에 자재함을 얻었으니, 이는 언어로 분별하여 알 수 있는 것이 아니니라. 그가 발한 서원을 원만히 이루어서 제법의 진여실상에 안온히 머물러 있었던 까닭에 장엄·위덕·광대함이 무량무변한 청정불토를 구족하였느니라."

아난이 부처님께서 하신 말씀을 듣고 세존께 여쭈기를, "법장 보살이 원만한 대 보리를 성취하니, 이 분은 과거의 부처님이옵니까? 미래의 부처님이옵니까? 지금 현재 타방 세계에 계시는 부처님이옵니까?"

세존께서 말씀하시기를, "저 불·여래께서는 오셔도 오신 바가 없고, 가셔도 가신 바가 없으며, 태어나시지도 입멸하시지도 않으니, 과거의 부처님도 현재의 부처님도 미래의 부처님도 아니니라. 단지 중생 제도의 본원을 실행함으로써 현재 서방에 나타나 계심을 보이시느니라. 염부제에서 백천구지 나유타(십만억) 불찰토나 떨어진 곳에 세계가 있나니, 「극락」이라 이름하느니라.

법장 비구가 성불하시고, 명호를 「아미타」라 하였느니라. 성불하신 이래 지금까지 십 겁이 지났으며, 지금 그곳에서 안온히 주지하시면서 법을 설하고 계시느니라. 무량무수한 보살과 성문대중이 있어 아미타부처님을 공경하며 둘러싸고 있느니라."

제10품 모두 부처가 되길 발원하다

부처님이 아미타부처님께서 보살이 되어 이 홍서원을 구해 성취하셨다고 말하였을 때, 아사세 왕자와 5백 명의 대 장자들은 이 말씀을 듣고 모두 크게 환희하였다.

각자 금빛 화개를 하나씩 가지고 모두 부처님 앞으로 와서 예를 올렸나니, 화개를 부처님께 공양하고 나서 바로 한쪽 자리로 물러나 앉아 경전을 듣고서 마음속으로 발원하기를, "저희들이 부처 될 적에 모두 아미타부처님과 같게 하옵소서."

부처님께서 즉시 그들의 마음을 알아차리시고 여러 비구들에게 말씀하시기를, "이들 왕자 등은 나중에 부처가 되리라. 그들은 이전 세상에서 보살도에 머물렀고, 무수겁

이래로 4백억 부처님께 공양하였느니라. 가섭부처님 때 그들은 나의 제자였고, 지금도 내게 공양하러 와서 다시 만나게 되었느니라."

그때 모든 비구들은 부처님 말씀을 듣고서 그들을 대신하여 모두 기뻐하였다.

제11품 극락세계의 장엄청정

부처님께서 아난에게 말씀하시기를, "저 극락세계는 무량한 공덕장엄을 구족하고 있느니라. 온갖 괴로움과 여러 고난, 악취와 마장·번뇌의 이름도 영원히 없느니라.

또한 사계절, 추위와 더위, 흐리고 비 오는 등의 기후변화도 없느니라. 또 크고 작은 강과 바다, 구릉과 구덩이, 가시나무와 자갈밭, 철위산·수미산·토석산 등의 지리환경의 차이도 없느니라.

극락국토는 오직 저절로 칠보로 원만히 성취되어 있고 황금으로 땅이 포장되어 있으며, 관활·광대·평등·정대하여 한계가 없으며, 미묘·기특·화려하여 청정장엄이 시방 일체 세계를 뛰어넘느니라."

아난이 부처님의 말씀을 듣고 나서 세존께 여쭈기를, "만일 저 국토에 수미산이 없다면 그 사천왕천과 도리천은 무엇에 의지하여 머무옵니까?"

부처님께서 아난에게 말씀하시기를, "야마천과 도솔천, 내지 색계·무색계의 일체 제천들은 무엇에 의지해 머무느냐?" 아난이 부처님께 아뢰기를, "불가사의한 업력의 소치이옵니다."

부처님께서 아난에게 말씀하시기를, "그대는 불가사의한 업력을 알고 있느냐? 그대 자신의 과보도 불가사의하고, 중생의 업보 또한 불가사의하며, 중생의 선근도 불가사의하고, 제불의 위신력과 제불의 세계 또한 불가사의하니라. 그 국토의 중생은 공덕과 선근의 힘에 의지하고, 아미타부처님의 행업으로 성취한 땅이며, 아미타부처님의 위신력으로 성취한 까닭에 이렇게 안온히 머물 수 있느니라."

아난이 아뢰어 말씀드리기를, "중생의 업인과보는 불가사의하옵니다. 저는 이 법에 대하여 실로 어떤 의혹도 없사오나, 미래 중생을 위해 의혹의 그물을 찢어버리고자 하는 까닭에 이 질문을 하였을 따름이옵니다."

제12품 광명이 시방세계 두루 비추다

부처님께서 아난에게 말씀하시기를, "아미타부처님의 위신 광명은 가장 존귀하고 제일로 뛰어나서 시방제불의 광명은 미칠 수 없느니라. 아미타부처님의 광명이 동방세계 항하사만큼 많은 불찰토를 두루 비추고, 남·서·북방과 사유·상하도 또한 이와 같이 비추느니라.

제불의 정수리 위에 화현한 원광은 그 크기가 혹 일·이·삼·사 유순이고 혹 천만 억 유순이며, 제불의 광명은 혹 일·이 불찰토를 비추고 혹 백천 불찰토를 비추느니라.

오직 아미타부처님의 광명만이 무량무변 무수 불찰토를 두루 다 비추느니라. 제불의 광명이 비추는 거리가 멀고 가까운 것은 본래 이전 세상에서 도를 구할 때 일으킨 서원과 공덕의 크기가 크고 작아 같지 않기 때문이니라. 그들이 부처 될 적에 각자 다른 과보를 얻게 되나니, 이는 (그들의 인지와 상응하여) 저절로 성취된 것이지 (그들의 마음속에) 미리 예상한 것이 아니니라.

아미타부처님의 광명은 아름답고 보기 좋아서 해와 달의 광명보다도 천억 배나 더 밝고, 광명 중에 지극히 존귀하며, 부처님 중의 왕이니라.

이런 까닭에 무량수불은 또한 명호가 무량광불이고 또한 명호가 무변광불·무애광불·무등광불이고 또한 명호가 지혜광·상조광·청정광·환희광·해탈광·안은광·초일월광·부사의광이니라.

이와 같은 광명이 시방 일체 세계를 두루 비추니, 인연이 있어 그 광명을 보는 중생은 마음의 때가 멸하고, 선한 마음이 생겨나며, 몸과 뜻이 부드러워지느니라. 만약 삼악도의 극심한 고통을 받는 곳에 있다 해도 이 광명을 보기만 하면 모두 휴식을 얻게 되며, 수명이 다한 뒤에는 모두 해탈을 얻게 되느니라.

만약 어떤 중생이 그 광명·위신·공덕을 듣고서 지극한 마음으로 중단하지 않고 밤낮으로 칭양·찬탄한다면 뜻하는 대로 그 국토에 태어나게 되리라."

제13품 극락에는 수명과 대중이 무량하다

부처님께서 아난에게 말씀하시기를, "무량수불께서는 수명이 무한히 길어서 말로 표현할 수도 숫자로 헤아릴 수도 없느니라. 또한 무수한 성문대중은 모두 신통과 지혜에 통달하고, 그 위신력이 자재하여서 손바닥에 일체 세계를 수용할 수 있느니라.

나의 제자 중 대목건련은 신통력이 제일인데 삼천대천세계에 존재하는 모든 일체 별자리 중생의 숫자를 하루 밤낮에 빠짐없이 다 알 수 있느니라.

설령 시방세계 중생이 빠짐 없이 다 연각을 성취하여 하나하나 연각들의 수명이 만억 세가 되고 신통력도 모두 대목건련과 같다 할지라도, 그 수명이 다하고 그 지혜의 힘이 마르도록 다 같이 그 수를 세어본다 할지라도 저 부처님의 법회에 모인 성문 숫자의 천만 분의 일에도 미치지 못하느니라.

비유컨대, 큰 바다가 깊고 광대하며 끝이 없는데, 가령 털 한 올을 취해 백 개로 등분하여 미진과 같이 부수어서 이 미진 털 한 올로 바닷물을 한 방울 적신다면, 이 미진 털의 물과 이 바닷물 중 어느 것이 더 많겠느냐? 아난아, 저 목건련 등이 알고 있는 숫자는 저 미진 털의 물과 같고, 아직 알지 못하는 것은 큰 바닷물과 같으니라.

저 부처님의 수명과 여러 보살·성문·천인의 수명 또한 그러하니, 계산이나 비유로 능히 알 수 있는 것이 아니니라."

제14품 보배나무가 국토에 두루 퍼져있다

"저 여래의 국토에는 여러 보배나무가 있는데, 혹은 순금나무·순은나무·유리나무·수정나무·호박나무·미옥

나무·마노나무로 이들은 오직 한 가지 보배만으로 이루어져 있고 다른 보배가 뒤섞여 있지 않느니라.

혹은 두 가지 보배, 세 가지 보배 내지 칠보가 바꿔가며 함께 합하여 이루어지나니, 뿌리·가지·줄기가 이런 보배로 이루어지면 꽃·잎·열매는 다른 보석으로 변화하여 만들어져 있느니라. 혹은 어떤 보배나무는 뿌리가 황금으로 되어 있고, 줄기는 백은으로 되어 있으며, 큰 가지는 유리로 되어 있고, 작은 가지는 수정으로 되어 있으며, 잎은 호박으로 되어 있고, 꽃은 미옥으로 되어 있으며, 열매는 마노로 되어 있느니라. 그 나머지 여러 나무들도 칠보가 서로 바꿔가며 뿌리·줄기·가지와 잎·꽃·열매가 되어서 갖가지로 함께 이루어져 있느니라.

보배나무는 각각 종류별로 줄지어 한 줄 한 줄 서로 알맞게 자리잡고 있느니라. 줄기와 줄기는 서로 잘 배열되어 있고, 나뭇가지와 잎은 서로 마주보고 있으며, 꽃과 열매는 서로 대칭이고 무성하게 자란 나무의 빛깔 광명이 찬란하게 빛나니, 너무나 수승하여 바라볼 수가 없느니라.

맑은 바람이 때에 맞추어 일어나면 보배나무가 바람 따라 흔들리며 오음의 소리가 울려 나오고, 미묘한 궁·상·각·치·우의 소리가 저절로 서로 조화를 이루느니라. 이런 여러 보배나무가 그 국토에 두루 퍼져 있느니라."

제15품 극락도량의 보리수

"또한 그 도량에는 보리수가 있나니, 높이가 4백만 리나 되고 그 몸통의 둘레가 5천 유순이나 되며, 나뭇가지와 잎이 사방으로 2십만 리나 뻗어 있느니라.

일체 온갖 보배들이 저절로 합하여 이루어져 있고, 꽃과 열매가 열려서 무성하며 광채가 두루 비추고 있느니라. 게다가 온갖 보배 중의 왕인 홍·녹·청·백색의 여러 마니 보배로 된 영락이 있고, 운취보 사슬로 장식된 여러 보배 기둥이 있으며, 금·진주로 된 방울이 나뭇가지 사이에 두루 달려 있고, 진기하고 오묘한 보배 그물이 그 위를 덮고 있느니라. 백천만 가지 빛깔이 서로 비추어 장식하고 있고, 무량한 광염이 끝닿는 데 없이 비추어서 일체 장엄이 중생의 마음에 따라 감응하여 나타나느니라.

미풍이 서서히 불어와 여러 나뭇가지와 잎을 흔들어 무량한 묘법을 연주하고, 그 소리가 제불 국토에 두루 퍼져서 청정 상쾌하여 자비심과 지혜가 일어나고 미묘·평안·단아하나니, 시방세계 소리 가운데 가장 제일이니라.

만약 어떤 중생이 보리수를 보거나 소리를 듣거나 향기를 맡거나 그 열매를 맛보거나 그 빛과 그림자에 닿거나 보리수의 공덕을 생각하면, 모두 다 육근이 청정·명철해져서 여러 번뇌와 근심이 없어지며 불퇴전의 자리에 안온히 머물러서 불도를 이루는 경지에 이르게 되느니라.

또한 저 보리수를 보게 된 까닭에 세 가지 법인을 획득하나니, 첫째는 음향인이고, 둘째는 유순인이며, 셋째는 무생법인이니라."

부처님께서 아난에게 말씀하시기를, "이와 같이 불찰토에는 꽃·열매·나무가 여러 중생에게 불사를 짓게 하나니, 이것은 모두 무량수불의 위신력인 까닭이며, 본원력인 까닭이며, 홍서원을 원만히 실현하신 까닭이고, 지혜를 성취하고 물러남 없이 견고하며 구경성불을 돕는 서원인 까닭이니라."

제16품 무량수불의 당사와 누각

"또한 무량수불의 강당과 정사, 누각과 난순 또한 모두 다 칠보가 저절로 변화해서 이루어진 것이니라. 게다가 하얀 구슬·마니보로 된 영락이 그물처럼 교차하며 매달려 장식되어 있나니, 그 광명의 미묘함은 비할 데가 없느니라. 여러 보살성중이 거주하는 궁전도 또한 이와 같으니라.

그 중에는 지상에서 경전을 강설하거나 경전을 암송하는 이도 있고, 지상에서 경전의 가르침을 받거나 듣는 이도 있으며, 경행하는 이도 있고, 경전의 뜻을 사유하기도 하며, 좌선을 하는 이도 있느니라. 허공에서 경전을 강설하거나 암송하거나 가르침을 받거나 듣는 이도 있으며, 경행하고 경전의 뜻을 사유하기도 하며 좌선을 하는 이도 있느니라.

혹은 수다원과를 증득한 이도 있고, 혹은 사다함과를 증득한 이도 있으며, 혹은 아나함과와 아라한과를 증득한 이도 있느니라. 그리고 아직 불퇴전지를 증득하지 못한 이도 바로 불퇴전지를 증득하게 되느니라. 각자 도를 염하고, 도를 설하며, 도를 행함이 자재하여, 환희하지 않는 사람이 없느니라."

제17품 극락도량의 연못 팔공덕수

"또한 그 강당의 좌우에는 칠보 연못이 교차하여 흐르고 있느니라. 보배 연못은 길이와 넓이, 깊고 얕음이 모두 각각 하나로 같아서 잘 어울리느니라. 그 크기는 혹 십 유순, 이십 유순, 내지 백천 유순이나 되기도 하느니라. 그 연못의 물은 맑고 투명하며 향기롭고 청결하며, 8종 공덕을 구족하고 있느니라.

연못가 언덕에는 무수한 전단향 나무와 길상과 나무가 있어 꽃과 열매에서 항상 향기를 풍기고 광명이 밝게 비추고 있느니라. 긴 나뭇가지와 무성한 잎이 서로 교차하면서 연못을 덮고 있고, 갖가지 향기를 풍기니, 세상에 능히 비교할 만한 것이 없느니라. 바람을 따라 향기를 흩뿌리고, 물결을 따라 향기를 흘러 보내느니라.

또한 다시 연못은 칠보로 장식되어 있고, 연못 바닥에는 금모래가 깔려있으며, (푸른 연꽃인) 우발라화 · (붉은 연꽃인) 발담마화 · (노란 연꽃인) 구모두화 · (흰 연꽃인) 분다리화 등 갖가지 빛깔과 광명의 연꽃들이 무성하게 물 위를 두루 덮고 있느니라.

만약 저 중생이 그 물에서 목욕을 하려고 하면, 발목까지 왔으면 하거나, 무릎까지 왔으면 하거나, 허리나 겨드랑이까지 왔으면 하거나, 목까지 왔으면 하거나, 혹 온몸을 푹 담갔으면 하거나, 혹 차가왔으면, 따뜻했으면, 급히 흘렀으면, 완만히 흘렀으면 하여도 그 물은 한 방울 한 방울 중생의 뜻에 따르느니라. 그 연못의 물에 목욕하면 개오하고 심신이 즐거워지느니라. 또한 연못의 물은 맑고 청정하여 마치 허공처럼 형상이 없느니라. 연못 바닥은 보배 모래가 환히 비추어 드러나고, 아무리 깊어도 비치지 않는 곳이 없느니라.

칠보 연못에는 잔잔한 물결이 서서히 돌아 흐르고, 서로 번갈아 가며 흘러드느니라. 물결이 무량한 미묘한 음성을 일으키나니, 듣는 사람에 따라 원하는 대로 혹은 불법승의 소리, 바라밀다의 소리, 망상을 그친 적정의 소리, 생함도 멸함도 없는 소리, 십력무외의 소리를 듣기도 하고, 혹은 무성·무작·무아의 소리, 대자대비·대희대사의 소리, 감로로 관정하여 과위를 받는 소리를 듣기도 하느니라. 이와 같이 갖가지 소리를 듣고 나서 그 마음이 청정해져서 여러 분별상이 없어지고, 정직하고 평등한 마음을 갖게 되며, 곧 일체 선근을 성숙시킬 수 있느니라.

또한 각자 그 들리는 소리에 따라서 법과 상응하게 되느니라. 그 소리를 듣고자 하는 사람은 바로 혼자 들을 수 있지만, 듣고자 하지 않으면 조금도 들리지 않느니라. 극락세계 사람들은 아뇩다라삼먁삼보리심에서 영원히 물러나지 않게 되느니라.

시방세계에서 여러 왕생한 사람들은 누구나 다 칠보 연못의 연꽃에서 저절로 화생하여, 모두 청허의 몸과 무극의 몸을 받게 되느니라. 그리고 다시는 삼악도·번뇌·고난의 명칭을 듣지 않고, 가설방편으로 지어낸 것조차 없으니, 하물며 실제의 괴로움이 있겠느냐? 다만 저절로 즐거운 소리만 있는 까닭에 그 국토의 이름을 「극락」이라고 하느니라."

제18품 세간 중생을 뛰어넘어 희유하다

"저 극락국토 모든 중생은 생김새와 형상이 미묘하여 이 세간 중생을 뛰어넘어 희유하고, 모두가 같은 부류로 차별의 상이 없지만, 나머지 타방세계의 풍속에 수순하는 까닭에 천인의 명칭이 있느니라."

부처님께서 아난에게 말씀하시기를, "비유컨대, 세간의 가난하고 괴로운 거지가 제왕의 옆에 서 있으면 생김새와 형상을 어찌 견주겠는가? 제왕을 만약 전륜성왕과 비교하면 제왕이 곧 남루하게 보여 마치 저 걸인이 제왕 옆에 있는 것과 같으니라. 전륜성왕의 위덕과 상호가 제일이라 해도 도리천왕과 비교하면 또한 다시 추하고 하열해 보이느니라. 가령 제석천왕을 제육천왕과 비교한다면 설사 백천 배 하여도 서로 비교할 수 없느니라. 제육천왕을 만약 극락국토 중 보살 성문의 광채가 나는 생김새와 형상과 비교한다면 비록 만억 배 하여도 서로 미치지 못하느니라.

극락세계 중생이 사는 궁전·의복·음식은 마치 타화자재천왕이 누리는 것과 같을지라도 위덕·계위·신통변화는 일체 천인들이 견줄 수 없어 백천 만억 배 하여도 계산할 수 없느니라.

아난아, 마땅히 알아야 하나니, 무량수불의 극락국토는 이와 같은 공덕 장엄이 불가사의하니라."

제19품 필요한 것들이 갖추어져 있다

"그리고 또 극락세계 모든 중생은 혹 이미 왕생하였거나 혹 현재 왕생하고 있거나 혹 앞으로 왕생하거나 모두 이와 같이 여러 미묘한 색신을 얻게 되고 모습이 단정 엄숙하며, 복덕이 무량하고 지혜가 또렷하며 신통이 자재하리라.

궁전, 의복과 장신구, 향과 꽃, 당번과 산개 등 장엄하는 도구에 이르기까지 필요한 것들이 갖가지로 풍족하게 갖추어져 있으니, 구하는 것은 무엇이든지 뜻하는 대로 모두 다 나타나느니라.

만약 음식을 먹고 싶을 때는 칠보그릇이 저절로 앞에 나타나고, 갖가지 맛있는 음식이 저절로 그릇에 가득 담기느니라. 비록 이 음식이 있다 해도 실제로 먹는 자는 없나니, 다만 음식의 빛깔을 보고 냄새를 맡으며 마음으로 식사를 하느니라. 형상과 체력이 증가하지만 더러운 배설은 없으며, 몸과 마음이 부드러워 맛에 집착함이 없느니라. 식사를 마치면 음식현상이 변하여 사라지고, 식사 때가 되면 다시 나타나느니라.

또한 온갖 보배로 만든 미묘한 옷과 모자, 허리띠와 영락이 있나니, 무량한 광명과 백천 가지 미묘한 빛깔이 모두 다 갖추어져 저절로 몸에 딱 맞게 입혀지느니라.

그들이 사는 집은 그 형상과 빛깔이 알맞게 조화를 이루고,

보배 그물이 가득 덮여 있고, 여러 보배 방울이 매달려 있으며, 그 모습이 기묘하고 진기하며 두루 교차해 꾸며져 있느니라. 광명과 빛깔이 황홀하게 빛나며, 지극히 장엄하고 아름다우니라. 누각과 난순, 당우와 방각의 처소는 넓고 좁은 것이나, 각지고 둥근 것이나, 크거나 작거나, 허공에 있거나 평지에 있거나, 모두 청정·안온하고, 미묘하고 즐거우니라. 이 모든 것들이 생각에 응하여 앞에 나타나게 되니, 어느 것 하나 갖추어져 있지 않음이 없느니라."

제20품 공덕의 바람 불고 꽃비 내리다

"그 불국토에는 언제나 정해진 시간마다 저절로 공덕의 바람이 서서히 일어나 여러 보배 그물과 온갖 보배 나무로 불어와서 미묘한 소리를 내며 고와 공, 무상과 무아, 모든 바라밀을 연설하느니라.

수많은 종류의 온화하고 단아한 덕의 향기를 퍼져나가

게 하여서 그 향기를 맡은 자는 번뇌와 습기의 때가 저절로 일어나지 않느니라.

공덕의 바람이 그의 몸에 닿으면 온화한 느낌이 들고 마음을 고르게 하며 뜻을 편안하게 하나니, 이러한 느낌은 마치 비구가 멸진정을 얻는 것과 같으니라.

그리고 공덕의 바람이 칠보 나무숲에 불어오면 흩날리는 꽃잎이 무리를 이루어 갖가지 빛깔과 광명이 불국토를 두루 가득 채우고, 꽃은 빛깔에 따라 순서를 이루어 어지럽게 뒤섞이지 않으며, 부드럽게 빛나고 정결하여 마치 도라면과 같으니라. 꽃들을 밟으면 손가락 네 마디 정도 깊이 빠졌다가, 발을 든 후에는 다시 처음과 같게 되느니라.

정해진 시간이 지난 후 그 꽃들은 저절로 사라져서 대지는 청정해졌다가 다시 새로운 꽃비가 내리는데, 밤낮 여섯때에 따라 또다시 꽃비가 내려 대지를 두루 덮어 이전과 다름없이 아름다운 모습이니, 이와 같이 여섯 차례 순환하느니라."

제21품 보배 연꽃과 부처님 광명

"또한 온갖 보배 연꽃이 극락세계에 두루 가득하고, 하나하나의 보배 연꽃 송이마다 백천 억의 꽃잎이 있고, 그 꽃잎의 광명은 무량한 종류의 빛깔이나니, 푸른 연꽃에서는 푸른 광명이 빛나고, 흰색 연꽃에서는 흰 광명이 빛나며, 검정·노랑·주홍·자주의 광명 빛깔도 또한 그러하느니라. 다시 무량하고 미묘한 보배와 백천 가지 마니보배가 진기하게 서로 비추어 장식하고, 해와 달처럼 밝게 비추느니라. 저 연꽃의 크기는 혹 반 유순, 혹 일·이·삼·사, 내지 백천 유순에 이르고, 꽃송이 하나하나마다 36백천억 광명이 나오느니라.

광명 하나하나마다 36백천억 화신불께서 나타나시니, 화신불의 색신은 자마진금 빛깔이고, 상호는 수승하고 장엄하시느니라. 일체 화신불 한 분 한 분께서는 또 백천 광명을 놓으시고, 시방세계 중생을 위하여 미묘 법문을 두루 연설하시느니라. 이와 같이 일체 화신불께서는 무량 중생을 부처님의 정도(극락정토)에 각각 안온히 건립하도록 도와주시느니라."

제22품 구경의 불과 결정코 증득하리라

"그리고 또 아난아, 저 불국토에는 황혼과 어두움도 없고 불빛도 없고, 해와 달도 없고 별빛도 없고, 낮과 밤의 현상도 없으며, 또한 세월 겁수의 명칭도 없느니라. 또한 머물러 사는 집에 대한 집착도 없고, 일체 처소에 표식도 명칭·번지수도 이미 없으며, 또한 일체 경계의 취사분별도 없느니라. 오직 청정한 최상의 즐거움만 누리느니라.

만약 어떤 선남자 선여인이 이미 왕생하였거나 앞으로 왕생하거나 모두 다 정정취에 머물러서 결정코 아뇩다라삼막삼보리를 증득하리라. 왜 그러한가? 만약 사정취이거나 부정취에 머문다면 아미타부처님께서 건립하신 극락세계에 왕생하여 성불하는 정인을 깨달아 알 수 없기 때문이니라."

제23품 시방제불께서 찬탄하시다

"그리고 또 아난아, 동방에는 항하사 수만큼 많은 세계가 있고, 그 세계 하나하나 가운데 계시는 항하사만큼 많은 부처님께서 각자 광장설상을 내밀고, 무량한 광명을 놓으시며, 참되고 진실한 말씀으로 무량수불의 불가사의한 공덕을 칭양·찬탄하시느니라.

남·서·북방에 항하사만큼 많은 세계에 계시는 제불께서 칭양·찬탄하심도 또한 다시 이와 같으니라. 또 사유·상하에 항하사만큼 많은 세계에 계시는 제불께서 칭양·찬탄하심도 또한 다시 이와 같으니라.

왜 그러한가? 타방 세계의 모든 중생이 저 부처님의 명호를 듣고 청정한 마음을 내어 억념·수지하도록 하시고 귀의·공양하도록 하시며, 나아가 능히 일념의 청정한 믿음을 내고 일체 선근을 지극한 마음으로 회향하여 저 국토에 왕생하기를 발원하도록 하시려는 것이니라. 그 발원한 대로 모두 왕생하여 불퇴전지를 얻고 나아가 무상정등보리를 증득하느니라."

제24품 삼배왕생의 조건과 그 과보

부처님께서 아난에게 말씀하시기를, "시방세계 제천의 사람들로 그 중에 지극한 마음으로 저 나라에 태어나기를 바라는 자가 있으니, 무릇 세 가지 부류가 있느니라.

그 중에서 상배인 사람은 집을 버리고 욕망을 포기하고서 사문이 되어 보리심을 발하고 일향으로 아미타불을 전념하며, 여러 공덕을 닦아 저 극락에 태어나기를 발원하느니라.

이러한 중생은 수명이 다하는 때 아미타부처님께서 여러 성중들과 함께 그 사람 앞에 나타나시고, 짧은 시간이 지나 곧 저 부처님을 따라 그 국토에 왕생하며, 문득 칠보 연꽃에서 저절로 화생하여 지혜와 용맹을 얻고, 신통이 자재하리라.

그 어떤 중생이 지금 세상에서 아미타부처님을 친견하고자 한다면 마땅히 무상보리심을 발하고, 다시 극락세계를 전념하며, 선근을 쌓고 모아서 지니고 회향할지니라. 이로 인해 부처님을 친견하고 저 국토에 태어나서 불퇴전지를 얻고 나아가 무상보리를 증득하느니라.

그 중배의 사람은 비록 사문이 되어 수행하며 공덕을 크게 닦을 수 없어도 무상보리심을 발하고 일향으로 아미타불을 전념하느니라. 자기 연분에 따라 수행하여 여러 좋은 공덕을 쌓나니, 재를 봉행하고 계행을 지키며, 탑과 불상을 세우고 사문에게 식사를 공양하며, 비단 깃대를 걸고 등불을 밝히며, 꽃을 뿌리고 향을 사르느니라. 이로써 회향 발원하여 저 국토에 태어나기를 발원하느니라.

그 사람이 임종할 때 아미타부처님께서 그 몸을 화현하시니, 부처님의 진신과 같은 광명과 상호를 지니고 계시며, 여러 대중에게 앞뒤로 둘러싸인 채로 함께 그 사람 앞에 나타나셔서 그를 거두어 인도하시니, 곧바로 화현하신 부처님을 따라 그 국토에 왕생하고, 불퇴전지에 머물러 무상보리를 증득하느니라. 공덕과 지혜는 상배 사람의 다음과 같으니라.

그 하배의 사람은 설사 여러 공덕을 지을 수는 없지만, 무상보리심을 발하고 일향으로 아미타불을 전념하며, 환희심으로 믿고 좋아하며 의심을 내지 않고 지극히 성실한 마음으로 그 국토에 태어나기를 발원하느니라.

이 사람이 임종할 때 꿈에 저 부처님을 친견하면 또한 왕생을 얻게 되느니라. 공덕과 지혜는 중배 사람의 다음과 같으니라.

만약 어떤 중생이 대승법문에 머무르며 한결같이 수행하고 청정한 마음으로 무량수불을 향하여 내지 십념에 그 국토에 태어나기를 발원하거나, 매우 깊은 염불법문을 듣고서 즉시 믿고 이해하여 내지 일념의 청정한 마음을 획득하고서 일념의 마음을 발하여 저 부처님을 염하면, 이 사람이 목숨을 마칠 때에 꿈속처럼 아미타부처님을 친견하고, 반드시 저 국토에 왕생하여 불퇴전지를 얻고 무상보리를 증득하게 되느니라."

제25품 삼배왕생의 정인

"그리고 또 아난아, 만약 어떤 선남자 선여인이 이 경전을 듣고 수지·독송·서사·공양하고 또한 밤낮으로 중단 없이 극락찰토에 태어나기를 구한다면, 나아가 보리심을 발하고 여러 금계를 지니고 견고히 지켜서 범하지 않고 또한 유정을 널리 이롭게 하고, 자신이 지은 선근을 빠짐없이 다 베풀어서 안락을 얻도록 하며, 자신도 서방극락의 아미타부처님과 저 국토를 억념한다면 이런 사람은 목숨이 다할 때 부처님과 같은 색신 상호와 온갖 공덕장엄을 지니고 보배 찰토에 태어나서 곧바로 아미타부처님을 친견하고 법문을 들으며 영원히 물러나지 않느니라.

그리고 또 아난아, 만약 어떤 중생이 저 국토에 태어나고자 한다면 비록 크게 정진하여 선정을 닦을 수 없다 할지라도 경전과 계율을 수지하면서 선업을 지어야 하느니라. 이른바 첫째 살생을 하지 말며, 둘째 도둑질을 하지 말며, 셋째 삿된 음행을 짓지 말며, 넷째 거짓말을 하지 말며, 다섯째 꾸미는 말을 하지 말며, 여섯째 험한 말을 하지 말며, 일곱째 이간질하는 말을 하지 말며, 여덟째 탐내지 말며, 아홉째 성내지 말며, 열째 어리석지 말지니라. 이와 같이 밤낮으로 극락세계 아미타부처님의 온갖 공덕과 온갖 장엄을 사유하고, 지극한 마음으로 귀의하여 정례하고 공양을 올린다면, 이 사람이 임종할 때 놀라지도 두려워하지도 않고 마음이 전도되지도 않으며 곧바로 저 불국토에 왕생하게 되리라.

만약 하는 일과 지닌 물건이 번다하여 집을 떠날 수 없고, 재계를 크게 닦아 일심을 청정하게 할 겨를이 없다면 한가한 시간이 날 때 심신을 단정히 하여 욕심을 끊고, 근심을 내려놓고서 자비심으로 정진할지니라. 진노하거나 질투하지 말며, 음식을 탐하지도 아까워하지도 말며, 도중에 후회하지 말며, 여우처럼 의심하지 말지니라. 효도하고 순응하며, 지극한 성심으로 충성과 신의를 다할지니라. 부처님 경전 말씀의 깊은 뜻을 믿고, 선행을 하면 복을 얻게 됨을 믿을지니라. 이와 같은 모든 선법을 받들고 수지하되, 훼손하지도 잃어버리지도 말지니라.

사유하고 잘 헤아려 육도윤회에서 벗어나고자 하고, 밤낮으로 항상 염하여 아미타부처님의 청정 불국토에 왕생하고자 발원하기를, 열흘 밤낮 내지 하루 밤낮 동안 중단하지 않는 사람은 목숨이 다할 때 모두 다 그 국토에 태어나리라.

보살도를 행한 여러 왕생하는 사람들은 모두 다 불퇴전지를 얻고, 모두 자마진금 빛깔의 몸과 32종 대장부상을 구족하여 모두 부처가 되리라. 어느 방위의 불국토에서든 부처가 되고자 하면 마음이 원하는 대로 그 정진에 따라 빠르고 늦음이 있어도, 쉬지 않고 도를 구하면 이를 얻을 것이고, 그 발원한 것을 잃지 않으리라.

아난아, 이러한 의리와 이익 때문에 무량무수 불가사의 무유등등 무량무변 세계의 제불여래께서 다 함께 무량수불의 모든 공덕을 칭양·찬탄하시느니라."

제26품 예배공양하고 법을 청하다

"그리고 또 아난아, 시방세계 여러 보살성중들은 극락세계 무량수불께 예배드리고자 하여 각자 향과 꽃, 당번과 보개를 가지고 부처님의 처소로 가서 공경심으로 공양하고, 경법을 듣고 수지하느니라. 그런 후에 자신의 불국토로 돌아가 그 경법을 선포하고 바른 도로써 교화하여 극락세계의 공덕장엄을 칭양·찬탄하느니라."

이때 세존께서 곧 게송을 설하여 말씀하시기를,

동방에는 제불국토가 있나니
그 수가 항하사만큼 많고,
그곳의 항하사만큼 많은 보살성중이
무량수불께 나아가 예배드리느니라.

남·서·북방과
사유·상하도 그러하니
모두 다 존중하는 마음으로 무량수불께
여러 진귀하고 미묘한 공양구를 받들어 올리느니라.

평안하고 단아한 음성을 내어
노래하며 찬탄하기를, 아미타불 최승존이시여!
(당신께서는) 신통력과 지혜를 구경까지 통달하여
깊은 법문에 들어가 자재하게 노니시옵니다.

(저희들은) 아미타불 성덕의 명호 들으면
안온히 (왕생불퇴 성불의) 큰 이익을 얻나니,
갖가지로 공양하는 가운데
게으르지 않고 싫증냄 없이 수행하겠나이다.

저 수승한 극락찰토를 관하니,
미묘하고 불가사의하며

공덕으로 두루 장엄되어 있어
제불국토는 비교하기 어렵나이다.

이에 무상보리심을 발하여
속히 보리를 성취하기를 발원하니,
이때 (보살의 찬탄에) 감응하시어 무량존께서
미소 띤 금빛 얼굴로 나타나셨느니라.

부처님의 광명이 입에서 나와
시방세계를 두루 비추고,
그 광명이 다시 돌아와 부처님 주위를 세 번 돈 후
부처님의 정수리로 들어가느니라.

보살은 이 광명을 보고 즉시
물러나지 않는 과위를 증득하니,
이때 모인 일체 대중들이
서로 축하하며 기뻐하느니라.

부처님의 설법은 청정하고
우레 소리처럼 크게 울리며
팔음으로 미묘한 법음을 유창히 내시니,

「시방세계에서 오는 재가보살(正士)들이여!
나는 그대들 심원을 빠짐없이 다 알고 있나니,
큰 뜻 세워서 정토장엄을 구하면
수기 받아 반드시 부처가 되리라.

일체 유위법이 꿈같고, 환 같고,
메아리 같은 줄 분명히 깨닫고서
여러 미묘한 서원을 모두 다 이루어
이러한 극락찰토를 반드시 성취할지어다.

그 국토도 그림자 같은 줄 깨달아
항상 큰 서원의 마음을 발하고,
구경원만한 보살도를 실현하여
여러 공덕의 근본을 구족하고,
수승한 무상보리의 행을 닦으면
수기 받아 반드시 부처가 되리라.

제법의 자성본체를 통달하여
일체 법이 공이고 무아임을 깨닫고,
자심의 청정을 구하여 제불정토를 장엄하면
이러한 극락찰토를 반드시 성취하리라.」

이 설법을 듣고 좋아하며 수지하여
청정처(극락정토)에 이르면
반드시 무량존께
수기 받아 등정각을 이루리라.

가없는 수승한 극락찰토는
무량수불의 본원력이 나타난 것이니,
무량수불의 명호를 듣고 왕생하고자 발원하면
저절로 불퇴전지에 이르게 되리라.

시방세계 보살들은 지대한 원을 일으켜
자기 국토와 극락세계가 다름없길 발원하고,
평등 대비심으로 일체 중생을 제도하겠다는
각자 무상보리심을 발하여
(일체중생으로 하여금) 저 윤회하는 업의 몸을 버리고
다 같이 피안에 오르게 하느니라.

만억의 부처님을 받들어 모실 수 있어
무수한 화신으로 날아 두루 제불찰토에 가서
공경심으로 공양하고 법을 듣고 환희하며
다시 극락세계로 돌아오느니라.

제27품 제불의 공덕을 노래 찬탄하다

부처님께서 아난에게 말씀하시기를, "저 불국토 보살들은 무량수불의 위신력 가지를 받아 밥 한 끼 먹는 짧은 시간에 시방세계 가없는 청정찰토를 오가면서 제불께 공양하느니라.

꽃·향·당번과 같은 공양구들이 생각에 응하는 대로 바로 모두 손 안에 이르러 나타나니, 이들은 진기하고 미묘하며 기특하여서 세간에 존재하는 것이 아니니라. 이로써 제불과 보살성중에게 공양하느니라.

그 뿌려진 꽃들은 곧바로 공중에서 하나의 꽃으로 합쳐지고, 또 그 꽃들은 모두 아래로 향하여 단정하고 원만히 둘러싸면서 화개로 변화하느니라. 꽃은 백 천 가지 광명과 빛깔이 있고, 빛깔마다 각기 다른 향기를 내뿜고 그 향기를 두루 배이도록 하느니라. 화개는 작은 것도 십 유순을 가득 채우느니라. 이와 같이 바뀌어 배가 되고, 내지 삼천 대천세계를 두루 덮느니라. 그 앞뒤를 따라서 차례로 변화하였다 사라지느니라. 만약 다시 새로운 꽃이 거듭 뿌려지지 않으면 앞에 뿌려진 꽃들이 끝까지 떨어지지 않느니라. 허공에서 함께 하늘 음악이 연주되면서 미묘한 소리로 제불의 공덕을 노래하고 찬탄하느니라.

짧은 시간이 지난 후 보살들이 본래 국토로 되돌아와 모두 다 칠보 강당에 모여 있노라면, 무량수불께서 큰 가르침을 자세히 베풀고 묘법을 연설하시니, 그 설법을 듣고 환희심을 내지 않는 이가 없으며, 모두 마음이 열려 뜻을 이해하고 도를 증득하느니라.

그러자 향기로운 바람이 칠보나무에 불어와 오음의 소리가 울려 나오고, 무량한 미묘한 꽃잎들이 바람 따라 사방 곳곳에 뿌려져서 자연의 공양이 이와 같이 끊어지지 않느니라. 일체 제천들도 모두 백천 가지 꽃향기와 만 가지 기악을 가지고 저 부처님과 여러 보살 성문대중에게 공양하며 앞뒤로 오고감이 흐뭇하고 즐거워 보이느니라.

이는 모두 다 무량수불의 본원 위신력의 가지로 말미암은 것이고, 일찍이 여래께 공양하여 선근이 상속되어 모자라거나 줄지 않는 까닭이며, 잘 수습한 까닭이고, 잘 섭취한 까닭이며, 잘 성취한 까닭이니라."

제28품 극락세계 대보살의 위신광명

부처님께서 아난에게 말씀하시기를, "저 불국토에 있는 여러 보살성중은 누구나 다 팔방·상하와 과거·미래·현재의 일까지 빠짐없이 다 꿰뚫어 보고 철저하게 들을 수가 있느니라. 그들은 제천·사람들과 기거나 날거나 꿈틀거리는 벌레 부류들의 마음속 선하거나 악한 뜻이나, 입으로 하고자 하는 말이나, 어느 때에 제도·해탈할지, 어느 때에 도를 얻어 왕생할지 모두 미리 알 수 있느니라. 또한 저 불찰토 여러 성문대중의 신광은 일심의 거리만큼 비추고, 보살의 광명은 백 유순이나 비추느니라.

그 가운데 두 보살이 제일 존귀하나니, 두 보살의 위신광명이 삼천대천세계를 두루 비추고 있느니라."

이 말씀을 듣고 아난이 다시 부처님께 여쭈기를, "저 두 분 대보살의 명호는 무엇이옵니까?" 부처님께서 말씀하시기를, "한 보살은 관세음보살이라 하고, 또 한 보살은 대세지보살이라 이름하나니, 이 두 대보살은 사바세계에서 보살행을 닦았으며, 그 국토에 왕생하여서는 항상 아미타부처님의 좌우에 있고, 시방세계 무량한 부처님 처소에 가고 싶으면 마음대로 곧 도달할 수 있느니라. 지금도 이 세계에 있으면서 큰 이익과 큰 안락을 짓고 있느니라.

세간의 선남자 선여인이 만약 긴급한 위난·공포를 만났을 때라도, 단지 스스로 관세음보살에 귀명하기만 하면 해탈을 얻지 못할 자가 없으리라."

제29품 대보살의 원력은 크고 깊다

"그리고 또 아난아, 저 불찰토에 있는 모든 현재·미래의 일체 보살들은 누구나 다 구경에 일생보처의 지위를 얻게 되리라.

그러나 다만 대원을 세우고 생사윤회의 세계에 들어 여러 중생을 제도하기 위하여 사자후를 설하거나 큰 갑옷을

입고 큰 서원과 공덕으로 스스로 장엄하는 이들은 제외되
느니라. 비록 오탁악세에 태어나 저들과 같은 모습을 나타
내 보이지만, 성불에 이르기까지 언제나 악취를 받지 않나
니, 왜냐하면 태어나는 곳마다 언제나 숙명을 알 수 있기
때문이니라.

무량수불의 뜻은 시방세계 모든 중생 부류를 제도
해탈하고자 하심이니, 그들이 모두 그 국토에 왕생하
게 하시고, 다 열반의 도를 얻도록 하시며, 보살도를
닦는 자들이 다 부처가 되도록 하시느니라. 이미 부처
가 된 후에도 서로 번갈아 가르쳐 주시고, 서로 번갈아
제도 해탈시키시느니라. 이와 같이 번갈아 가며 가르
치고 제도한 중생의 수는 이루 다 계산할 수 없느니라.

시방세계 성문보살과 모든 중생 부류가 저 불국토에 태어
나 열반의 도를 얻어서 부처가 되는 자의 숫자는 이루
다 헤아릴 수 없을 정도로 많지만, 저 부처님 국토는
언제나 변하지 않는 일진법계이니, 절대 늘어나는 일이
없느니라. 왜 그러한가? 마치 물 중의 왕인 큰 바다는
온갖 종류의 물이 다 그 속으로 흘러 들어가더라도 결코

늘거나 줄어드는 일이 없는 것과 같은 이치이니라.

팔방·상하의 불국토는 수없이 많지만, 그 중에서도 아미타부처님의 국토는 장구하고 광대하며, 밝고 즐거워서 가장 홀로 수승하니라. 이는 본래 보살이었을 때 서원을 세우고 도를 구하여서 여러 겁 동안 쌓은 공덕의 결과로 이루어진 것이니라. 무량수불의 은덕과 보시는 팔방·상하까지 다함도 없고 끝도 없으니, 그 깊고 광대함은 무량하여 말로 다할 수 없을 정도로 수승하니라."

제30품 극락세계 보살의 수행생활

"또 아난아, 저 불찰토에 있는 일체 보살들은 선정과 지혜, 신통과 위덕을 원만하게 구족하지 않음이 없느니라.

극락세계 보살은 제불여래의 밀장을 구경까지 알아서 육근이 조복되고 몸과 마음이 부드러워졌으며, 바른 지혜에 깊이 들어가 더 이상 어떤 습기도 남기지 않느니라. 부처님께서 행하신 바에 따라 칠각지와 팔정도를 닦고, 오안五眼을 수행하여 진여본성을 밝히고 십법계 중생을 통달하여 아나니, 육안으로 간택하고 천안으로 통달하며, 법안으로 청정하게 보고 혜안으로 진여실상을 보며, 불안을 두루 구족하여 제법의 체성을 깨달았느니라.

극락세계 보살은 갖가지 변재를 구족하고 총지를 얻어 걸림없이 자재하고, 세간을 잘 이해하여 가없는 선교방편으로 설법하시나니, 그 설법은 성심에서 나온 말로 진실하여 (듣는 이는) 의리와 법미에 깊이 들어가느니라. 일체 유정을 제도하기 위해 바른 도법을 연설하시나니, 「(경계 상에서) 상에 집착함도 조작함도 없으며, 무명번뇌도 해탈도 없어야 하며, (수행 상에서) 일체 사량분별도 없으며, 전도망상을 멀리 여읠지니라.」

일체 필요한 것들에 대해 탐내거나 집착하는 일이 없고, 부처님 국토를 두루 다니면서 좋다거나 싫다거나 하는 마음을 내지 않으며, 또한 구하거나 구하지 않겠다는 생각도 없고, 또한 남과 나의 구분도 없고 거스르고 원망하는 생각도 없느니라.

왜 그러한가? 저 여러 보살들은 일체 중생에게 큰 자비심을 지니고 이롭게 하는 까닭에 일체 집착을 버리고 무량공덕을 성취하느니라. 걸림 없는 지혜로써 일체 법의 여여한 진상을 철저히 이해하고, 고집멸도 사성제의 교법을 잘 알아서 선교방편의 말씀으로 중생을 잘 교화하며, 세간의 말을 좋아하지 않고 정론을 좋아하느니라.

극락세계 보살은 일체 법이 모두 다 공적한 줄 알아서 생사번뇌의 두 가지 남은 습기가 한꺼번에 다하고, 삼계에서 구경일승법을 평등하게 부지런히 닦아 피안에 이르느니라. 의심의 그물을 결단코 끊고, 무소득의 근본지를 증득하며, 방편지로써 후득지를 증장시키느니라. (무량수불의 본원 위신력의 가지로) 근본을 좇은 이래로 신통에 안온히 머물러서 일승도를 증득하는 것이지, 타인으로 말미암아 깨치는 것이 아니니라."

제31품 극락세계 보살의 진실한 공덕

"극락세계 보살의 지혜는 큰 바다와 같아 광대하고

깊으며, 보리는 수미산과 같아 높고 광대하며, 몸에서 나오는 위신광명은 해와 달을 뛰어넘으며, 그 마음은 설산과 같아 정결하고 순백하니라.

극락세계 보살의 인욕은 대지와 같아 일체를 평등하게 받아들이고, 청정한 행은 물과 같아 온갖 티끌과 때를 씻어주며, 지혜는 타오르는 불과 같아 번뇌의 잡초를 태워 없애주며, 집착하지 않음은 바람과 같아 아무런 장애도 없느니라.

극락세계 보살은 천둥 같은 범음으로 어리석은 중생을 잘 깨우쳐 주며, 감로의 법을 비처럼 뿌려 중생을 적셔주며, 심량이 허공과 같이 광대하여 대자비심으로 평등하게 대하여 주며, 연꽃과 같이 청정하여 진흙탕을 여의게 하느니라. 대자비심이 니구류 나무 같아 넓은 그늘로 덮어주며, 지혜가 금강저와 같아 사견과 집착을 깨뜨려 없애주며, 신심과 원심이 철위산과 같아 온갖 마군과 외도들이 흔들어 놓을 수 없느니라.

극락세계 보살은 그 마음이 정직하고, 선교방편으로 설법하여 기꺼이 마음을 결정하게 하며, 법을 논할 적에 싫어함도 없고, 법을 구할 적에 싫증내지도 않으며, 계율이 유리와 같아 안팎으로 밝고 깨끗하게 하며, 그들이 설한 법은 중생이 기뻐서 따르도록 하며, 법고를 크게 두드리고 법의 깃대를 높이 세우며, 지혜의 해를 비추어 어리석음의 암흑을 깨부수느니라. 몸가짐이 순박·청정·온화하며 선정에 들어 또렷하게 살필 수 있어서 중생의 대도사가 되어 나와 남을 조복시키느니라.

극락세계 보살은 중생을 인도하여 모든 애착을 버리도록 하고, 세 가지 때를 영원히 여의게 하여, 갖가지 신통에 자재하게 노닐게 하느니라. 인력·연력·원력으로 선근이 생기게 하고, 일체 마군을 꺾어 항복시키며, 제불을 존중하고 받들어 모시느니라. 그러므로 보살은 세간의 밝은 등불이고, 수승한 복전이며, 수승한 길상이며, 모든 중생의 공양을 받을 만하니라.

극락세계 보살은 위엄·광명이 성대하고 마음속이 자재 온화하며, 용맹정진하고 설법에 두려움이 없으며, 몸의 빛깔과 상호, 공덕과 변재 등의 갖가지 장엄을 구족하여 더불어 견줄 이가 없느니라.

일체 제불께서 늘 다 함께 칭찬하시기를,「극락세계 보살은 보살의 모든 바라밀을 구경 원만하게 이루어 불생불멸의 여러 삼마지에 항상 안온히 머물고, 시방세계 도량을 두루 다니면서 성문·연각 이승의 경계를 멀리 여의느니라.」

아난아, 내가 저 극락세계를 지금 간략하게 말하였나니, 그곳에 왕생한 보살들의 진실한 공덕이 모두 다 이러하여, 만약 상세하게 말한다면 백천만겁이 지나도 이루 다 말할 수 없느니라.”

제32품 수명과 법락이 끝이 없다

부처님께서 미륵보살과 제천·인간 등에게 말씀하시기를, “무량수불의 국토에 있는 성문·보살들의 공덕과 지혜는 이루 다 말로 칭찬할 수 없고, 또한 그 국토의 미묘하고 안락하고 청정하게 장엄된 모습도 이와 같거늘, 어찌 중생이 힘써 선업을 닦지 않고 자성본연을 회복하는 대도(자기 성덕의 명호인 아미타불)를 염하지 않을 수 있겠는가!

극락세계 보살은 자유자재하게 출입하면서 부처님께 공양 올리고, 경법을 지혜로 관하여 일상에서 도를 실천하며, 오랜 시간 훈습하여 법희가 충만하며, 재주가 뛰어나고 용맹하며 지혜롭고, 신심이 견고하여 도중에 물러나지 않고 게으르지 않느니라. 겉으로는 한가롭고 느릿느릿하게 보여도, 속으로는 쉼 없이 빨리 달려가고 있느니라. 그 심량은 허공과 같이 청정광대하여 일체를 포용하고, 꼭 알맞게 중도에 들어맞으며, 속마음과 겉모습이 하나로 상응하여 위의가 저절로 엄정하느니라.

극락세계 보살은 항상 자신을 점검하고 거두어들여서 행동을 단정히 하고 마음을 정직하게 하며, 몸과 마음이 항상 정결·청정하여 일체의 애욕과 탐욕이 없으며, 뜻과 원이 안정되어 더하거나 모자람이 없느니라. 도를 구함에 있어 화평하고 중정한 마음을 유지하고, 삿된 견해에 잘못 기울지 않으며, 경전의 약속과 가르침에 따라 감히 넘어지거나 틀어지지 않아 먹줄을 친 것과 같으니라.

극락세계 보살은 마음에 우러러 구하는 것은 모두 도법뿐이고, 마음이 한없이 넓어 망념이 없으며, 신심이 견고하여 범사에 근심이 없느니라. 나아가 행위는 저절로 무위법에 머물고, 마음은 허공과 같아 한 법도 세우지 않고 담백하고 평온하여 어떤 욕망도 일으키지 않으며, 선한 원을 맺고 온 마음 다해 선교방편을 모색하느니라.

극락세계 보살은 대자대비의 마음으로 중생을 제도할 적에 세상의 예절과 의리에 모두 들어맞고, 사상과 이체를 포용하고 받아들여 자신과 일체중생을 일생에 해탈을 얻을 수 있게 하느니라. 또한 자성본연을 잘 보임하여 묘명진심으로 정결하고 순백하느니라. 그 발한 뜻과 원은 위없는 상상품을 추구하고, 그 마음은 청정하고 적연부동하여 안락에 임운하느니라. 단박에 마음이 열려 요달하여 투철하게 깨달으니, 「자성본연 중에 일진법계의 경계상이 나타나고, 일체현상에 자성본연의 근본자리가 있느니라.」

자성본연(극락세계)에서 나타나는 미묘한 광명과 빛깔이 서로 뒤섞여서 변화가 무궁하고, 유식이 전변(십법계 의정장엄)하여 가장 수승하느니라. 울단월(북구로주)처럼 저절로 칠보가 생겨나고 시방 허공 중에 두루 일체 사물이 나타나며, 광명·정묘精妙·명정明淨의 일체 미묘한 상이 한꺼번에 출현하나니, 그 아름답고 수승함은 어떤 세계와도 견줄 수 없느니라. 극락세계 보살의 마음은 평등하여 상하가 없는 진실의 본체를 드러내고, 그 지혜는 일체 만법을 통달하고 비춤에 궁진함이 없느니라.

마땅히 각자 부지런히 정진하고,
스스로 노력하여 극락에 왕생하길 구할지니,
반드시 (삼대아승지겁 보살의 51 수행계위를) 뛰어넘어
아미타부처님의 무량 청정국토에 왕생하리라.

오악취를 가로질러 단번에 끊어버리면
삼악도의 문이 저절로 닫혀 버리거늘,
한계가 없는 수승한 도(정토법문)를 닦아
쉽게 갈 수 있는데, 가려는 사람이 없구나!

저 극락국토는 거스르고 어기지 않으면 누구나
저절로 이끄는 바를 따라 성취하나니,
세간의 지향을 모두 놓아버려 마음을 허공같이 하고

부지런히 행해 (성불의) 도와 (중생제도의) 덕을 구할지라.

(왕생하는 이는) 무량수를 얻을 수 있고,
(극락세계에서는) 수명이 무량이고 대승법락을 누리거늘,
어찌해 세상사에 집착하여
시끄럽게 떠들며 무상한 일에 근심하는가!"

제33품 권유 독려하여 정진하게 하시다

"세상 사람들은 급하지도 않은 일에는 서로 앞 다투어 쫓아다니지만, 생사윤회를 벗어나는 일에 관심조차 두지 않는구나! 지극히 악독하고 괴로움이 가득 찬 세상에서 몸과 마음을 고달프게 부리면서 세상일 하느라 고생하며 자신의 욕망을 채우기 위해 쓸데없이 바쁘게 살아가는구나! 윗사람이거나 아랫사람이거나 가난하거나 부유하거나 남녀노소 할 것 없이 하나같이 고민하고 근심 걱정하며 남보다 더 잘 되려는 마음에 실속 없이 뛰어다니기만 하는구나!

논밭이 없으면 논밭이 없어 걱정이고, 집이 없으면 집이

없어 걱정이고, 권속과 재물이 있어도 없어도 걱정이고, 이런 것이 있으면 저런 것이 적다고 여겨 남들과 똑같이 가지려고 하는구나!

마침 조금 가지게 되면 또 생각지도 못한 사태가 일어나지 않을까, 물난리나 화재를 만나서 타버리고, 떠내려가고, 도적이나 원수나 빚쟁이를 만나서 빼앗겨서 재물이 흩어지고 없어지지 않을까 걱정하는구나!

마음이 인색하고 뜻이 완고하여 아무것도 내려놓지 못하고 연연하지만, 목숨이 다할 때 버리고 가야 하니, 그 무엇도 가지고 갈 수 없느니라. 이는 가난하거나 부유하거나 모두 똑같아서 모두가 만 갈래 근심과 고뇌를 지닌 채 살아가는구나!

세상 사람들은 부자와 형제, 부부와 육친권속 사이에 서로 공경하고 사랑해야 하며, 서로 미워하거나 질투하는 일이 없어야 하느니라. 재산이 있든지 없든지 간에 서로 도와야 하고 탐내거나 아까워하는 일이 없어야 하며, 말과 안색을 늘 부드럽게 가지고 서로에게 거슬리지 말아야 하느니라.

혹 때로는 마음에 다른 의견이 생겨 서로 양보하지 못하고, 혹 때로는 화내고 분노하는 일이 있어서 다음 세상에 더 치열해져 큰 원수가 되기도 하느니라. 그래서 세상일에 더욱 근심이 쌓이고 손해를 입게 되니, 비록 당장 닥치지 않을 때라도 서둘러 화해할 방법을 찾아야 하느니라.

세상 사람들은 누구나 애욕 속에서 홀로 나서 홀로 죽고, 홀로 가고 홀로 오며, 괴로움과 즐거움을 스스로 감당해야 하나니, 대신해줄 사람은 없느니라. 선악이 변화하여 태어나는 곳마다 선악의 업인이 따라 다니지만, 각자 가는 길이 달라서 다시는 만날 기약이 없나니, 어찌하여 건강할 때 선을 닦으려 노력하지 않고 무엇을 기다리고 있는가!

세상 사람들은 선악을 스스로 알지 못해 각자 경쟁하듯 길흉화복을 짓고, 몸은 악업을 지어 어리석고 정신은 바른 믿음이 없어 어두우니라. 외도의 가르침을 이리저리 받아들이며, 전도된 마음이 계속 이어져서 육도윤회로 생사가 끊어지지 않고, 무상의 근본인 탐·진·치로 말미암아 악을 짓느니라. 어리석고 어두워서 (바른 법에) 거스르고 대들며, 부처님의 말씀을 믿지 않아 멀리 내다보지 못하고 각자 눈앞의 쾌락만 추구하며, 분노와 성냄에 미혹하고 재물과 색욕에 탐착하는 일이 끝내 그치지 않으니, 애통하고 가슴 아플 따름이니라!

과거의 사람들은 선을 행하지 않고 도덕을 알지 못하였으며, 이를 말해주는 사람조차 없어 세상살이가 이런 지경에 이르렀으니, 전혀 이상할 것도 없느니라. 이들은 생사 육도윤회의 과보와 선악의 업인을 모두 믿지 않았고, 아예 이러한 일은 없다고 말하였느니라.

죽어서 이별하는 모습을 바라보면 스스로 알 수 있나니, 혹 부모는 자식이 죽어서 울기도 하고, 혹 자식은 부모가 죽어서 울기도 하며, 형제와 부부는 더욱더 서로 흐느껴 우나니, 한 사람은 죽고 한 사람은 살아서 서로 애틋하게 그리워하여 놓아버리지 못하고, 근심과 애착에 마음이 결박되어 벗어날 때가 없으며, 부부의 정을 생각하여 욕정을 여의지 못하느니라. 이러한 상황에 대해 깊이 생각하고 잘 헤아려서 전일하게 정성 다해 도를 행할 수 없다면 나이와 수명이 다하는 때에 이르러 어찌할 도리가 없느니라.

도에 미혹한 자는 많지만, 도를 깨달은 자는 적어서 각자 죽이려는 독기를 품어 사악한 기운으로 마음이 어두컴컴해 망령되게 일을 저지르고, (위로) 천심을 거스르고 (아래로) 염라왕의 뜻을 어기며, 멋대로 악을 지어 그 죄가 극에 달하니, 문득 그 수명을 빼앗아 악도에 떨어져 벗어날 기약이 없느니라.

그대들은 깊이 생각하고 잘 헤아려 온갖 악을 멀리 여의고, 그 선(염불)을 선택하여 부지런히 행할지니라. 좋아하고 누리는 부귀영화는 항상 오래 유지하지 못하고 모두 헤어져야 하나니, 즐거울 것이 없느니라. 부지런히 정진하여 안락국에 태어나기를 구할지니, 그러면 지혜는 마음을 밝혀 근본을 요달하고, 얻는 공덕은 수승하리라. 마음이 하고자 하는 바에 따라 멋대로 행동하지 말지니, 경전과 계율을 저버려서 함께 닦는 사람 중에서 뒤떨어지리라."

제34품 마음이 열리어 명백히 이해하다

미륵보살이 부처님께 아뢰기를, "부처님께서 말씀하신 가르침과 계율은 너무나 깊고, 너무나 좋사옵니다. 모든 중생은 자비로운 은혜를 입어서 근심과 고통으로부터 벗어날 수 있사옵니다. 부처님께서는 법왕이 되시어 세간의 존경을 받아 모든 성인을 뛰어넘고, 광명은 (일체를) 꿰뚫어 비추고 지혜는 (일체 만법이 공한 이치를) 통달하여 끝이 없으니, 두루 일체 제천·인간의 스승이 되었사옵니다. 오늘 부처님을 뵙고 또한 무량수에 관한 (염불·견불·성불의) 가르침을 들을 수 있으니, 어찌 기쁘지 않을 수 있겠사옵니까? 저희들은 마음이 열리어 명백히 이해하였습니다."

부처님께서 미륵보살에게 말씀하시기를, "부처님을 공경하고 가르침을 이어받는 것이 큰 선이니, 실로 마땅히 염불하여 (염불삼매에 이르러) 여우같은 의심을 일순간에 끊어버리고, 여러 애욕을 뽑아버리며, 온갖 악의 원류를 막아야 하느니라. 그러면 (부처님의 위신력을 타고) 삼계를 두루 다니며 걸림 없이 (중생을 제도교화하고) 부처님의 정도(일승원해·육자홍명·왕생극락)를 열어 보이고, 아직 제도 받지 못한 중생을 제도할 수 있느니라.

그대들은 마땅히 알지니, 시방세계 사람들이 오랜 겁 이래 육도윤회의 바퀴를 굴리면서 근심 고통을 끊지 못하여 태어날 때 고통을 겪고, 늙을 때 또한 고통을 겪으며, 병들어 극심한 고통을 겪고, 죽을 때 극심한 고통을 겪느니라. 몸에 악취가 나서 깨끗하지 못하니 즐겁다고 말할 수 없느니라. 그대들은 스스로 결단하여 마음의 때를 말끔히 씻고, 언행을 성실히 하고 신뢰를 지켜야 하며, 말과 마음이 상응하여야 하느니라. 이러한 사람은 자신을 제도하고 서로 번갈아 도와주고 제도할 수 있느니라.

지성심으로 구하여 본원을 달성하고 선근의 근본(발보리심 일향전념)을 쌓으면, 비록 한 세상 부지런히 고행정진할지라도 잠깐 사이일 뿐, 나중에 무량수불의 국토에 태어나 즐거움이 끝이 없고, 영원히 생사윤회의 근본뿌리를 뽑아버려 다시는 고통번뇌의 우환이 없으며, 수명이 천만 겁이고 뜻하는 대로 자재하리라.

그대들은 각자 정진하여 마음속에 발원한 일을 구하되, 의심을 품고 도중에 후회하지 말지니라. 그러면 자신에게 허물이 되나니, 나중에 저 극락 변지, 칠보성에 태어나서 5백 년 동안 여러 액난을 받게 되리라."

미륵보살이 부처님께 아뢰기를, "부처님의 밝은 가르침을 받았사오니, 전심으로 정진하며 수학하고, 가르침대로 봉행하여 감히 의심하지 않겠사옵니다."

제35품 오탁악세의 오악 · 오통 · 오소

부처님께서 미륵보살에게 말씀하시기를, "그대들은 이 세상에서 마음을 단정히 하고 뜻을 바로 하여 온갖 악을 짓지 않으니, 참으로 대덕이라. 왜 그러한가? 시방세계에는 선인이 많고 악인이 적어서 쉽게 법문하고 쉽게 교화하지만, 오직 이 오악이 가득한 사바세계만이 가장 괴로움이 극심하니라. 지금 내가 이곳에서 부처가 되어 중생을 교화하여 오악五惡을 버리고, 오통五痛을 없애며, 오소五燒를 여의게 하여 그 뜻을 항복시키고, 다섯 선을 지니게 하여 그 복덕을 얻게 하리라.

무엇이 다섯인가? 그 첫째는 (살생한 악으로) 세간의 모든 중생 부류가 자신의 욕망에 따라 온갖 악을 짓나니, 힘을 믿고 약한 자를 괴롭히며, 서로 번갈아 통제하고 습격하며, 잔혹하게 살상하며, 서로 삼키고 서로 잡아먹을 뿐, 선을 행할 줄 몰라 나중에 재앙과 죄과를 받게 되느니라. 이런 까닭에 가난한 자와 거지, 고아와 독거노인, 귀머거리와 장님, 벙어리와 백치, 추악한 자와 절름발이, 정신병자 등이 있나니, 이는 모두 이전 세상에서 도덕을 믿지 않고, 기꺼이 선을 행하려고 하지 않았기 때문이니라.

세간에는 존귀한 자와 부유한 자, 어질고 현명한 자와 장자, 지혜와 용맹정진력이 있는 자, 재능이 뛰어나 통달한 자 등이 있나니, 이는 모두 이전 세상에서 자애와 효순을 행하여 선을 닦고 덕을 쌓았기 때문이니라.

세간에는 이렇게 눈앞에 죄과가 나타나는 일이 있어 목숨이 다한 후 어두운 저승에 들어가 몸을 받아 다시 태어나니, 형상이 바뀌고 육도가 바뀌게 되느니라. 이런 까닭에 지옥과 축생, 기거나 날거나 꿈틀거리는 벌레의 권속이 있나니, 비유컨대 세간의 법으로 감옥에 들어가 격심한 고통과 극형을 받는 것처럼 그 신식神識은 그 죄업에 따라 삼악도로 가서 고통을 받으며 그곳에서 받는 수명은 혹 길기도 하고 혹 짧기도 하느니라. 또한 원수와 빚쟁이처럼 서로 쫓아다니면서 같은 곳에 태어나 서로 보상을 받으려 하는데, 재앙과 악업이 다하기 전에는 끝내 여읠 수 없어 그 가운데 전전하면서 여러 겁이 지나도록 벗어나기 어려우며 해탈을 얻기도 어려우니, 그 고통은 이루 다 말할 수 없느니라.

천지간에 저절로 이러한 일이 있으니, 비록 즉시 갑자기 드러나지 않는다 할지라도 마침내 (자신이 지은) 선업과 악업은 자신에게 돌아가느니라.

그 둘째는 (도둑질한 악으로) 세상 사람들은 법률과 제도를 따르지 않고 사치 · 음란, 거만 · 횡포 · 방종에 따라 마음대로 행동하고, 윗자리에 있으면서 밝지 못하고, 지위가 있어도 바르지 못해 다른 사람들을 모함하고 억울한 누명을 씌워 충직하고 어진 사람을 해치며,

언행이 완전히 달라 허위로 속이는 일이 많아서 윗사람이거나 아랫사람이거나 가족이거나 바깥사람이거나 서로 속고 속이느니라. 성내고 어리석어서 자신에게 두둑한 이익을 챙기고자 더 많이 탐내려다 이익과 손해, 승리와 패배가 서로 엇갈려서 마침내 원망을 사서 원수가 되고, 패가망신해도 전후인과를 살피지 않느니라.

어떤 사람은 부유하면서도 인색하여 도무지 베풀려고 하지 않고, 탐심이 무거워서 더 가지고 싶은 마음에 마음은 수고롭고 몸이 고달파도 끝내 따르는 이는 한 사람도 없고, 선악의 업력으로 화와 복만이 명근命根을 좇아 태어나는 곳에 이르니, 혹 즐거운 곳이기도 혹 고통스러운 곳에 이기도 하느니라. 또한 혹 어떤 사람은 선한 이를 보면 오히려 미워하고 헐뜯으려고만 할 뿐 공경하거나 배우려는 마음이 없으며, 늘 빼앗고자 하는 마음을 품고 남의 이익과 재물을 빼앗아 자신이 사용하고, 모두 사용한 후에도 거듭 빼앗으려고 하느니라.

(이러한 악은) 신명(판관, 구생신俱生神)이 모두 기록하여 끝내 삼악도에 들어가서 저절로 삼악도를 윤회하며 무량한 고

뇌를 겪게 되고, 그 가운데 전전하면서 여러 겁이 지나도록 벗어날 수 없어 그 고통은 이루 다 말할 수 없느니라.

그 셋째는 (삿된 음행을 한 악으로) 세상 사람들은 서로 업인에 기대어 살기 때문에 그 수명이 길어야 얼마나 되겠는가? 선하지 않은 사람은 몸과 마음이 바르지 않아 마음으로 늘 삿된 음행을 품고 늘 삿된 음행과 방탕만 생각하여, 가슴 속에 번뇌욕망이 가득하고, 바깥으로 삿되고 방탕한 행동이 드러나서 집안 재산을 모두 탕진해버리고, 법도에 어긋난 일을 저질러도 추구해야 할 일은 오히려 행하려고 하지 않느니라.

또한 혹 어떤 사람들은 나쁜 이들과 결탁해 무리를 모아 군사를 일으켜 서로 싸우고 공격하며, 사람들을 겁탈하고 죽이며 강탈하고 협박하며, 여기서 얻은 재물을 자신의 처자 권속에게 쓰고 몸이 망가지도록 쾌락을 쫓기 때문에 사회대중이 모두 그를 싫어하며 그들에게 우환을 가져다주고 고통을 겪게 하느니라.

이러한 악은 인간과 귀신에게 환히 드러나니, 신명이 모두 기록하여 저절로 삼악도에 들어가서 무량한 고뇌를 겪게 되느니라. 이렇게 삼악도 가운데 전전하면서 여러 겁이 지나도록 벗어날 수 없으니, 그 고통은 이루 다 말할 수 없느니라.

그 넷째는 (거짓말한 악으로) 세상 사람들은 입으로 선행을 닦아야 한다고 생각하지 않아 이간질하는 말과 거친 말, 거짓말과 현혹시키는 말로써 착한 사람을 미워하고 질투하며, 현명한 사람을 헐뜯고, 부모님께 불효하고, 스승과 어른을 낮추어 보아 버릇없이 굴며, 친구에게 신의가 없어 성실하다고 인정받지 못하느니라.

그들은 존귀한 자리에 올라 스스로 위대하다 생각하며, 자신에게 진리가 있다고 말하느니라. 또한 제멋대로 행동하고 위세를 부리며, 다른 사람의 인격을 침범하여 그들이 자신을 두려워하고 공경하기를 바라면서, 스스로 부끄러워하거나 두려워할 줄 모르느니라.

그들은 조복시키거나 교화시키기 어렵나니, 늘 교만한 마음을 품고 있어 전생에 지은 복덕으로 아무 탈 없이 살고 있지만, 금생에 악업을 지어 그 복덕이 다 소멸되면 수명이 다해 죽을 때 여러 악업에 둘러싸여 돌아가느니라.

또한 그의 명부는 신명에게 기록되어 자신이 지은 죄업이 끌어당겨서 온갖 재앙으로부터 도망치거나 벗어날 길이 없고, 단지 전생에 지은 과보에 의해 지옥의 불가마 솥으로 끌려가 몸과 마음이 망가지고 부서지는 극심한 고통을 받게 되느니라. 그때 아무리 후회해도 이미 돌이킬 수가 없느니라.

그 다섯째는 (술로 인해 삼독을 짓는 악으로) 세상 사람들은 범사에 머뭇거리고 게을러서 기꺼이 착한 일을 하지 않으려 하고 몸을 다스려 선업을 닦으려고 하지 않느니라. 부모님이 가르치고 타일러도 듣지 않고 오히려 빗나가고 반항하며 마치 원수처럼 지내니, 차라리 자식이 없는 것만 못하느니라. 부모님 은혜를 저버리고 효도할 줄 모르며 보답하여 갚고자 하는 마음도 없느니라.

제멋대로 놀고 이리저리 빈둥거리며, 술에 빠져 살고

맛난 것을 즐기며, 또한 거칠고 함부로 날뛰며, 걸핏하면 남과 충돌하고 다투며, 다른 사람의 사정도 배려하지 않으며, 도의도 없고 무례하여 그 누구도 타이를 수 없느니라. 친척이나 벗들에게 필요한 것이 있는지 관심도 없고, 부모님의 은혜도 모르고 스승이나 친구에 대한 도리도 없느니라.

그들은 마음으로도 몸으로도 말로도 선한 적이 하나도 없느니라. 그래서 제불의 경전과 설법을 믿으려 하지 않고, 생사윤회를 벗어날 수 있음과 선악인과의 도리도 믿지 않느니라. 나아가 진인(아라한)을 해치려고 하고, 승가를 교란시키려고 하느니라. 어리석고 무지몽매하면서도 오히려 스스로 지혜롭다고 여기느니라. 그래서 그들은 태어날 때 어디에서 왔는지, 죽을 때 어디로 떠나가는지 알지도 못하느니라. 그래서 마음이 어질지도 않고 이치에 순응하지도 않으면서 오래 살길 바라느니라.

그들은 자비심으로 가르치고 타일러도 도무지 믿으려 하지 않고, 쓴 소리로 말해도 그 사람에게 아무런 이익도 없느니라. 이렇듯 그들은 두터운 번뇌에 마음이 꽉 막혀서 아무리 좋은 말을 해도 마음속이 열리고 풀리지 않느니라. 이러한 사람도 그 수명이 다할 때 뉘우치고 두려워하나 뒤늦게 후회한들 이제 와서 무슨 소용이 있겠는가!

천지간에는 천상·인간·축생·아귀·지옥의 오도가 분명하게 있어 선과 악을 지으면 그 과보로 화와 복이 서로 이어지며, 자신이 지은 업은 자신이 받게 되어서 그 누구도 대신하지 못하느니라.

선한 사람은 착한 일을 행하여 즐거움에서 즐거움으로 들어가고, 밝음에서 밝음으로 들어가지만, 악한 사람은 나쁜 짓을 저질러 괴로움에서 괴로움으로 들어가고, 어두움에서 어두움으로 들어가나니, 누가 이러한 이치를 알 수 있겠는가? 오직 부처님만이 알고 계실 뿐이니라.

불법의 가르침을 열어 보이셨으나, 이를 믿고 행하는 사람은 적어서 쉬지 않고 생사에 윤회하고 끊임없이 악도에 떨어지나니, 이러한 사람이 많고도 많아 이루

다 말할 수 없도다. 그래서 저절로 삼악도가 나타나니 그 가운데 무량한 고뇌를 전전하면서 세세 누겁에 벗어날 기약이 없고 해탈할 수도 없으니, 그 고통은 이루 다 말할 수조차 없느니라.

이와 같은 오악五惡·오통五痛·오소五燒는 비유컨대, 큰 불이 타올라 몸을 태우는 것과 같으니라. 만약 스스로 그 가운데 살아감에 일심으로 마음을 제어할지니, 몸을 단정히 하고 생각을 바르게 하며, 언행이 서로 부합하고 범사에 지성심을 다할지라. 오직 여러 선을 짓고 온갖 악을 저지르지 않으면 자신은 홀로 생사를 벗어나 그 복덕을 얻고 장수를 누리며 열반의 도를 성취하게 되리니, 이것이 다섯 큰 선이니라."

제36품 거듭 가르치고 권하시다

부처님께서 미륵보살에게 말씀하시기를, "내가 그대들에게 말한 것처럼 이렇게 오악五惡·오통五痛·오소五燒가 구르고 구르면서 서로 인연하여 생겨나니,

감히 이런 악한 일을 저지르면 삼악도를 겪어야만
하느니라.

혹 어떤 이는 지금 세상에서 중병에 걸리는 재앙을 먼저
받아 죽고 싶어도 죽을 수 없고 살고 싶어도 살 수 없는
참혹한 지경에 처하나니, 이러한 나쁜 과보를 드러내어
대중에게 모두 보여주느니라. 혹 어떤 이는 목숨이 다한
후에 삼악도에 들어가 슬픔과 고통, 지극히 참혹한 과보를
받게 되나니, 자신의 업력에 이끌려 지옥의 불길이 거세게
타오르느니라.

원수들은 함께 모여 서로 해치고 죽이려고 하나니, 이러한
원한은 미세한 업인에서 시작되어 크나큰 곤란과 극렬한
보복으로 바뀌느니라. 이는 모두 재물과 색욕에 탐착하여
보시를 베풀려고 하지 않고, 자신의 잇속과 흡족만 구하여
더 이상 시비곡직을 묻지 않으며, 어리석음과 욕망에 떠밀
려 자신만 중히 여기고 싸워서 이익을 취하기 때문이니라.”

이렇게 부귀영화를 얻어 당장의 쾌락만을 즐길 뿐, 인욕할
줄 모르고 선을 닦는데 힘쓰지 않아 그 위세는 얼마 가지

않아 악업을 따라서 닳아져 없어지느니라.

자연인과의 도를 시설하고 펼쳐서 저절로 (그러한 죄를) 바로잡고 드러내니, 외로이 어쩔 줄 몰라 하며 응당 죄업 속으로 들어가 윤회하느니라. 예나 지금이나 이러한 일이 있으니, 비통하고 가슴 아프도다!

그대들은 불경의 말씀을 얻었으니, 이를 잘 사유하고 각자 스스로 몸과 뜻을 단정히 하며 가르침을 준수하여 목숨이 다할 때까지 게을리해서는 안 되느니라. 성인을 존중하고 선지식을 공경하며, 안인安忍하고 널리 이롭게 하는 자비의 마음을 품고, 스스로 해탈을 구하고 세상 사람을 제도하며, 생사에 윤회하는 온갖 악의 근본을 뿌리뽑아 버리고, 삼악도에서 겪는 고뇌와 근심, 공포와 고통의 육도윤회를 여의어야 하느니라.

그대들이 선을 행함에 무엇이 첫째인가? 스스로 마음을 단정히 하여야 하고, 스스로 몸을 단정히 하여야 하며, 이목구비를 모두 스스로 단정히 하여야 할지니라. 몸과 마음을 청결히 하고 선과 상응할지니라. 기호와 욕망을 따르지 말고, 여러 악을 범하지 말며, 말과 얼굴빛을 온화하게 할지니라.

몸으로 짓는 행업을 전일하게 하여야 하고, 동작을 살펴보아 안정되고 천천히 행할지니라. 서둘러서 급하게 일하면 실패하고 후회할 것이며, 진실하게 행하지 않으면 그 수행한 공을 잃어버리게 되느니라."

제37품 가난한 사람이 보배를 얻듯이

"그대들은 덕의 근본(육자명호)을 널리 심으면서 계율을 범하지 말고 인욕하며 정진할지니라. (중생을 널리 이롭게 하겠다는) 자심慈心으로 전일하게 닦고, 팔관재계를 수지하여 청정심으로 하루 밤낮 동안 수행한다면, 무량수불의 국토에서 백 년 동안 선을 닦는 것보다 수승하리라. 왜 그러한가? 저 불국토의 중생은 모두 덕을 쌓고 온갖 선을 닦아서 털끝만큼도 악이 없기 때문이니라.

이 세상에서 열흘 밤낮 동안 선을 닦는다면, 타방세계 제불국토에서 천 년 동안 선을 행하는 것보다 수승하리라.

왜 그러한가? 타방세계 불국토에는 복덕이 저절로 이루어져 악을 지을 곳이 없기 때문이니라.

오직 이 세간만이 선은 적고 악은 많아서 괴로움을 마시고 번뇌를 밥 먹듯이 하면서 한번도 제대로 편안하게 쉬어 본 적이 없느니라.

그래서 내가 그대들을 불쌍히 여겨 애틋한 마음에 가르치고 설명하여 경법을 전수하나니, 모두 다 수지하여 사유하고, 모두 다 봉행할지니라. 지위가 높거나 낮거나, 남자이거나 여자이거나, 친척 친구이거나 누구든지 서로 번갈아가며 이 가르침의 말씀을 전하도록 할지라. 자신에게 약속하고 관리하며, 중생과 화순하며, 세상의 요구에 맞게 불법의 이치에 맞게 살아가도록 할지라. 그리하여 범사에 기뻐하고 즐거워하며, 모든 이에게 자심과 효순의 마음이 가득하도록 할지라.

자신이 행한 일에 과실을 범했다면 스스로 참회하여 악을 없애고 선으로 나아가며, 아침에 들었으면 저녁에 고쳐야 하느니라. 경전을 받들어 지니고 계를 지킴에 마치 가난한 사람이 보배를 얻듯이 소중히 하며 과거의 악행을 고치고 미래의 선행을 닦아야 하느니라. 마음속의 때를 깨끗이 씻고 행동을 바꾼다면 부처님께서 저절로 감응하여 가피를 내리시어 원하는 바를 모두 얻게 되리라.

부처님의 가르침이 작용하는 곳은 국가나 도시나 마을에 이르기까지 교화를 입지 않은 곳이 없나니, 천하는 화순하고, 해와 달이 청명하며, 비바람이 때에 맞추어 불고, 재난이 일어나지 않으며, 나라는 풍요롭고 국민은 편안하여 병사와 무기를 쓸 일이 없느니라. 또한 사람들은 도덕을 숭상하고 인의를 행하며, 힘써 예절과 겸양을 닦아, 나라에 도적이 없고 억울한 일이 없으며, 강한 자가 약한 자를 능멸하지 않아 각자 자신의 자리를 잡느니라.

이처럼 내가 그대들을 불쌍히 여기는 마음은 부모가 자식을 생각하는 것보다 더 하느니라.

나는 이 세상에서 부처가 되어 선으로써 악을 대치하여 생사의 괴로움을 뽑아버리고, 다섯 덕을 얻고 무위의 안락한 경지에 오르도록 하였느니라.

내가 이 세상에서 반열반에 든 후 경전에서 말씀하신 도가 점점 사라지게 되리라. 사람들은 아첨하고 속이며, 다시 온갖 악을 지어서 오소五燒·오통五痛이 오랜 후에 점점 더 심해질 것이니, 그대들은 서로 번갈아가며 가르쳐 주고 일러주어 부처님의 경법대로 행하고 범하는 일이 없도록 할지라."

이에 미륵보살이 합장하고 말씀드리기를, "세상 사람들이 짓는 악과 받는 괴로움은 이와 같고, 이와 같사옵니다. 부처님께서는 저희 모두에게 자비를 베푸시고 불쌍히 여기시어 빠짐없이 다 해탈을 얻게 하시옵니다. 이제 부처님의 간곡하신 가르침을 받았사오니, 감히 거스르거나 잃어버리는 일이 없도록 하겠사옵니다."

제38품 부처님께 정례하니 광명을 나타내시다

부처님께서 아난에게 말씀하시기를, "아난아, 그대들이 무량청정평등각이신 아미타부처님과 여러 보살 아라한 등이 살고 있는 극락국토를 보고자 한다면 마땅히 해가

지는 곳, 서쪽을 향하여 서서 공경하며 머리 조아려 정례하고 「나무아미타불」을 칭념하도록 하라.”

이에 아난은 바로 자리에서 일어나서 서쪽을 향해 합장하고 머리 조아려 정례하며 여쭈기를, “원하옵건대, 제가 지금 극락세계의 아미타부처님을 뵙고, 공양하며 받들어 모시고 여러 선근을 심고자 하옵니다.” 이렇게 머리를 조아려 정례하는 순간, 홀연 아미타부처님을 친견하게 되었나니, 그 용안이 광대하시고 법신 상호가 단정 엄숙하여 마치 황금 산이 일체 여러 세계 위로 우뚝 솟아있는 것 같았다. 또 시방세계 제불 여래께서 아미타부처님의 온갖 공덕을 칭양·찬탄하시니, 그 소리가 진허공·변법계에 걸림이 없고 미래제가 다하도록 끊어지지 않고 들렸다.

아난이 아뢰기를, “저 부처님의 청정찰토는 일찍이 없었사옵니다. 저도 또한 즐거운 마음으로 저 국토에 태어나기를 원하옵나이다.” 세존께서 말씀하시기를, “그 가운데 태어나는 자들은 이미 무량 제불을 가까이 하면서 온갖 덕의 근본을 심었던 자들이니라. 그대가 저 국토에 태어나고자 한다면 일심으로 부처님을 우러러 귀의하여야 하느니라."

이 말씀을 하실 때, 아미타부처님께서 즉시 손바닥에서 무량한 광명을 놓아서 일체 제불세계를 두루 비추시었다. 그때 제불국토가 모두 빠짐없이 다 분명하게 나타나니, 마치 일심의 거리에 있는 것 같았다. 아미타부처님의 수승한 광명이 지극히 청정한 까닭에 이 세계의 모든 흑산과 설산, 금강산과 철위산, 크고 작은 여러 산과 강, 숲과 천인의 궁전 같은 일체 경계에 두루 비추지 않는 곳이 없었다.

비유컨대, 해가 떠올라 세상을 밝게 비추듯이 지옥도·축생도·아귀도까지도 빠짐없이 다 활짝 열어서 하나의 빛깔이 되어, 마치 물의 재앙이 온 세상을 가득 채우고 그 가운데에 만물이 잠겨서 보이지 않으며, 넘실대는 물결이 끝없이 펼쳐진 물바다만 보는 것 같았다. 아미타부처님의 광명도 또한 이와 같아서 성문과 보살의 일체 광명은 모두 다 가려 덮이고, 오직 아미타부처님의 광명만이 밝고 환하게 비추었다.

이 법회에 모인 사부대중과 천룡팔부, 인·비인 등이 모두 극락세계의 갖가지 장엄을 보았고, 아미타부처님께서 저 높은 연화대에 앉아 계시며 드높은 위덕을 드러내시고 상호에서 광명을 비추는 모습을 보았으며, 성문과 보살들이 아미타부처님을 공경히 둘러싸고 있음을 보았나니, 비유컨대 마치 수미산 왕이 바다 수면 위로 솟아올라 밝게 나타나서 찬란하게 비추는 것 같았다. 그 세계는 청정하고 평정하여 온갖 더러운 것들이나 이상한 것들이 전혀 없었고, 오직 온갖 보배로 장엄되어 있는 곳에서 성현들이 같이 머물러 있을 뿐이었다.

아난 존자와 모든 보살성중 등이 다 같이 크게 환희하고 뛸 듯이 기뻐하며, 머리를 땅에 대고 예배하면서 칭념하기를, "나무아미타삼먁삼불타!"라고 하였다.

제천·사람들로부터 기거나 날거나 꿈틀거리는 벌레에 이르기까지 이 빛을 본 자는 누구나 모든 질병의 괴로움이 멈추지 않은 이가 없었고, 일체의 근심과 번뇌 또한 벗어나지 않은 이가 없었으며, 모두 다 자심慈心으로 선업을 지으면서 기뻐하고 즐거워하였다. 종과 경쇠, 거문고와 공후와 같은 악기들을 연주하지 않아도 저절로 모두 오음의 소리가 울려 나왔고, 제불국토에서는 제천·사람들이 각자 꽃과 향을 가지고 와서 허공에 흩뿌리며 공양하였다.

이때 극락세계는 서방으로 백천구지 나유타(십만억) 국토를 지나서 있지만, 부처님의 위신력으로 마치 눈앞에 있는 것처럼 보였고, 마치 청정한 천안으로 일심의 거리에 있는 땅을 보는 것 같았다. 극락세계 보살이 이 땅을 보는 것도 또한 이와 같아서 모두 다 사바세계의 석가여래께서 비구들에게 둘러싸여 설법하시는 모습을 바라보았다.

제39품 미륵보살이 본 경계를 말하다

이때 부처님께서는 아난 존자와 미륵보살에게 말씀하시기를, "그대들은 극락세계의 궁전과 누각, 연못과 숲 등이 미묘·청정·장엄함을 구족하고 있음을 보았느냐? 그대들은 욕계 제천에서 위로는 색구경천에 이르기까지 여러 향과 꽃이 비 오듯 내려 두루 불찰토를 장엄하는 것을 보았느냐?" 아난이 대답하기를, "예, 그렇사옵니다. 이미 보았나이다."

"그대들은 아미타부처님의 큰 음성이 일체 세계에 두루 퍼져서 중생을 교화하시는 것을 들었느냐?" 아난이 대답하기를, "예, 그렇사옵니다. 이미 들었나이다."

부처님께서 말씀하시기를, "그대들은 저 국토에서 청정한 행을 구족한 성중들이 허공을 노닐 적에 궁전이 몸을 따라 다녀 아무런 장애되는 것이 없고, 시방세계를 두루 다니면서 제불께 공양하는 것을 보았느냐? 그들의 염불소리가 계속 이어지는 것을 보았느냐? 또 온갖 새들이 허공계에 머물며 갖가지 소리 내는 것이 모두 다 부처님께서 변화하여 지은 것임을 그대들은 빠짐없이 다 보았느냐?" 미륵보살이 아뢰기를, "부처님께서 말씀하신 대로 하나하나 모두 보았나이다."

부처님께서 미륵보살에게 말씀하시기를, "저 국토의 사람들 중에 태에서 나는 사람을 너희들은 또한 보았느냐?" 미륵보살이 아뢰기를, "세존이시여, 저희들은 극락세계 사람들 중에 태에 머무는 자들이 야마천인처럼 궁전에 있으면서 즐거워하는 모습을 보았나이다. 또 연꽃 안에서 가부좌를 하고 저절로 변화하여 나는 것도 보았나이다. 무슨 인연으로 저 국토의 사람들 중에는 태생인 자도 있고, 화생인 자도 있사옵니까?"

제40품 변지, 의심의 성에 갇히다

부처님께서 미륵보살에게 말씀하시기를, "어떤 중생은 의심하는 마음으로 여러 공덕을 닦아서 저 국토에 태어나기를 발원하지만, 부처님의 지혜가 부사의지(성소작지) · 불가칭지(묘관찰지) · 대승광지(평등성지) · 무등무륜최상승지(대원경지)임을 깨닫지 못하여 이러한 여러 지혜에 대해 의심을 품고 믿지 않지만, 윤회는 죄이고 왕생은 복임을 깊이 믿어서 선근의 근본을 닦고 익혀 그 국토에 태어나기를 발원하느니라.

또한 어떤 중생은 선근을 쌓고 불지 · 보편지 · 무등지 · 위덕광대부사의지를 희구하면서도 자신의 선근에 대해 믿음을 낼 수 없는 까닭에 청정한 불국토에 왕생하고자 하는 의지가 약해서 머뭇거리며 한결같이 지탱하지 못하느니라. 그렇지만 끊임없이 염불이 계속 이어져서 그 공덕으로 선한 발원이 근본이 되어 결실을 맺어서 여전히 왕생할 수 있느니라.

이러한 여러 사람들은 이 인연으로 비록 저 국토에 왕생할지라도 무량수불의 처소 앞에 이르지 못하고, 길이 끊겨 불국토의 경계에 있는 변지·칠보성 가운데 머무느니라. 이는 부처님께서 그렇게 하도록 만든 것이 아니고, 몸으로 행하여 지은 것으로 마음이 저절로 향한 것이니라. 또한 보배 연못에 연꽃이 있어서 저절로 몸을 받아 음식을 먹고 누리는 즐거움은 도리천과 같으니라.

그들은 그 성 안에서 나올 수 없고, 거주하는 궁전은 지상에만 있고 마음대로 크고 작게 할 수 없느니라. 5백세 동안 부처님을 친견하거나 경전 설법을 들을 수 없으며, 보살·성문 성중을 볼 수도 없느니라. 그 사람의 지혜는 밝지 못하고, 경전의 의리도 아는 것이 깊지 않으며, 마음이 열려 이해하지 못하고, 마음이 기쁘거나 즐겁지 못하느니라. 이런 까닭에 그들을 태생이라 부르느니라.

어떤 중생이 부처님의 지혜 내지 수승한 지혜를 명료하게 알고 깊이 믿으면서 의심을 끊어 제거하고, 자신의 선근을 믿으면서 여러 공덕을 지어 지극한 마음으로 회향한다면, 이러한 중생은 모두 칠보연꽃 가운데 저절로 화생하여 결가부좌하여 앉자마자 순식간에 여러 보살들과 같이 상호와 광명, 지혜와 공덕을 구족하여 성취하느니라. 그러므로 미륵이여, 그대들은 알지니, 저 화생으로 왕생한 사람들은 지혜가 수승한 까닭이니라.

저 태생으로 왕생한 사람들은 5백세 동안 삼보를 만나지 못하며 보살의 수행생활과 방법을 몰라 공덕을 닦아 익힐 수 없고, 무량수불을 받들어 모실 수도 없느니라. 그러므로 그대들은 알아야 할지니, 이 사람들은 과거 세상에 있을 때 지혜가 없어 의심의 성에 이르게 된 것이니라."

제41품 의심이 다 끊어져야 부처님을 친견한다

"비유컨대, 전륜성왕이 칠보로 감옥을 지어놓고 왕자들이 죄를 지으면 그 안에 가두는 것과도 같아서 그 감옥에는 여러 층의 누각과 화려한 궁전으로부터 보배 휘장과 황금 침상, 난간과 창문, 의자 등에 이르기까지 모두 진귀한 보배로 미묘하게 장식되어 있으며, 음식과 의복은 전륜성왕과 같이 누리지만 그 두 발은 황금 족쇄로 묶여 있으니, 여러 어린 왕자들이 어찌 그곳에서 즐겁게 지내겠느냐?"

미륵보살이 아뢰기를, "아니옵니다. 세존이시여. 그들이 감옥에 갇혀 있을 때 마음은 자재하지 않아 단지 갖가지 방편을 써서 그곳을 벗어나고자 하고, 여러 가까운 측근 대신들에게 도움을 구하지만 끝내 마음대로 되지 않을 것이옵니다. 전륜성왕이 기뻐할 때 비로소 풀려날 수 있사옵니다."

부처님께서 미륵보살에게 말씀하시기를, "저 여러 중생도 이와 같으니라. 만약 부처님 지혜인 광대한 지혜를 희구하는 일에 의심하고 후회에 빠지거나 자신의 선근에 대해 믿음을 낼 수 없다면, 부처님의 명호를 듣고서 신심을 일으킨 까닭에 비록 저 국토에 왕생하여도 연꽃 안에서 나오지 못하느니라.

저 연꽃 태 안에 있는 것은 마치 화원과 궁전 안에 있는 것과 같으니라. 왜 그러한가? 그 안에 있어서 어떤 더러움도 악도 없이 청정하지만, 5백세 동안 삼보를 만나지 못하고 제불께 공양을 올리거나 받들어 모실 기회가 없어 일체 수승한 선근을 닦을 수가 없느니라. 이를 괴로움으로 여기니 기뻐하고 좋아하는 마음이 생기지 않느니라.

만약 이 중생이 그 죄의 근본을 알아서 스스로 깊이 참회하고 자책하면서 그곳에서 벗어나길 구한다면 과거세에 지은 과실이 다하고 난 후에야 그곳을 벗어나서 바로 무량수불의 처소로 가서 참예하고 경법을 들을지라도 오래오래 들어야 개오하고 환희하게 되며, 또한 무량무수한 제불께 두루 공양하고 여러 공덕을 닦을 수 있느니라.

그대 아일다여, 의심은 여러 보살들에게 너무나 큰 손해가 되며, 큰 이익을 잃게 된다는 사실을 알아야 할지니, 이런 까닭에 제불의 위없는 지혜를 분명히 이해하고 깊이 믿어야 하느니라."

미륵보살이 아뢰기를, "왜 이 세계, 어떤 부류의 중생은 비록 선을 닦기는 하나 왕생을 구하지 않사옵니까?" 부처님께서 미륵보살에게 말씀하시기를, "그와 같은 중생은 지혜가 미천하여 서방극락세계가 천상세계에 못 미친다고 분별하고, 즐겁지 않다고 여겨 저 정토에 태어나기를 구하지 않느니라."

미륵보살이 아뢰기를, "이러한 중생은 허망한 분별심을 내어서 불찰토를 구하지 않으니, 어떻게 하여야 윤회를 면할 수 있겠사옵니까?"

부처님께서 말씀하시기를, "저들은 자신이 심은 선근에 대해 상을 여의지 못하고, 부처님의 지혜를 구하지 않으며, 세간의 즐거움과 인간의 복보에만 깊이 집착하여서 비록 복을 닦는다 할지라도 인천의 과보만 구하여 과보를 받을 때 일체가 풍족하지만 결코 삼계의 감옥을 벗어날 수 없느니라. 설사 부모와 처자, 남녀 권속들이 서로 구해

주려고 할지라도 삿된 견해와 업력에 휘둘려서 버리고 떠날 수가 없으며, 항상 윤회에 머물러 자재함을 얻을 수 없느니라.

그대는 어리석은 사람들이 선근을 심지 않고, 단지 세간의 총명지혜와 변재만 가지고 삿된 마음을 증장시키는 것을 보았느냐? 이러한 사람들이 어떻게 생사의 큰 어려움을 벗어날 수 있겠느냐?

또한 어떤 중생은 비록 선근을 심어서 큰 복전을 일구었지만, 상에 취착하고 분별하여 감정적인 집착이 깊고 무거워서 윤회를 벗어나길 구해도 끝내 이룰 수 없느니라.

만약 상에 집착하지 않는 지혜로써 온갖 덕의 근본(육자명호)을 심어 몸과 마음이 청정하고 분별 집착을 멀리 여의며, 청정 찰토에 태어나길 구하여 부처님의 무상보리를 향해 나아가면 이번 생에 불찰토(극락정토)에 태어나 영원히 윤회를 벗어나리라."

제42품 많은 보살들이 왕생하다

미륵보살이 부처님께 여쭈기를, "지금 이 사바세계와 여러 불찰토의 불퇴전지 보살들은 얼마나 많이 저 극락국토에 왕생하겠사옵니까?"

부처님께서 미륵보살에게 말씀하시기를, "이 세계에 있는 7백 20억 보살은 이미 일찍이 무수히 많은 제불께 공양을 올린 자들로 온갖 덕의 근본을 심어서 저 부처님 국토에 왕생하리라. 또한 여러 소행보살들로 공덕을 닦고 익혀서 왕생할 수 있는 자들은 이루 다 헤아릴 수 없이 많으니라.

나의 찰토에 있는 여러 보살들이 저 국토에 왕생할 뿐만 아니라, 타방 불국토의 보살들도 또한 이와 같으니라. 원조불의 찰토로부터 18구지 나유타 보살마하살이 저 국토에 왕생하리라. 또한 동북방의 보장불 찰토에서는 90억의 불퇴전지 보살들이 저 국토에 왕생하리라. 또한 무량음불의 찰토·광명불의 찰토·용천불의 찰토·승력불의 찰토·사자불의 찰토·이진불의 찰토·덕수불의 찰토·인왕불의 찰토·화당불의 찰토에서 불퇴전지 보살들로 왕생한 자는 혹 수백 억이거나, 혹 수백천 억이거나 내지 만 억에 이르느니라.

그 열두째 부처님께서는 무상화라고 이름하나니, 저 찰토에는 무수한 여러 보살성중이 있어 모두 다 불퇴전지 보살들로 지혜롭고 용맹하여 이미 일찍이 무량 제불께 공양을 올렸으며, 대정진을 구족하고 발심하여 일승을 향해 나아가서 7일 중에 대보살들이 백천억겁 동안 닦은 견고한 법을 섭취할 수 있으므로 이들 보살은 모두 다 왕생하리라.

그 열셋째 부처님께서는 무외라 이름하나니, 저 찰토에는 7백 90억의 대보살성중들이 있고 여러 소행보살 및 비구 등도 이루 다 헤아릴 수없이 많은데 그들이 모두 다 왕생하리라.

시방세계 제불의 명호와 보살성중으로 왕생할 자들은 다만 그 이름만 말해도 궁겁이 지나도록 말하지 못하리라."

제43품 홀로 가는 소승이 아니다

부처님께서 미륵보살에게 말씀하시기를, "그대들은 저 여러 보살마하살들이 진실의 이익을 잘 획득하는 것을 보아라.

만약 어떤 선남자 선여인이 아미타부처님의 명호를 듣고서 일념으로 좋아하는 마음이 생겨서 귀의하여 우러러 예를 갖추고 말씀대로 수행한다면 그대는 마땅히 알지니, 그 사람은 큰 이익을 얻게 되고 위에서 말한 공덕을 획득하리라. 어떤 하열한 마음도 없고 또한 잘난 체하지도 않으며, 선근을 성취하고 모두 다 증장시키리라. 그대는 마땅히 알지니, 이러한 사람은 소승이 아니고, 나의 법에서 「제일 제자」라 이름하리라.

이런 까닭에 그대들 천인·세간·아수라 등에게 이르노니, 마땅히 이 법문을 좋아하고 수습하여서 희유하다는 마음을 내고, 이 경전 가운데 나를 인도하는 스승이 있다는 생각을 내도록 할지니라. 그리하여 무량 중생이 하루 빨리 불퇴전의 자리에 안온히 머물도록 하고, 저 광대 장엄하고 섭수가 수승한 불찰토를 보고 원만한 공덕을 성취하고자 한다면 더욱 정진심을 일으켜 이 법문을 듣도록 할지니라. 이 법문을 구하고자 하는 까닭에 물러서고 굴복하거나 아첨하고 속이는 마음을 내지 않도록 할지니라.

설사 큰 불길 속에 들어갈지라도 의심하거나 후회해서는 안 되나니, 무슨 까닭인가? 저 무량 억의 여러 보살 등은 모두 다 이 미묘한 법문을 희구하기 때문에 법문을 존중하며 경청하고, 그 가르침에 거스르는 마음을 내지 않느니라. 시방세계 수많은 보살들이 이 경전을 듣고자 하지만 들을 수 없나니, 이런 까닭에 그대들은 이 법을 구할지니라."

제44품 보리수기를 받다

"만약 부처님께서 멸도하신 후 내지 정법이 멸할 때까지 인연 있는 중생은 모든 선근의 근본(육자명호)을 심고 이미 일찍이 무량 제불께 공양하였다면, 저 여래의 위신력 가지로 말미암은 까닭에 이와 같은 광대한 법문(무량수경)을 얻을 수 있느니라. (아미타부처님께서 우리를) 섭취(접인)하시고 (자심으로) 수지한다면 반드시 (여래과지 상의) 광대한 일체지지(一切智智 ; 근본지와 후득지)를 획득할 수 있으리라. 저 정토법문에 대해 광대하고 수승하게 이해하고 진정으로 법희충만하여 다른 사람에게 널리 이 법문을 연설하고 스스로 항상 즐겨 수행하리라.

여러 선남자 및 선여인 중에서 이 법에 대해 이미 구한 이도 있고, 현재 구하는 이도 있으며, 장래에 구할 이도 있으리니, 모두가 수승한 이익을 얻을 수 있느니라. 그대들은 이 법문에 안온히 머물러서 의심하지 말고, 모든 선근의 근본을 심을 것이며, 항상 수습하여 의심과 장애가 없도록 하여 갖가지 진귀한 보배로 이루어진 감옥(천도와 아수라도)에 들어가지 말지니라.

아일다여, 이와 같은 여러 부류의 대위덕을 지닌 사람들이 불법의 광대한 특별법문을 마음속에 일으킬 수 있을지라도 이 법문을 듣지 못한 까닭에 (사바세계) 1억 명의 보살들이 아뇩다라삼먁삼보리에서 물러나게 되느니라.

만약 어떤 중생이 이 경전을 서사(유통) 공양(여설수행 법공양)하고 (진성심·청정심·공경심으로) 수지하며 (소리내어) 독송하거나 잠깐이라도 다른 사람을 위해 이 경전을 연설하고 독송하기를 권하며, 근심과 번뇌를 일으키지 않고 내지 밤낮으로 극락세계 및 무량수불의 공덕을 사유한다면 위없는 도(왕생성불)에서 끝내 물러나지 않으리라.

그 사람은 목숨을 마칠 때 설사 삼천대천세계에 큰불의 재난이 가득할지라도 또한 벗어나서 저 정토에 태어날 수 있느니라. 이 사람은 이미 일찍이 과거에 부처님을 만나 보리수기를 받았고, 일체 여래께서 다 함께 칭찬하셨느니라. 이런 까닭에 마땅히 전일한 마음으로 (무량수경을) 믿고 받아들여 (날마다) 수지·독송하고 (다른 사람에게) 연설하고 (스스로) 여설수행할지니라."

제45품 이 경전만 홀로 남는다

"내가 지금 모든 중생을 위해 이 경법을 설한 것은 그들이 무량수불과 그 국토에 있는 일체 모든 것을 볼 수 있도록 하기 위함이니, 극락에서 마음으로 하려는 것은 모두 다 구할 수 있느니라. 내가 열반에 든 이후에라도 다시는 의심을 품어서는 안 되느니라.

오는 세상에는 경전과 도법이 모두 사라지리라. 나는 대자비심으로 중생을 불쌍히 여겨 특별히 이 경전을 남기어 백 년 동안 머물게 하리니, 그때 어떤 중생이든 이 경전을 만나는 사람은 뜻하고 발원한 대로 모두 제도 받을 수 있으리라.

여래께서 세상에 출현하심은 만나기도 어렵고 뵙기도 어려우며, 제불의 경전과 도법은 얻기도 어렵고 듣기도 어려우며, 선지식을 만나 법을 듣고 수행하기도 또한 어려운 일이니라. 더구나 이 경전을 듣고서 믿고 좋아하며 수지하기는 어려운 것 중에서 어려우니, 이보다 더 어려운 것은 세상에 없느니라.

만약 어떤 중생이 염불하는 소리를 듣고서 자비심과 청정심이 일어나고 뛸 듯이 기뻐하며 온몸에 털이 곤두서거나 혹은 눈물까지 흘리는 사람이 있다면, 모두 다 이전 세상에서 일찍이 불도를 닦았기 때문이니, 이런 까닭에 그는 보통 사람이 아니니라.

만약 부처님 명호를 듣고도 마음속에 여우같은 의심이 일어나서 불경의 말씀에 대해 전혀 믿음이 생기지 않는다면 이런 사람은 모두 다 악도에서 온 사람으로 숙세의 재앙이 아직 다하지 않아 이번 생에 성불할 수 없나니, 이런 까닭에 마음에 여우같은 의심이 일어나서 귀 기울여 믿으려고 하지 않느니라."

제46품 부지런히 닦고 굳게 지켜라

부처님께서 미륵보살에게 말씀하시기를, "제불여래의 위없는 대법(아미타불의 일승원해·육자홍명)과 (여래께서 성취하신) 십력十力·무외無畏·무애無碍·무착無著의 깊고 깊은 법과 육바라밀 등 보살의 법은 (경만심이 있으면) 쉽게 만나기 어려우니라. 능히 법을 설할 수 있는 사람도 또한 이 법은 열어 보이기 어렵고, 이 법에 대해 견고한 깊은 믿음을 지닌 사람도 또한 (망망대해 눈먼 거북이처럼) 때에 맞추어 만나기 어려우니라. 내가 지금 이체(진여)대로 이와 같이 광대하고 미묘한 법문(무량수경)을 선설하니, 일체 제불께서 칭양·찬탄하시느니라. 그대들에게 부촉하나니, (이 법문대로 닦아 여래의 제일제자로) 잘 수호할지어다.

일체 유정이 기나긴 밤을 벗어나는 이익을 얻도록 하고, 중생이 오악취에 떨어져 온갖 위험과 괴로움을 다시는 받는 일이 없도록 부지런히 닦아야 하느니라. 나의 가르침에 수순하여 부처님께 효순·공경하고 스승의 은혜를 항상 생각하며, 이 법이 멸하지 않고 오래 머물 수 있도록 하며, 이 법을 굳게 지켜서 훼손되거나 잃어버리지 않도록 하며, 허망한 일을 하지 말고 마음대로 경법을 더하거나 빼서는 안 되느니라.

요컨대 늘 이 경전을 염송하고 늘 아미타불을 생각하여 중단하지 않는다면 빨리 도를 얻나니, 나의 법은 이와 같아 또한 이와 같이 말하노라(正行). 여래께서 행하신 대로 또한 따라 행하고(學佛), 복을 심고 선을 닦아서(助行) 정토에 왕생하기를 구할지니라(總歸)."

제47품 복덕 지혜 있어야 들을 수 있다

이때 세존께서 게송으로 거듭 말씀하시기를,

과거생에 복과지혜 닦아놓지 않았다면
금생에서 이정법을 들을수가 없지만은
이미여러 부처님께 공양올린 공덕으로
비로소 환희하며 이법문을 믿을수있네

악심교만 해태사견 중생마음 가로막아
여래설한 미묘법문 믿음내기 어려움은
비유컨대 장님이 오래 암흑 속에 있어
다른사람 바른길로 인도할수 없음같네

제불여래 처소에서 온갖선근 심었기에
세상사람 구하는행 바야흐로 능히닦고
듣고나서 깊이믿고 수지하고 사경하며
독송하고 칭찬하고 실천하여 공양하네

이와같이 일심으로 왕생하길 구한다면
누구라도 할것없이 극락세계 갈수있고

삼천대천 모든세상 불바다가 되더라도
부처님의 위신력의 가지받아 왕생하리

여래세존 매우깊은 광대무변 지혜바다
부처님과 부처님만 알수있는 경계라서
성문대중 부처지혜 억겁동안 사유하고
그신통력 다하여도 추측하여 알수없네

여래과지 증득공덕 부처님만 알수있고
세존만이 여래지견 열어보일 수있나니
사람몸 받기어렵고 여래뵙기 어려우며
난중난은 불법믿고 지혜열어 들음이라

일체유정 부처되려면 신원지명 법으로
보현행문 뛰어넘어야 저언덕 오른다네
이러하니 많이듣고 널리배운 여러보살
응당나의 가르침과 여실한말 믿을지라

이와같이 미묘법문 다행히도 들었으니
어느때나 염불하여 환희심을 낼지어다
수지하여 생사윤회 중생널리 제도하니
부처님 말씀하시길 이사람이 참선우라

제48품 이 경을 듣고서 큰 이익을 얻다

이때 세존께서 이 경법을 설하시자 천인·세간의 1만 2천 나유타 억 중생은 먼지와 때를 멀리 여의고 청정한 법안을 얻었으며, 20억 중생은 아나함과를 얻었으며, 6천 8백 비구들은 여러 번뇌가 다하여 마음에 해탈을 얻었다.

또한 40억 보살들은 무상보리에 머물러 물러나지 않고 큰 서원을 세운 공덕으로 스스로를 장엄하였다. 그리고 25억의 중생은 (이 법문에 따라) 물러나지 않고 선정에 머무는 이익을 얻었다.

4만억 나유타 백천의 중생은 무상보리에 대해 일찍이 발심한 적이 없다가 지금 비로소 처음으로 발심하여 여러 선근을 심어서 극락세계에 왕생하여 아미타부처님을 친견하겠다는 서원을 세웠으니, 모두 다 저 여래의 불국토에 왕생하게 될 것이며, 각자 다른 방위의 불국토에서 차례로 성불하여 이름을 똑같이 「묘음여래」라 할 것이다.

또한 시방세계 불찰토에서 혹은 현재 왕생하거나 미래에 왕생하여 아미타부처님을 뵙게 되는 자로 각각의 세계마다 8만 구지 나유타의 사람들이 수기 받아 무생법인을 얻고 무상보리를 성취할 것이다. 저 일체 유정은 모두 아미타부처님께서 옛날 발원한 인연으로 함께 극락세계에 왕생하게 될 것이다.

이때 삼천대천세계가 6종으로 진동하였고, 또한 갖가지 희유하고 신기한 변화가 나타났나니, 부처님께서 대광명을 놓으사 시방세계의 국토를 두루 비추셨고, 또한 천인들은 허공에서 미묘한 음악을 연주하여 수희 찬탄하는 소리를 내었으며, 색계 제천까지도 모두 다 세존께서 이 경을 설하심을 듣고 일찍이 들어본 적이 없는 묘법이라고 찬탄하면서 무량한 미묘한 꽃들을 분분히 내려 공양하였다.

아난 존자와 미륵보살 그리고 여러 보살 성문과 천룡팔부, 일체 대중이 부처님께서 설하신 이 경을 듣고 모두 다 크게 기뻐하면서 신수봉행하였다.

불설대승무량수장엄청정평등각경 終終

발일체업장근본득생정토신주

나무아미다바야 · 다타가다야 · 다지야타 ·
아미리도바비 · 아미리다 · 실담바비 ·
아미리다 · 비가란제 · 아미리다 · 비가란다 ·
가미니 · 가가나 · 지다가례 · 사바하
(세 번 칭념)

찬불게

아미타불 청정법신 금빛으로 찬란하고
거룩하신 상호광명 짝할이가 전혀없네

아름다운 백호광명 수미산을 둘러있고
검고푸른 저눈빛은 사해바다 비추시며
광명속에 화신불이 한량없이 많으시고
보살도를 이룬사람 또한 그지없나이다

중생제도 이루고자 사십팔원 세우시고
구품으로 중생들을 피안으로 이끄시네
나무서방 극락세계 대자대비 아미타불
나무아미타불

(염불 수에 따라 백 번 내지 천 번 하고 다시 4자염불로 바꾼다)

아 미 타 불

(백 · 천 번)

나무관세음보살
나무대세지보살
나무청정대해중보살
(세 번)

삼귀의

부처님께 귀의하와 바라노니 모든중생
큰이치 이해하고 위없는맘 내어지이다

법보에게 귀의하와 바라노니 모든중생
삼장속에 깊이들어 큰지혜 얻어지이다

승가에게 귀의하와 바라노니 모든중생
많은대중 통솔해 온갖장애 없어지이다
거룩하신 모든 성중에게 예경하나이다

회향게

원하옵건대 이 공덕으로
불국정토 장엄하여서
위로 사중의 은혜 갚고
아래로 삼악도의 괴로움 건너게 하옵소서.
만약 견문이 있는 이는
모두 보리심을 발하여
이번 보신이 다할 때
함께 극락국토에 태어나지이다

불설관무량수경

佛說觀無量壽經

노향찬 爐香讚

향로에 향을 사루니
법계에 향기가 가득
부처님 회상에 두루 퍼져서
가는 곳마다 상서구름 맺히나이다
저희 정성 간절하오니
부처님 강림하옵소서

나무향운개 보살마하살
나무향운개 보살마하살
나무향운개 보살마하살

연지찬 蓮池讚

연지해회 아미타부처님
관세음보살 · 대세지보살
연화대 앉아계시며
저희들 접인해 황금계단

오르게 하시나이다.
원하옵건대, 큰 서원 널리 여시어
저희들 티끌세상 여의게 하옵소서
나무연지해회 보살마하살
나무연지해회 보살마하살
나무연지해회 보살마하살

나무본사석가모니불

(세번)

개경게 開經偈

위없이 깊고 깊은 미묘한 법문
백천만 겁에도 만나기 어려워라
제가 지금 듣고 보아 수지하오니
여래의 진실한 뜻 알아지이다

불설관무량수경

송원宋元 서역西域 삼장법사 강량야사畺良耶舍 역

제1품 법회에 오신 성중

이와 같이 나는 들었다. 한때 부처님께서 왕사성 기사굴산에 머무르셨다.

큰 비구 대중 1천2백5십인과 함께 계셨고, 또한 보살 3만2천인도 모여 계셨으니, 문수사리법왕자가 상수가 되었다.

제2품 부친을 살해하려는 인연을 밝히다

그때 왕사성에 아사세라고 하는 한 태자가 있었는데, 제바달다라는 나쁜 벗의 가르침에 수순하여 부왕인 빈바사라를 체포해서 일곱 겹으로 된 방에 유폐시켜 놓고, 여러 신하들에게 명하여 한 사람도 가지 못하도록 하였다.

위제희라는 국대부인이 대왕을 공경하여 깨끗이 목욕하고, 꿀과 우유를 밀가루와 반죽하여 몸에 바르고, 모든 영락 구슬 안에 포도즙을 담아서, 몰래 대왕께 바쳤다.

그때 대왕은 꿀과 우유로 반죽된 밀가루를 먹고 포도즙을 마신 후 물을 구해서 입을 헹구고 나서, 합장공경하고 기사굴산을 향해 멀리 세존께 예배하고 나서 아뢰길, "대목건련은 저의 친한 벗이오니, 원컨대 자비를 베푸셔서 저에게 팔재계를 전수해주옵소서."

이때 목건련 존자는 매처럼 날아서 재빨리 왕의 처소에 이르러, 날마다 이와 같이 왕에게 팔재계를 전수해주었다. 세존께서는 또한 부루나 존자를 보내서 왕을 위하여 설법하도록 하셨다.

이와 같이 하여 21일이 지난 후 왕은 꿀로 반죽한 밀가루를 먹고 법문을 들은 까닭에 얼굴빛에 화색이 돌고 기쁜 표정이었다.

제3품 모친을 살해하려는 인연을 밝히다

1. 자식에게 감금되다

그때 아사세가 감옥을 지키는 이에게 묻기를, "부왕은 아직도 살아 있느냐?" 이에 문지기가 대답하기를, "대왕이시여, 국대부인께서 몸에 꿀로 반죽한 밀가루를 바르고 영락 구슬에 포도즙을 담아 오셔서 왕께 올리셨고, 사문인 목건련과 부루나가 허공으로 날아 와서 왕을 위해 설법하니 막을 길이 없었나이다."

아사세는 이 말을 듣고 나서 격노하여 자기 어머니에게 이르길, "내 어머니는 역적이다. 역적과 한편이 되었으니···. 사문은 악인이다. 남을 홀리는 주술을 써서 이 못된 왕이 여러 날이 지나도록 죽지 않게 하였다." 즉시 예리한 칼을 뽑아 들어 그의 어머니를 해치려 하였다.

그때 월광月光이라는 총명하고 지혜가 많은 신하가 있었으니, 명의인 기바耆婆와 함께 왕에게 절하고 여쭈길, "대왕이시여, 신들이 듣건대 베다경전의 말씀에 겁초劫初이래 여러 나쁜 왕들이 왕위를 탐한 까닭에 그의 부친을 살해한 자는 무려 1만 8천 명이나 된다고 하오나, 지금까지 무도하게 모친을 시해했다는 말은 듣지 못하였습니다. 대왕께서 지금 모친을 살해하여 도리에 벗어나는 일을 하여 찰리종족을 더럽히려 하시니 신하로서 차마 지켜볼 수 없습니다. 이는 천한 백정이나 하는 짓이오니, 저희들은 여기서 더 이상 머물러 있을 수 없나이다."

그때 두 대신이 말을 마치고서 손으로 칼을 잡으며 몇 걸음 뒤로 물러서니, 아사세왕은 놀랍고 두려운 마음에 기바 대신에게 말하길, "그대는 나를 위하지 않으려는가?" 기바 대신이 아뢰길, "대왕이시여, 부디 삼가 하시고 어머니를 살해하지 마소서."

왕은 이 말을 듣고 참회하며 구제를 구하여 곧바로 칼을 버리고 어머니를 해치는 일을 중단하였고, 내관에 명령하여 깊은 궁에 유폐시키고 다시 나오지 못하도록 하였다.

2. 유폐되어 부처님께 청하다

그때 위제희 부인은 유폐되어 슬픔과 근심에 초췌해져 멀리 기사굴산을 향해 부처님께 정례하고 아뢰었다. "여래시여, 지난 날 세존께서는 항상 아난 존자를 보내시어 저를 위로하여 주셨사옵니다. 저는 지금 슬픔과 근심에 잠겨 있사옵고, 위중威重하신 부처님을 뵈올 길이 없사옵니다. 원하옵건대 목건련 존자와 아난 존자를 보내시어 저와 만나게 하옵소서."

말을 마치고서 슬픔이 복받쳐 하염없이 눈물을 흘리면서

멀리 부처님을 향해 정례하였다.

3. 부처님께서 왕궁에 나타나시다

이때 세존께서는 기사굴산에 머무르사, 위제희 부인의 마음속 생각을 아시고, 곧바로 대목건련과 아난에게 명하시어 허공에서 가게 하시고, 부처님께서도 기사굴산에서 자취를 감추시어 왕궁에 나타나셨다.

그때 위제희 부인이 정례하고서 머리를 들어 보았더니, 세존이신 석가모니부처님의 자마진금 빛깔의 몸에 갖가지 보배로 합해 이루어진 연꽃 좌대 위에 앉아 계셨고, 목건련 존자는 그 왼편에서 아난 존자는 오른편에서 모시고 있었으며, 제석천왕·범천왕·사대천왕 등 여러 제천이 허공에서 널리 하늘 꽃을 비 오듯 뿌리며 가지고 있는 것을 공양하였다.

4. 한탄하며 법을 청하다

이때 위제희 부인은 불세존을 친견하고 스스로 영락을 끊고, 몸을 땅에 던지며 흐느껴 울면서 부처님을 향해 아뢰길, "세존이시여, 저는 숙세에 무슨 죄가 있었기에 이렇게 악독한 아들을 두었나이까? 부처님께서는 또한 무슨 인연이 있었기에 제바달다와 같이 권속이 되셨나이까?

오직 원하옵건대 세존이시여, 저를 위하여 널리 근심과 번뇌가 없는 세계를 자세히 설해주소서. 제가 마땅히 왕생하겠나이다. 이 염부제의 오탁악세를 좋아하지 않나이다. 이 흐리고 악한 곳에는 지옥·아귀·축생이 가득 차 있으며, 선하지 못한 무리들이 너무나도 많습니다. 원하옵건대 저는 미래에 악한 소리를 듣지 않고, 악한 사람을 보지 않겠나이다. 지금 세존을 향해 오체투지하옵고 애절하게 참회를 구하옵나니, 오직 원하옵건대 부처님께서 태양이 비추듯 저에게 청정한 업으로 이루어진 곳을 관할 수 있도록 가르쳐주옵소서."

제4품 극락을 보이니, 사유思惟 정수正受의 법을 청하다

그때 세존께서 미간에서 광명을 놓으시니, 그 광명이 금빛이라 시방의 무량세계를 두루 비추고, 다시 돌아와서 부처님의 정수리에 머무른 후 변화하여 수미산과 같은 자금대가 되었나니, 시방세계 제불의 청정미묘한 국토가 모두 그 가운데 나타났다. 혹은 어떤 국토는 칠보가 합해서 이루어져 있고, 또 어떤 국토는 순수히 연꽃으로 되어 있으며, 또 어떤 국토는 자재천궁과 같고, 또 어떤 국토는 파려 거울과 같아서 시방국토가 모두 그 가운데 나타났다. 이와 같은 등 무량한 제불국토가 장엄하게 드러나 위제희 부인으로 하여금 볼 수 있도록 하였다.

그때 위제희 부인이 부처님께 아뢰길, "세존이시여, 이 모든 불국토가 비록 또한 청정하고 모두 광명이 있지만, 저는 지금 극락세계 아미타부처님의 처소에 즐겨 태어나고자 하오니, 오직 원하옵건대 세존이시여, 저에게 사유(思惟 ; 16관)하는 법을 가르쳐 주시고, 정수(正受 ; 일심불란)에 이르는 법을 가르쳐 주시옵소서."

제5품 세 가지 정업淨業으로 사유思惟에 답하다

그때 세존께서 곧바로 미소를 지으시니, 오색광명이 부처님의 입에서 나와 광명 하나 하나가 갇혀있는 빈바사라왕의 정수리를 비추었다. 이때 대왕은 비록 유폐되어 있었지만 마음의 눈에는 장애가 없어, 멀리 세존을 친견하고 머리를 땅에 대고 예를 드리니, 저절로 증진되어 아나함과를 성취하였다.

이때 세존께서 위제희 부인에게 이르시길, "그대는 이제 알겠느냐. 아미타불 극락세계는 여기에서 멀지 않다(去此不遠). 그대는 마땅히 생각을 매어서(繫念) 저 국토가 청정한 업으로 이루어진 것을 자세히 관하도록 하라. 내가 지금 그대를 위하여 갖가지 비유를 상세히 말할 것이며, 또한 오는 세상의 일체 범부들로 정업淨業을 닦고자 하는 이로 하여금 서방 극락세계에 왕생할 수 있도록 하리라.

저 극락세계에 태어나고자 하는 이는 마땅히 삼복三福을 닦아야 하느니라. 첫째는 (범부의 복업으로) 부모님께 효도 봉양하고, 스승과 어른을 받들어 모시며, 자비로운 마음으로 살생을 하지 말고, 열 가지 선업을 닦아야 하며, 둘째는 (이승의 복업으로) 삼보를 받아들이고 늘 기억하여, 온갖 계행을 구족하고 위의를 범하지 않아야 하며, 셋째는 (대승의 복업으로) 보리심을 발하고서 인과(염불·성불)를 깊이 믿고 대승경전을 독송하며 수행자들에게 (극락세계에 왕생하자고) 권진勸進하느니라. 이와 같은 세 가지 일을 정업淨業이라 이름하느니라."

부처님께서는 위제희에게 이르시길, "그대는 이제 알겠느냐. 이 세 가지 업은 과거·현재·미래 삼세제불께서 닦는 정업淨業의 정인正因이니라."

부처님께서는 아난 존자와 위제희 부인에게 이르시길, "그대들은 자세히 들어라. 자세히 듣고서, 잘 사유하고 억념하라. 여래께서는 오는 세상의 일체중생으로 번뇌의 도적에게 해를 입는 이들을 위하여 청정한 업을 말하리라. 훌륭하도다! 위제희여, 이 일에 대해 잘 물어주었다."

"아난아, 그대는 마땅히 잘 수지하여 널리 많은 중생을 위하여 부처님의 말씀을 선설할지니라. 여래는 지금 위제희 부인과 오는 세상의 일체중생에게 서방 극락세계를 관하는 법문을 가르쳐 주리라. 불력(佛力 ; 아미타부처님 본원가지)에 의지하는 까닭에 장차 저 청정불토를 볼 수 있나니, 마치 맑은 거울을 들고 자신의 얼굴을 보는 듯하리라. 그리하여 저 국토의 지극히 미묘한 장엄과 즐거운 일들을 보면 환희심이 생기는 까닭에 이때 감응하여 즉시 (팔지보살이 증득하는) 무생법인無生法忍을 얻으리라."

제6품 16묘관을 밝혀 정수正受에 답하다

부처님께서는 위제희 부인에게 이르시길, "그대는 범부라서 그 생각하는 것이 거칠고 하열하여 아직 천안통을 얻지 못하여 멀리 관할 수 없지만, 제불여래께서는 특별한 방편(16관법)이 있어 그대로 하여금 볼 수 있게 하신다."

그때 위제희 부인이 부처님께 아뢰길, "세존이시여, 저와 같은 범부는 지금 불력에 의지한 까닭에 저 국토를 볼 수 있지만, 만약 부처님께서 멸도하신 뒤 모든 중생은 오탁악세에 선하지 않아서 다섯 가지 괴로움에 핍박받게 되리니, 어떻게 하여야 아미타부처님과 극락세계를 볼 수 있겠사옵니까?"

제1 일상관日想觀 : 지는 해를 보며 북 같다 관상하다

지는 해 매달린 북같아, 생사를 벗어나는 길
하루 종일 24시, 생각을 한곳에 매어둘지라

부처님께서 위제희 부인에게 이르시길, "부인이여, 그대와 중생은 마음을 전일하게 하여 한곳(一處)에 생각을 매어서 (繫念) 서방극락세계를 생각할지니라. 어떻게 생각할 것인가? 무릇 생각한다 함은 일체중생이 스스로 태어나면서 눈이 먼 사람이 아닐진대 눈이 있는 사람은 누구나 해가 지는 모습을 보았으리니, 마땅히 (극락세계에 대한) 상념을 일으킬지라.

서쪽을 향해 정면으로 앉아 지는 해를 자세히 관하되,

마음을 굳게 지녀서 생각을 전일하게 하여 (다른 곳으로) 옮기지 말지니, 곧 해가 지려고 할 때 모습이 (허공에) 매달린 북과 같다고 볼지라. 이미 그렇게 해를 보고서는 눈을 감으나 눈을 뜨나 모두 (그 모습이) 분명해 지느니라.

이것이 바로 「일상관日想觀」이니, 「첫번째 관」이라 하느니라.

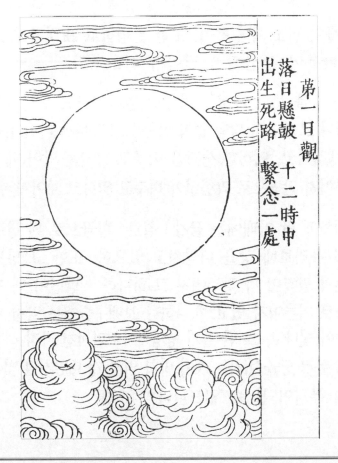

第一日觀 落日懸鼓 十二時中 出生死路 繫念一處

제2 수상관水想觀 : 큰 물이 얼었다 관상하다

맑고 투명한 큰물이 얼어붙어 얼음이 맺히고
유리보배 땅이 드러나 안팎이 막힘없이 비추네

"첫 번째 관을 이루고 나서 그 다음은 수상관을 지어야
하니, 서방극락을 생각해 보길 일체가 모두 큰 물이고
그 물이 맑고 투명하며, 또한 분명하고 또렷하게 보아
그 마음이 분산되지 말아야 하느니라.

이미 물을 보고 나서는 마땅히 얼음이라고 생각하여야
하나니 그 얼음이 막힘 없이 비춤을 보고 나서 다시 유리라
고 생각하고, 이러한 생각을 이루고 나서는 땅이 유리로
이루어져 안팎으로 막힘없이 비추고 있다고 보아야 한다.

유리보배 땅 아래에는 금강·칠보·황금으로 된 당번이
있어 유리보배 땅을 떠받치고 있으며, 또한 그 당번은
팔면과 팔각이 다 갖추어져 그 하나하나 방면이 백 가지
보배로 이루어져 있고, 하나하나 보배구슬에는 일천 가지
광명이 빛나고, 그 한 줄기 광명마다 8만 4천 가지 색깔이
있어 유리 땅을 비치는 것이 마치 억천 개 태양처럼 빛나서
눈이 부시어 볼 수 없느니라.

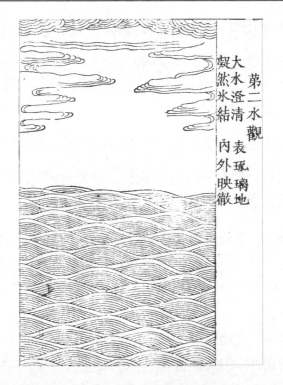

유리보배 땅 위에는 황금 줄로 간격지어 여러 갈래 어우러 져서 칠보의 경계를 분명하게 나누고 있고, 그 하나하나의 보배에 5백 가지 색깔의 광명이 나오는데, 그 광명은 꽃과 같으며, 또한 무수한 별과 달과 같이 허공에 걸려있어 찬란한 광명대를 이루고 있느니라. 광명대 위에는 천만의 누각이 백가지 보배로 합하여 이루고, 광명대 양편에는 각각 백억의 꽃송이로 꾸며진 당번과 무량한 악기가 있어 장엄하고 있느니라.

여덟 가지 맑은 바람이 찬란한 광명에서 불어와 저 악기를 울려서 고苦·공空·무상無常·무아無我의 법음을 연설하느니라. 이것이 바로 「수상관水想觀」이니, 「제2관」이라 하느니라."

제3 지상관地想觀 : 유리보배의 땅을 관상하다

극락세계 유리보배 땅 위에 갖가지 상으로 장엄함을
또렷이 분명히 보면 의심 제거되고 장애 깨어지네

"이러한 관상觀想이 이루어졌을 때 하나하나 그것을 관하여 지극히 또렷하게 하여, 눈을 감으나 눈을 뜨나 흩어져 잃어버리지 않게 할지니라. 다만 밥을 먹을 때를 제외하고서는 항상 이 일을 억념해야 하느니라.

이와 같이 관상함은 거칠게나마 극락국토의 땅을 보았다고 하겠으나, 만약 삼매를 얻어서 저 국토의 땅을 분명하게 또렷이 본다면 그것을 다 갖추어 말할 수는 없느니라. 이것을 「지상관地想觀」이라 하며, 「제3관」이라 말하느니라."

부처님께서 아난에게 이르길, "그대는 부처님의 말씀을 수지하여 오는 세상 일체 대중의 괴로움에서 벗어나고자

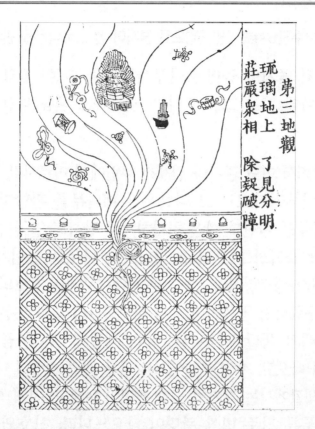

第三地觀

琉璃地上 了見分明

莊嚴衆相 除疑破障

하는 이들을 위하여 이렇게 땅을 관하는 법을 설(勸進)할지어다. 만약 이렇게 땅을 관하는 사람은 팔십억 겁의 생사중죄를 없애고 몸을 버리고서는 다음 세상에서는 반드시 청정국토에 태어날 것이니, 결코 마음에 의심을 품어서는 안 되느니라. 이와 같이 관함을 「바른 관」이라 하고, 달리 관함을 「그릇된 관」이라 하느니라."

제4 보수관寶樹觀 : 일곱겹으로 줄지어 선 보배나무를 관상하라

일곱겹 줄지어 늘어선 나무 위 구슬, 그물, 꽃의 궁전
나무아래 맑은 그늘 드리워, 미묘하고 좋음 다함 없네

부처님께서 아난 존자와 위제희 부인에게 이르시길, "지상
관이 이루어지고서 그 다음은 보배나무를 관할지니라.
보배나무를 관한다 함은 하나하나를 관하되 일곱 겹으로
줄지어 늘어선 나무이고, 하나하나 나무는 높이가 8천
유순이라 생각함이라. 그 모든 보배나무에는 칠보의 꽃과
잎을 구족하지 않음이 없으며 하나하나의 꽃과 잎은 기이
한 보배의 색깔을 짓나니, 유리 색깔에서는 황금 빛깔
광명이 나오고, 수정 색깔에서는 붉은 빛깔 광명이 나오고,
마노 색깔에서는 자거의 빛깔 광명이 나오고, 자거 색깔에
서는 푸른 진주 빛깔 광명이 나오느니라. 산호와 호박
등 일체 갖가지 보배로 장식되어 있느니라.

기묘한 진주 그물이 나무 위를 두루 덮고 있는데, 하나하나
나무 위에 일곱 겹의 그물이 있고, 하나하나 그물 사이에는
5백억이나 되는 미묘한 꽃의 궁전은 마치 범천왕의 궁전
과 같으니라. 제천의 동자들이 저절로 그 가운데 있고,
하나하나 동자들은 5백억이나 되는 석가비릉가 마니보배

(여의주)를 영락으로 삼아 걸고 있느니라. 그 마니보배의 광명은 백 유순이나 멀리 비쳐, 마치 백억의 해와 달을 한데 모아 놓은 것과 같아서 (그 아름다움은) 이루 다 말할 수 없느니라. 이와 같이 온갖 보배가 서로 어우러져서 색깔 중에 최상이니라.

이러한 보배나무들이 나란히 줄지어 서 있고, 잎과 잎은 서로 이어져 있으며, 온갖 잎과 잎 사이에 여러 미묘한 꽃들이 피어 있고, 그 꽃 위에는 저절로 칠보의 열매가 열리느니라. 하나하나 나뭇잎은 가로 세로 똑같이 25유순이나 되고, 그 잎은 천 가지 빛깔에 백 가지 무늬가 아롱져 마치 천상의 영락과 같으니라. 아름다운 꽃이 있어 염부단금의 빛깔을 띠고, 마치 불바퀴처럼 잎 사이를 돌고 있으며, 온갖 열매가 나오길 마치 제석천의 보배 병처럼 이 병에 있는 큰 광명이 변화하여 당번과 무량한 보배덮개를 이루나니, 이 보배덮개 가운데 삼천대천세계의 일체 불사가 비치어 나타나고, 시방세계의 불국토 또한 그 가운데 나타나느니라.

이렇게 보배나무를 보고 나서, 또한 마땅히 차례대로 하나하나 관하여 보배나무의 줄기·가지·잎·꽃·열매를 관하되 모두 분명하여야 하니라. 이것이 바로「수상樹想」이니, 「제4관」이라 하느니라.

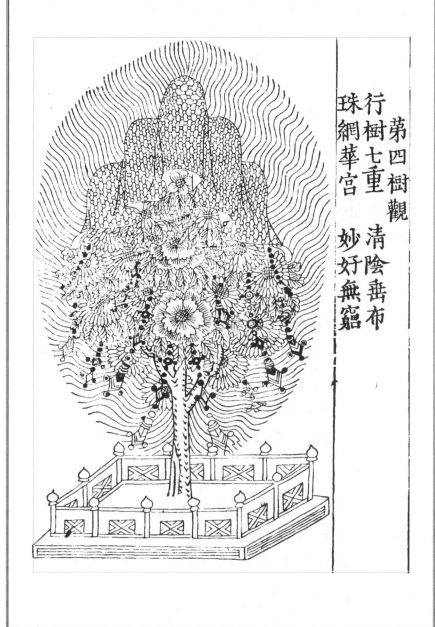

第四樹觀

行樹七重　清陰彌布

珠網華宮　妙好無窮

제5 지관池觀 : 보배연못 팔공덕수를 관상하다

보배연못 팔공덕수 칠보의 미묘한 색깔 띠고
연꽃 피고 새 울어 번뇌미혹 말끔히 씻어주네

"(수상관을 이루고 나서는) 다음에는 보배연못의 물을 생각할 지니라. 보배 연못의 물을 생각함이란 저 극락국토에는 팔공덕수가 있나니, 하나하나 연못의 물은 칠보로 이루어 져 있느니라.

그 보배물은 부드러워서 여의주왕으로부터 생겨나와 열네 도랑으로 나뉘고, 하나하나 도랑은 칠보 빛깔을 띠며, 각각 모여서 황금의 개울을 이루니라. 개울 밑바닥에는 여러 가지 색깔이 뒤섞인 금강으로 된 모래가 깔려 있느니라. 하나하나 물에는 모두 60억 송이 칠보 연꽃이 피어 있는데, 그 하나하나의 연꽃은 둥글고 그 지름은 똑같이 12유순이나 되느니라.

또한 마니보주에서 흘러나온 물은 연꽃들 사이로 흐르며 보배 나무를 따라 오르내리니, 그 물소리는 지극히 미묘하여 고·공·무상·무아·일체 바라밀을 연설하고, 또한 제불의 상호와 공덕을 찬탄하기도 하느니라.

여의주왕으로부터 금색의 미묘한 광명이 솟아나와 백 가

지 보배 빛깔의 새가 되어 평안하고 단아한 소리로 노래하나니, 항상 부처님을 생각하고, 불법을 생각하며, 승가를 생각하는 것을 찬탄하고 있느니라.

이것이 바로 「팔공덕수상八功德水想」이니, 「제5관」이라 하느니라.

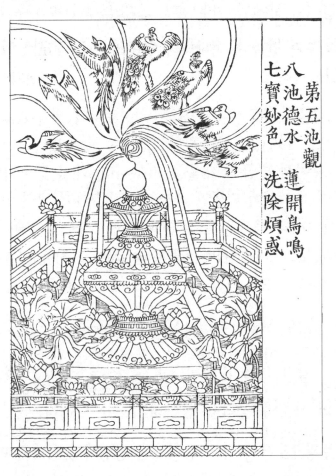

제6 총관總觀 : 극락의 의보장엄을 총체적으로 관상하다

보배누각에서 하늘음악 연주하여 불법승을 찬탄하고
보배나무·보배땅·보배연못 일념에 원만히 성취하리

"온갖 보배로 장엄된 국토는 하나하나 경계 위에 5백억 보배 누각이 있고, 그 누각에서는 무량한 제천이 하늘음악을 연주하고 있느니라. 또 그 악기들은 천상의 보배 당번처럼 허공에 매달려 저절로 미묘하게 울리나니, 그 온갖 소리는 모두 부처님을 생각하고, 불법을 생각하며, 승가를 생각하라 설하고 있느니라.

이러한 관상觀想이 이루어지면 극락세계의 보배나무·보배땅·보배연못을 대강 보았다고 말하느니라. 이것이 바로 「총관상總觀想」이니, 「제6관」이라 하느니라.

그리고 만약 이렇게 보는 사람은 무량억겁 동안에 지은 무거운 악업을 없애고 수명이 다하면 반드시 저 극락세계에 태어나느니라. 그래서 이와 같이 관함을 「바른 관」이라 하고, 달리 관함을 「그릇된 관」이라 하느니라."

부처님께서 아난 존자와 위제희 부인에게 이르시길, "그대들은 자세히 듣고 자세히 들어서, 잘 사유하여 억념하라.

第六總觀
樓中天樂　寶樹地池
讚佛法僧　一念圓成

나는 그대들을 위하여 고뇌를 없애는 법을 분별하여 해설하겠으니, 그대들은 억념·수지하였다가 널리 대중을 위하여 잘 분별하고 해설해 주도록 하여라.”

이와 같이 말씀하실 때 무량수불께서 허공에 머물러 계시고, 관세음보살·대세지보살이 좌우에서 모시고 있었느니라. 그 광명은 활활 타오르는 불길 같아서 그 모습을 바라볼 수 없었고, 백천 염부단금의 빛깔로도 이와 견줄 수 없었느니라.

그때 위제희 부인은 무량수불을 뵈옵고, 부처님의 발에 머리를 대고 예를 드리고 나서는 부처님께 아뢰길, "세존이시여, 저는 지금 불력에 인한 까닭에 무량수불 및 두 보살을 친견할 수 있었지만 오는 세상의 중생들은 어떻게 하여야 무량수불 및 두 보살을 관할 수 있겠사옵니까?"

제7 좌관坐觀 : 연꽃 보배좌대를 관상하다

큰 연꽃좌대 백 가지 보배로 장엄 장식되어 있어
그 미묘함 생각하기 어려우니 법장 비구 원력이라

부처님께서 위제희 부인에게 이르시길, "저 부처님을 관하고자 하면 마땅히 이렇게 관상할지니라. 칠보의 땅 위에 연꽃을 생각하길, 그 연꽃 하나하나 잎에는 백 가지 보배 빛깔을 띠고 있고 8만 4천 줄 잎맥이 있는데, 마치 천상의 그림같이 아름다우며, 하나하나 잎맥에는 8만 4천의 광명이 있음을 또렷이 분명하게 보도록 할지니, 꽃잎은 작은 것도 가로 세로 2백 5십 유순이니라.

이와 같은 연꽃에는 8만 4천의 큰 잎이 있는데 하나하나 잎과 잎 사이에는 백억의 마니보왕으로 장식되어 있고, 하나하나의 마니보왕은 1천 광명을 놓는데 그 광명은 덮개와 같아 칠보로 합하여 이루어져 두루 땅 위를 덮고 있느니라. 석가비릉가 마니보배로 그 연화대를 삼고 있고, 이 연화대는 8만의 금강석·킨슈카보배·범천의 마니보주·미묘한 진주 그물로 장식되어 있으며, 그 연화대 위에는 저절로 보배 당번이 네 기둥 있는데, 하나하나의 당번은 마치 백천만 억의 수미산과 같으니라.

당번 위의 보배 휘장은 야마천의 궁전과 같으며, 또한 5백억 개 미묘한 보배구슬로 찬란하게 장식되어 있고. 하나하나의 보배구슬에는 8만 4천의 광명이 있으며, 하나하나의 광명은 또한 8만 4천 다른 종류의 금색을 지니고 있느니라.

하나하나의 금색 광명이 보배 땅 위에 두루 하고 곳곳마다 변화하여 각각 다른 형상을 짓길, 혹 금강대가 되고, 혹 진주 그물이 되고, 혹 갖가지 꽃구름이 되기도 하며, 시방 도처에서 뜻하는 대로 변화하여 불사를 지어 베푸느니라. 이것을 「화좌상華座想」이라 하고, 「제7관」이라 하느니라.”

부처님께서는 아난에게 이르시길, “이와 같은 미묘한 연화

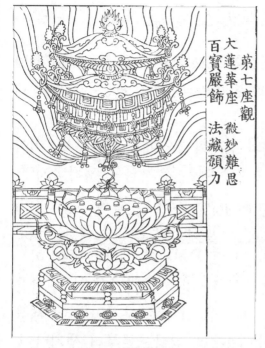

第七座觀
大蓮華座 微妙難思
百寶嚴飾 法藏願力

대는 본래 법장 비구가 세운 원력으로 이루어진 것이니라. 만약 저 부처님을 염하고자 하면 마땅히 먼저 이 미묘한 연화대를 생각할지니라. 이 관상을 할 때는 이것저것 뒤섞어 관하지 말고 모두 하나하나 잘 관해야 하느니라. 하나하나의 잎·하나하나의 구슬·하나하나의 광명·하나하나의 연화대·하나하나의 당번을 모두 분명하도록 하여 마치 거울에 비친 얼굴을 스스로 보듯이 할지니라.

이렇게 관상이 이루어진 사람은 능히 5만겁의 생사 중죄를 없애고, 결정코 극락세계에 왕생할 수 있느니라. 이와 같이 관함을 「바른 관」이라 하고, 달리 관함을 「그릇된 관」이라 하느니라."

제8 상상관想像觀 : 세분 성인의 모습을 관상하다

불상 의탁하여 참모습 응축하고 참모습 본 후 불상을 잊고나니
세분 성인 불보듯 또렷하지만 아직은 거친 관상이라 이름하네

부처님께서 아난 존자와 위제희 부인에게 이르시길, "이미 이 일을 보았으면 그 다음에는 부처님을 생각할지라. 왜 그러한가? 제불여래께서는 그대로 법계신法界身이니, 두루 일체 중생들의 심상心想 가운데 들어와 계시느니라. 그러므로 그대들이 마음으로 부처님을 생각하면 이 마음이 곧 32상과 80수형호를 다 갖춘 부처님이니, 이 마음 그대로 부처가 되고 이 마음 그대로 부처이니라. 제불정변지正遍知의 바다는 (중생의) 심상으로부터 생기나니, 이런 까닭에 일심으로 생각을 매어두어 저 부처님의 「다타아가도(여래)·아라하(아라한)·삼막삼불다(정변지)」를 자세히 관해야 하느니라.

저 부처님을 생각하고자 하는 사람은 먼저 불상을 생각해야 하느니라. 눈을 뜨거나 감거나 하나의 보배 불상이 염부단금과 같은 빛깔의 몸으로 저 연꽃 위에 앉아 계신 모습을 관해야 할지니라. 그리고 이미 (불상이) 앉아계심을 보고 나면 심안이 열려서 또렷하고 분명하게 저 극락세계의 칠보로 장엄된 보배 땅·보배 연못·줄지어 서있는

보배 나무·제천의 보배 휘장이 그 위를 덮고 있으며, 또한 온갖 보배 그물이 허공에 가득함을 보게 될 것이니라. 이와 같은 일을 보는 것이 마치 손바닥을 보듯이 지극히 명료하게 관해야 하느니라.

이러한 일을 보고 나서는 다시 마땅히 큰 연꽃 한 송이가 부처님 왼쪽에 피어있다고 생각할지니, 이는 앞에서 말한 연꽃과 같아서 조금도 다르지 않느니라. 또한 큰 연꽃 한 송이가 부처님의 오른쪽에 있다고 생각할지라. 그리고 한 분 관세음보살 상이 왼쪽 연꽃좌대에 앉아계시니, 또한 앞에서 말한 것과 다름이 없이 금색광명을 놓고 있다고 생각할지라. 또 한 분 대세지보살 상이 오른쪽 연꽃 자리 위에 앉아 계시다고 생각할지라.

이러한 관상이 이루어졌을 때 불보살 상이 모두 미묘한 광명을 놓고 있는데, 그 광명은 금색 빛깔로 모든 보배나무를 비추고, 하나하나의 보배나무 아래에 또한 큰 연꽃 세 송이가 피어 있고, 모든 연꽃 위에는 각각 한 부처님 두 보살의 상이 있어 두루 저 국토에 가득하느니라.

이러한 관상이 이루어졌을 때 수행자는 마땅히 흐르는 물과 광명 및 모든 보배나무, 기러기·오리·원앙이 빠짐 없이 다 묘법을 설하고 있음을 들어야 하고, 선정에 들어

第八像觀 三聖炳然

託像疑眞　尙名麁想

見眞忘像

있을 때나 선정에서 나올 때나 항상 묘법을 들어야 하리라.

수행자는 들은 바를 선정에서 나왔을 때라도 억념 수지하
여 버리지 않아 수다라의 말씀과 맞추어 보아야 하고,

만약 맞지 않으면 이는 망상이라 하고, 맞으면 이는 거친 생각으로 극락세계를 보았다고 할 수 있느니라. 이것이 바로 「상상想像」이니, 「제8관」이라 하느니라. 이러한 관을 짓는 사람은 무량억겁의 생사중죄와 악업을 없애고, 현재 이 몸으로 염불삼매를 얻느니라."

제9 진신관眞身觀 : 아미타불의 진신을 관상하다

무량수불 상호 관상함 이 일경의 종요라네
염불삼매 현전할 때 깊고 미묘한 뜻 알리라

부처님께서 아난 존자와 위제희 부인에게 이르시길, "이러한 관상을 이루고 나거든 그 다음에는 마땅히 다시 무량수불의 신상과 광명을 관할지니라. 아난아, 마땅히 알아라. 무량수불의 몸은 백천만 억 야마천의 염부단금 빛깔과 같고 부처님의 키는 60만억 나유타 항하사 유순이니라.

미간의 백호는 오른쪽으로 휘돌아 감겨 다섯 수미산과 같고, 부처님의 눈은 청정하기가 사대해의 바닷물처럼 청백하여 분명히 비치며, 그 몸의 모든 모공에서는 광명이 흘러나와 마치 수미산과 같으니라. 저 부처님의 원광은 백 억 삼천대천세계 같나니, 그 원광 가운데 백만 억 나유타 항하사만큼의 화신불이 계시고, 한 분 한 분의 화신불에 또한 다양하고 많은 무수한 화신보살들이 있어 시자로 삼고 있느니라.

무량수불께서는 8만 4천의 상이 있고, 하나하나의 상 가운데 각각 8만 4천의 수형호가 있으며, 하나하나의 수형호 가운데 또한 8만 4천의 광명이 있으며, 하나하나의 광명이 시방세계를 두루 비추어 염불 중생들을 섭취하여 버리지 않느니라. 그 광명 상호 및 화신불은 이루 다 말할 수 없나니, 다만 마땅히 그 모습을 기억하고 생각하여 심안으로 분명히 보도록 할 뿐이니라.

이러한 일을 보는 사람은 곧 시방세계 일체 제불을 친견하나니, 제불을 친견하는 까닭에 염불삼매라 이름하느니라. 이렇게 관함을 「일체 제불의 몸을 관상함」이라 하고, 부처님의 몸을 관하므로 또한 부처님의 마음도 볼 수 있느니라. 제불의 마음이란 대자비이니, 무연의 자비로써 모든 중생을 섭취하느니라. 이렇게 관하는 사람은 몸을 버리면 다른 세상에서 제불 앞에 (팔지 불퇴전보살로) 태어나 무생법인無生法忍을 얻느니라.

그러므로 지혜로운 자는 마땅히 마음을 매어두고 무량수

第九佛觀

觀佛相好三昧現前

一經宗要始知深妙

불을 자세히 관해야 하느니라. 무량수불을 관할 때는 한 가지 상호로부터 들어가야 하나니, 다만 미간 백호를 지극히 분명하도록 관하여 미간 백호를 보는 자는 8만 4천 상호도 저절로 보며, 무량수불을 친견하는 자는 곧 시방세계 무량 제불을 친견하느니라. 무량 제불을 친견할 수 있으므로 제불께서 현전하여 수기受記를 주시니라. 이것이 바로 「일체 색신을 두루 관상함」이니, 「제9관」이라 하느니라. 이렇게 관함을 「바른 관」이라 하고, 달리 관함을 「그릇된 관」이라 하느니라."

제10 관음관觀音觀 : 관세음보살의 진신을 관상하다

광명이 오악도에 임하고 정수리 위 천관에 부처님 서 계시네
보살의 명호만 들어도 복을 얻는데 하물며 자세히 관함이랴

부처님께서 아난 존자와 위제희 부인에게 이르시길, "무량
수불을 또렷하고 분명하게 친견한 다음에는 또한 마땅히
관세음보살을 관할지라. 이 보살께서는 키가 80만 억
나유타 유순이고, 몸은 자마진금 빛깔이며, 정수리에는
(상투같이 솟은) 육계肉髻가 있고, 목에는 원광圓光이 있어
방면마다 각각 백 천 유순이나 되느니라. 그 원광 가운데
5백 명의 화신불이 계시나니, 모두 석가모니부처님과 같으
니라. 한 분 한 분 화신불마다 각각 5백 명의 화신보살과
무량 제천이 있어 시자로 삼고 있느니라.

몸에서 나오는 광명 가운데 다섯 갈래 중생의 일체 색상이
그 가운데 다 나타나느니라. 정수리 위에는 비릉가마니보배
로 된 천관天冠이 있고, 그 천관 가운데에는 화신불(아미타부
처님) 한 분이 계시나니, 높이가 25유순이니라. 관세음보살
의 얼굴은 염부단금 빛깔이고, 미간의 백호는 칠보의 빛깔
을 지니고 있나니, 그 가운데 8만 4천의 광명이 흘러나오느
니라. 하나하나의 광명 속에는 무량무수의 천백 화신불이

光臨十　觀音觀、
佛臨五道聞名獲福
立頂道聞名獲福
頂冠何況諦觀

계시며, 한 분 한 분의 화신불은 무수한 화신보살을 시자로 삼고 있느니라. 이와 같이 자재로 화현하여 시방 세계에 가득하니라.

비유컨대 붉은 연꽃 빛깔의 80억 미묘한 광명으로 영락을 삼고, 그 영락 가운데 일체 장엄한 일들이 두루 나타나느니라. 손바닥으로 5백억의 갖가지 연꽃 빛깔을 띠고 열 개 손가락 끝에는 하나하나의 손가락 끝마다 8만 4천의 그림이 있나니, 마치 무늬를 새긴 것과 같으니라. 하나하나의 그림마다 8만 4천의 빛깔이 있고, 하나하나의 빛깔마다 8만 4천의 광명이 있으며, 그 광명은 유연하여 일체를 두루 비추니라. 이러한 보배 손으로 중생들을 접인하시니라.

또한 관세음보살이 발을 들 때는 발바닥에 일천 개 수레바

퀴 자국이 나서 저절로 5백억의 광명대로 변화하고, 발을 디딜 때는 금광마니 보배 꽃이 있어 일체 처에 두루 흩어져 가득하느니라. 그 나머지 몸의 상호는 갖가지로 좋게 갖추어져 부처님과 조금도 다름이 없지만, 정수리에 솟은 육계와 (누구도 볼 수 없는) 무견정상無見頂相만 부처님에 미치지 못하니라. 이것이 바로 「관세음보살의 진신을 관상함」이니, 「제10관」이라 하느니라."

부처님께서 아난에게 이르시길, "만약 관세음보살을 관하고자 한다면 마땅히 이렇게 관할지니라. 이렇게 관하는 사람은 여러 재앙을 만나지 않고, 업장을 말끔히 제거하며, 무량겁의 생사중죄를 제거하느니라. 그래서 이러한 보살들은 다만 그 이름을 듣는 것만으로도 무량한 복을 얻을 수 있거늘, 하물며 자세히 관함에랴.

만약 관세음보살을 관하고자 하는 사람은 마땅히 먼저 정수리 위의 육계를 관하고, 그 다음에는 천관을 관하며, 나머지 갖가지 상도 또한 차례대로 관하여 모두 손바닥을 보듯이 분명히 해야 하느니라. 이렇게 관함을 「바른 관」이라 하고, 달리 관함을 「그릇된 관」이라 하느니라.

제11 세지관勢至觀 : 대세지보살의 진신을 관상하다

광명이 제불과 통하여 중생의 괴로움 구제하는 힘 얻고
정수리 보병에 광명이 가득해 불국토에 널리 나타나네

다음에는 대세지보살을 관할지니라. 이 보살의 몸 크기는
또한 관세음보살과 같나니, 그 원광은 한 방면으로 각각
2백2십5 유순(넓이)이며, 2백5십 유순(길이)을 비추느니
라. 몸에서 발하는 광명은 자마진금 빛깔로 시방세계
일체국토를 비추는데, 인연이 있는 중생들은 빠짐없이
다 볼 수 있느니라. 다만 이 보살의 모공 하나에서 나오는
광명은 보기만 하여도 곧 시방세계 무량 제불의 청정하고
미묘한 광명을 볼 수 있느니라. 이런 까닭에 이 보살의
명호를 무변광無邊光이라 하느니라. 지혜의 광명으로써
일체를 두루 비추어 삼악도의 고난을 여의도록 하는 위없
는 힘을 얻느니라. 이런 까닭에 이 보살의 명호를 곧
「대세지」라 하느니라.

이 보살의 천관에는 5백 송이 보배 연화가 있고, 하나하나
의 보배 연화에는 5백 받침이 있으며, 그 하나하나의 받침
가운데에는 시방세계 제불과 청정 미묘한 불국토의 넓고
긴 모습이 그 가운데 다 나타나 있느니라. 정수리 위의
육계는 발두마화(붉은 연꽃)와 같으며, 그 위에는 보병 하나

가 있나니, 온갖 광명이 가득하여 두루 불사를 나타내 보이고 있느니라. 나머지 모든 몸의 상호는 관세음보살과 같아서 다름이 없느니라.

이 보살이 걸어갈 때에는 시방세계가 일체 진동하고, 땅이 진동하는 곳에는 각각 5백 억의 보배 꽃이 피고, 하나하나 보배 꽃마다 장엄하고 높이 나타난 것이 극락세계와 같으니라. 또한 이 보살이 앉을 때에는 칠보 국토가 일시에 흔들리나니, 하방의 금광불 찰토에서 상방의 광명왕불 찰토까지, 그 중간에 무량 무수한 무량수불의 분신과 관세음보살·대세지보살의 분신이 빠짐없이 다 극락세계에 운집하여 비집고 들어갈 정도로(側塞) 허공에 가득하고 연화좌대에 앉아 묘법을 연설하여 고해 중생을 제도하느니라.

이것이 바로 「대세지보살의 색신을 관상함」이니라. 이 보살을 관하는 것을 「제11관」이라 하고, (이렇게 관하면) 무수겁 아승지의 생사중죄가 사라지느니라. 이렇게 관하는 자는 포태胞胎에 들어가지 않고, 언제나 제불의 청정 미묘한 국토에 노니느니라.

이렇게 관이 이루어지면 「관세음보살과 대세지보살의 관상을 구족하였다」 이름하느니라.

十一勢至觀

先通諸佛　頂銷盛先

力救羣苦　普現佛土

제12 보관(普觀) : 자신이 왕생하는 모습을 두루 관상하다

연꽃에 결가부좌하여 연꽃이 닫히고 열림에
극락세계의 의정장엄 일체가 모두 섭수되네

부처님께서 아난 존자와 위제희 부인에게 이르시길, "이 일(三觀)을 보았을 때에는 자심을 일으켜서 자신이 서방극락세계에 태어나서 연꽃 가운데 결가부좌를 하고 있다고 보고, 연꽃잎이 닫힌다 생각하고 연꽃잎이 열린다 생각할지니라.

연꽃잎이 열릴 때는 5백가지 빛깔의 광명이 나와 자신의 몸을 비춘다 생각하고, 자신의 심안이 열린다 생각하면 불보살께서 허공에 가득함을 볼 것이며, 물·새·나무·숲과 제불로부터 나오는 소리가 모두 미묘한 법을 연설하되 (그 내용은) 십이부경十二部經과 합치됨을 알 것이니라. 또한 선정에서 나왔을 때에도 그것을 기억하고 지녀서 잃어버리지 않도록 할지니라.

이런 일을 봄을 「무량수불의 극락세계를 관상함」이라 하느니라. 이것이 바로 「보관상普觀想」이니, 「제12관」이라 하느니라. 무량수불께서는 화신이 수없이 많아 관세음보살·대세지보살과 더불어 당래에 이 수행인의 처소에 오시느

니라."

十二普觀·

跌坐蓮中 依正莊嚴

蓮華開合 一切俱攝

제13 잡상관(雜想觀) 서방삼성을 함께 관상하다

뛰어나도다, 연못위에 계신 1장 6척의 불상이여
큰몸 작은몸 변하여 화현하니 정해진 상이 없네

부처님께서 아난 존자와 위제희 부인에게 이르시길, "만약 지극한 마음으로 서방극락에 태어나고자 하는 사람은 먼저 마땅히 1장 6척의 불상이 보배 연못물 위에 있다고 관할지니라.

앞에서 말했듯이 무량수불의 몸은 끝이 없나니, 범부의 심력으로 미칠 수가 없지만, 저 여래께서 숙세(因地)에 세우신 (48대원의) 원력으로 인해 부처님을 기억하고 생각하는(憶想) 사람은 반드시 (극락왕생을) 성취할 수 있느니라. 다만 불상만 생각해도 무량한 복을 얻을 수 있거늘, 하물며 다시 부처님의 몸이 원만한 상호를 구족하고 있음을 관함이랴.

아미타부처님께서는 신통여의(신족통)로써 시방국토에 자재하게 화현하시니, 혹은 허공을 가득 채울 큰 몸으로 나타나시기도 하고, 혹은 1장 6척의 작은 몸으로 나타나시되, 나타난 형상은 모두 자마진금 빛깔이고, 원광과 화신불 및 보배연화는 위에서 말한 것과 같으니라.

十三雜觀

卓平池上　變現大小

一丈六像　了無定相

관세음보살과 대세지보살께서 어디서나 몸을 나타나는 것도 같으니라. 중생들이 다만 머리모양(首相)을 관하면 이 분이 관세음보살이라 알고, 이 분이 대세지보살이라 아느니라. 이 두 분 대보살께서는 아미타부처님을 도와 일체중생을 두루 교화하느니라.

이것이 바로 「잡상관雜想觀」이니, 「제13관」이라 하느니라."

제14 상배관上輩觀 : 상배로 왕생함을 관상하다

상품상생上品上生

세 가지 마음 원만히 발하고, 심오한 이치 깊이 밝혀서
금강대 타고 부처님따라 왕생하여 곧 무생법인 증득하네

부처님께서 아난 존자와 위제희 부인에게 이르시길, "[무릇
서방극락에 태어남에는 구품九品의 사람이 있나니,] 상품상생이란
중생이 저 나라에 태어나기를 원하여 세 가지 마음을 일으키
면 곧바로 왕생하리라. 무엇이 세 가지인가? 첫째로 지극히
정성스러운 마음(至誠心)이요, 둘째는 깊은 믿음의 마음(深心)
이요, 셋째는 (자신의 선행을 회향하여 극락세계에 태어나기를
바라는) 회향발원심廻向發願心이니라. 이 세 가지 마음을 갖춘
자는 반드시 저 나라에 태어나리라.

또한 세 부류의 중생이면 마땅히 왕생할 수 있으리니,
무엇이 세 부류인가? 첫째 자심慈心으로 살생을 하지 않고
모든 계행戒行을 잘 갖추는 것이며, 둘째는 대승의 방등경
전을 독송하는 것이며, 셋째는 (불법승 삼보를 염하고 계율
·보시·생천生天을 염하는) 육념六念을 수행하고 회향하면서
저 불국토에 태어나길 발원하는 것이니라. 이러한 공덕을

갖추면 일일 내지 칠일에 바로 왕생할 수 있느니라.

저 국토에 태어날 때 이 사람은 (사바세계에서) 용맹정진한 까닭에 아미타여래께서 관세음보살과 대세지보살, 무수한 화신불과 백천 비구의 성문 대중, 무량한 제천과 함께 칠보 궁전에서, 관세음보살은 금강대를 가지고 대세지보살과 함께 수행자 앞에 이르고, 아미타부처님께서는 큰 광명을 놓으셔서 염불행자의 몸을 비추시며, 여러 보살들과 함께 손을 건네어 맞이하여 접인하시느니라.

그때 관세음보살과 대세지보살은 무수한 보살들과 함께 수행자를 찬탄하면서 그 마음을 권진勸進하시느니라. 염불행자는 (불보살님께서 맞이하는 모습을) 보고나서는 뛸 듯이 기뻐하며 스스로 그 몸이 금강대를 타고서 부처님의 뒤를 따라가, 손가락 퉁기는 짧은 순간에 저 국토에 왕생함을 보느니라.

저 국토에 태어나서는 부처님의 색신이 온갖 상호를 구족함을 보고, 여러 보살들도 색상을 구족함을 보느니라. 또한 광명이 가득한 보배나무 숲에서 묘법을 연설함을 듣고 나서는 즉시 무생법인을 깨닫느니라. 수유의 짧은 순간에 시방세계에 두루 다니면서 제불을 모시고, 제불 앞에서 차례대로 수기를 받고서는 본국으로 돌아와 무량

백천의 다라니문을 얻느니라. 이것이 바로 「상품상생」이
니라."

十
四上
品
上
生

三
心
圓
發
金
臺
隨
往

諦
理
湙
明
卽
證
無
生

상품중생上品中生

제법의 공성을 요달하여 놀라거나 동요하지 않아
발원이 있으면 왕생하리니 독경하지 않아도 되네

"상품중생이란 반드시 대승 방등경전을 수지 독송하지 않더라도, 대승의 의취義趣를 잘 이해하여 제일의第一義에 마음으로 놀라거나 동요하지 않으며, 인과를 깊이 믿어 대승을 비방하지 않으며, 이러한 공덕으로 회향하면서 극락국토에 태어나길 발원하고 구하느니라.

이를 행하는 수행자는 목숨이 다하려고 할 때 아미타부처님께서 관세음보살·대세지보살과 무량한 대중 권속들에 둘러싸인 채 자금대紫金臺를 들고 수행자 앞에 나타나서 찬탄하며 말씀하시길, 「법의 아들이여, 그대는 대승을 수행하여 제일의를 이해하였다. 이런 까닭에 내가 지금 내영來迎하여 그대를 접인하노라」 하시며 일천의 화신불과 함께 일시에 손을 내미시느니라.

그때 수행자는 스스로 자신의 몸이 자금대에 앉아 있음을 보고서 합장 차수叉手하고 제불을 찬탄하자 일념의 짧은 순간에 바로 저 국토의 칠보 연못 가운데 태어나리라. 이 자금대는 큰 보배 꽃과 같은데 하룻밤 지나자 열리고,

수행자의 몸은 자마진금 빛깔을 띠게 되고, 발밑에도 또한 칠보의 연꽃이 있느니라.

(이에) 부처님과 보살이 다 함께 광명을 놓아서 수행자의 몸을 비추자, 심안이 곧 밝게 열려 숙세에 훈습한 수행의 공덕으로 인해 (극락세계의) 온갖 소리를 두루 듣고서 깊고 깊은 제일의제를 연설하느니라.

곧 좌대에서 내려와 부처님께 합장 예배하고 세존을 찬탄하며, 7일이 지나면 즉시 아뇩다라삼먁삼보리에서 물러나지 않는 경지를 얻느니라.

이에 시방세계를 두루 날아다니면서 제불을 모시고, 또한 제불의 처소에서 모든 삼매를 닦아서, 1소겁이 지나면 무생법인을 얻고서 현전에서 수기를 받으리라. 이것이 바로 「상품중생」이니라."

상품하생上品下生

다만 무상보리심 발하고 아직 미묘한 이치 궁구하지 못했지만
저 국토에 이르러 심안이 밝게 열려서 보리수기를 획득하네

"상품하생이란 또한 인과를 믿고 대승을 비방하지 않으며, 다만 무상보리심을 발하고 이러한 공덕을 회향하여 극락세계에 태어나길 발원하고 구하니, 저 수행자가 목숨이 다하려고 할 때 아미타부처님께서 관세음보살 · 대세지보살을 비롯한 모든 권속들과 함께 금련화를 들고서 5백 화신불을 화작化作하시며, 이 사람을 맞이하러 오시느니라.

그때 5백 화신불이 동시에 손을 내미시며 찬탄하시길, 「법의 아들이여, 그대는 이제 청정하여 무상보리심을 내었기에 지금 내가 와서 맞이하노라.」 수행자가 이러한 일을 볼 때 자신의 몸이 금련화 위에 앉아 있음을 보니, 앉자마자 연꽃잎이 닫히고 세존의 뒤를 따라서 바로 칠보 연못 가운데 왕생하느니라.

밤낮 하루를 지나서 연꽃잎이 다시 열리고, 7일 중에 비로소 부처님을 친견할 수 있느니라. 그러나 부처님의 몸을 친견하였을지라도 온갖 상호가 마음에 분명하지 않다가, 21일이 지난 후 비로소 또렷이 친견하고 온갖 음성을 듣나니 모두 묘법을 연설하느니라.

그리고 시방세계를 다니면서 제불께 공양하고 제불 앞에서 깊고 깊은 법을 듣다가, 3소겁이 지나면 (초지보살의) 백법명문(百法明門 ; 이일심불란)을 얻고 환희지歡喜地에 머무느니라. 이것이 바로 「상품하생」이니라.

이상 상품삼생의 관상을 「상배생상上輩生想한 행자」라 하고, 또한 「제14관」이라 하느니라."

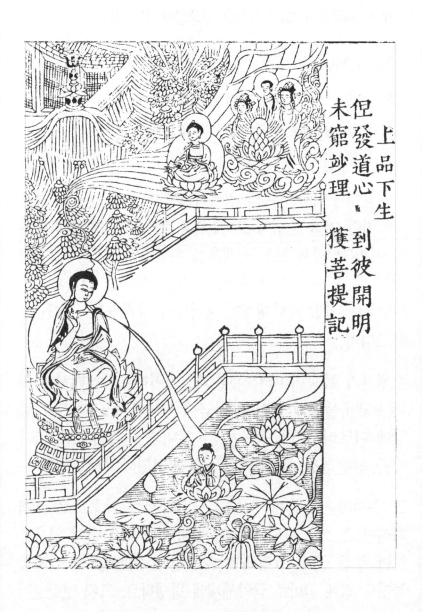

上品下生

亦發道心、到彼開明

未窮妙理、獲菩提記

但發道心、到彼開明

未窮妙理、獲菩提記

제15 중배관中輩觀 : 중배로 왕생함을 관상하다

중품상생中品上生

온갖 계율 오래 지키고 원대로 왕생하여
고와 공 설함 듣고 아라한과를 얻으리라

부처님께서 아난 존자와 위제희 부인에게 이르시길, "중품
상생이란 어떤 중생이 오계五戒를 수지하고, 팔재계八齋戒
를 지키며, 일체 청정한 계율을 수행하여 오역죄五逆罪를
짓지 않아 온갖 허물과 악이 없는 이러한 선근으로써
회향하여 서방 극락세계에 태어나길 발원하는 사람을 말
하느니라.

수행자가 목숨이 마치려 할 때, 아미타부처님께서 여러
비구 권속들에게 둘러싸여, 금색 광명을 놓으며 그 사람
앞에 이르러서 고·공·무상·무아를 연설하시고, 출가
자를 찬탄하길 온갖 괴로움을 여의었다 하시니라.

그 수행자는 (이러한 모습을) 보고나서는 마음으로 크게
기뻐하고, 스스로 자기 몸이 이미 연화대에 앉아 있음을
보아 무릎 꿇고 합장하며 부처님께 예배할 새 머리를
들기도 전에 곧바로 극락세계에 왕생하고, 그때 연꽃잎이

잇달아 열리고, 연꽃잎이 활짝 열릴 때 온갖 음성을 듣되
(고집멸도) 사성제四聖諦를 찬탄하나니, 이때 수행자는
곧 아라한과를 얻고 삼명三明·육통六通이 열리며 팔해
탈八解脫을 갖추게 되느니라. 이것이 바로 「중품상생」이
니라.

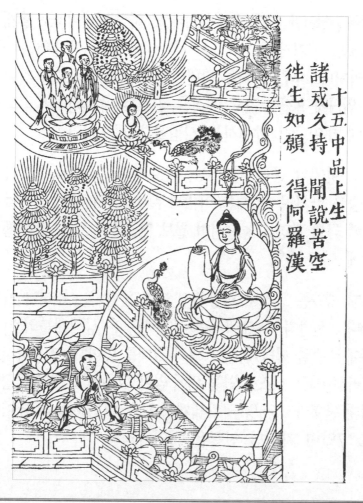

十五. 中品上生

諸戒久持 聞說苦空
往生如願 得阿羅漢

중품중생中品中生

하루 낮 하루 밤 계를 봉행하고 극락에 태어나길 발원하면
연꽃이 열려 부처님을 친견하고 즉시 수다원과를 얻는다네

"중품중생이란 어떤 중생이 하루 낮 하루 밤만이라도 팔재계
八齋戒를 지키거나, 하루 낮 하루 밤만이라도 사미계沙彌戒를
지키거나, 하루 낮 하루 밤만이라도 구족계具足戒를 지니되
그 위의에 흠결이 없고, 이러한 공덕으로써 회향하여 극락국
토에 태어나길 발원하는 사람을 말하느니라.

계의 향기가 몸에 배이도록 닦으면 이와 같은 수행자가
목숨을 마치려 할 때는 아미타부처님께서 여러 권속들과
함께 금색 광명을 놓으시며 칠보 연꽃을 들고서 그 수행자
앞에 이르리라.

그때 행자는 스스로 허공에서 그를 찬탄하는 소리가 들리
나니, 「선남자여, 그대처럼 선한 사람은 삼세제불의 가르
침에 수순한 까닭에 내가 와서 그대를 맞이하노라」하시느
니라. 행자는 스스로 연꽃 위에 앉아 있음을 보고, 연꽃잎이
이내 닫혔다가 서방 극락세계의 보배 연못 가운데 태어나
고, 7일이 지나면 연꽃은 피어나리라.

연꽃이 이미 피어나면 심안이 열리고 합장하여 세존께
찬탄하고 법문을 듣고서 기뻐하여 수다원과를 얻고 반
겁이 지난 뒤에 아라한을 이루리라. 이것이 바로 「중품중
생」이니라."

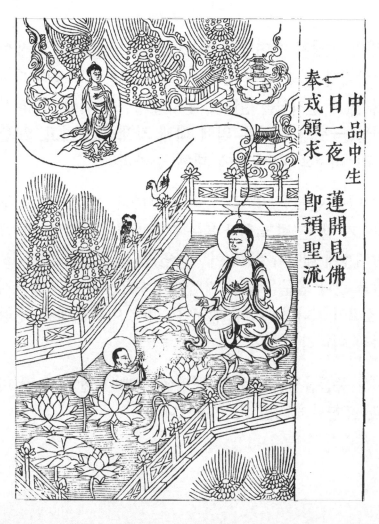

中品中生
一日一夜
奉戒願求
蓮開見佛
即預聖流

중품하생中品下生

부모에게 효도하고 벗에게 인자한 이는 선지식의 개도로 깨달아 관세음 대세지 두 보살을 만나 법을 듣고 수다원과를 얻으리라

"만약 선남자 선여인이 부모에게 효도 봉양하고 세상 사람에게 인의仁義를 행하면 이러한 사람이 목숨이 다하려 할 때 선지식을 만나서, 선지식이 그를 위해 아미타부처님 국토의 즐거운 일에 대해 자세히 설하고, 또한 법장 비구의 48대원에 대해 설하리라.

이 일을 듣고 나면 곧 목숨이 다하니, 비유컨대 힘센 장사가 팔 한 번 굽혔다 펴는 잠깐 동안에 곧바로 서방극락세계에 태어나서 7일이 지나면 관세음보살과 대세지보살을 만나 법문을 듣고 기뻐하며 수다원과를 얻고 다시 1소겁이 지나면 아라한과를 이루리라. 이것이 바로「중품하생」이니라.

이상 중품삼생의 관상을 「중배생상中輩生想한 행자」라 하고, 또한 「제15관」이라 하느니라."

中品下生　遇二菩薩

孝友仁慈

知識開悟　聞法得度

제16 하배관下輩觀 : 하배로 왕생함을 관상하다

하품상생下品上生

한평생 악업을 쌓아도 죽음에 임해 선지식을 만나서
부처님 명호를 한번 불러도 보배 연못에 태어나니라

부처님께서 아난 존자와 위제희 부인에게 이르시길, "하품
상생이란 어떤 중생이 온갖 악업을 지어서 비록 대승의
방등경전을 비방하지는 않는다 할지라도, 이처럼 어리석
은 사람은 악법을 수많이 지으면서도 부끄러워하는 마음
(慚愧心)이 없다가 목숨이 다하려고 할 때 선지식을 만나
그를 위해 대승 12부 경의 제목이름을 찬탄하나니, 이와
같이 제경의 이름을 들은 까닭에 천겁 동안 지은 지극히
무거운 악업을 없애느니라.

또한 지혜로운 분이 합장 차수叉手하고 「나무아미타불」을
부르도록 가르치면 부처님의 명호를 부른 까닭에 50억
겁의 생사중죄를 없애느니라.

그때 저 부처님께서는 곧 화신불과 화신 관세음보살과
화신 대세지보살을 보내어 행자 앞에 이르러 찬탄하길,
「착하도다! 선남자여, 그대는 부처님의 명호를 부른 까닭

死遇良師生實蓮池
生平積惡一稱佛號
十六下品上生

에 일체 죄업이 소멸되고 내가 그대를 맞이하러 왔노라.」하시느니라. 이렇게 말씀하시자 수행자는 곧 화신불의 광명이 그의 방 안에 두루 가득함을 보았느니라.

보고 나서 기쁨에 차서 곧바로 목숨이 다함에 보배연꽃을 타고 화신불의 뒤를 따라 보배연못 가운데 태어나고 49일이 지나면 그 연꽃이 피어나리니, 연꽃이 필 때면 대자대비하신 관세음보살과 대세지보살께서 큰 광명을 놓으며 그 사람 앞에 와서 그를 위하여 깊고 깊은 12부 경을 설하리라.

법문을 듣고 나서 신해(信解 ; 안심)하여 무상보리심을 발하고 10소겁이 지나면 백법명문百法明門을 갖추어 보살초지에 들어갈 수 있으리라. 이것이 바로 「하품상생」이니라. 이와 같이 부처님의 이름·불법의 이름·승가의 이름을 들을 수 있고, 삼보의 이름을 들어 곧 왕생을 하게 되느니라."

하품중생下品中生

계를 허물고 악업이 극심하여 지옥불길이 한꺼번에 닥쳐도 법을 듣고 마음을 돌려서 온갖 성현들이 맞이하러 오노라

부처님께서 아난 존자와 위제희 부인에게 이르시길, "하품중생이란 혹 어떤 중생이 (출가재가의 근본계인) 오계, (사미승의) 팔계 및 (출가승의) 구족계 등 모든 계율을 허물고 범하나니, 이와 같은 어리석은 사람은 승가에 속하는 부동산(僧祇物)을 훔치거나 살면서 필요한 승가의 물건을 훔치며, 또는 청정하지 않게(不淨) (밥벌이[邪命]로) 설법하면서도 부끄러워하는 마음이 없으며, 온갖 악법으로써 자신을 장엄하느니라.

이와 같은 죄인은 악업의 과보로 마땅히 지옥에 떨어지며, 목숨이 마치려 할 때는 지옥의 온갖 불길이 일시에 몰아닥치

下品中生

毁戒業深
獄火俱至

聞法回心
衆聖迎去

겠지만, 선지식을 만나 선지식이 대자비로써 곧 그를 위하여 아미타부처님의 십력·위덕을 찬탄하고 저 부처님의 광명·신통력을 상세히 말해주고, 또한 계정혜와 해탈·해탈지견解脫知見을 찬탄하느니라.

이 사람은 그 법문을 듣고 나서 80억 겁의 생사중죄를 없애어 지옥의 맹렬한 불길이 청량한 미풍으로 변하고, 제천의 꽃을 날리고 그 꽃 위에 모두 화신불·보살들이 있어서 이 사람을 맞이해 접인하느니라. 일념의 짧은 순간에 바로 극락세계에 왕생하여 칠보 연못의 연꽃 속에 왕생할 수 있느니라.

이 법문을 듣고 나면 곧바로 무상보리심을 발하리니, 이것이 바로 「하품중생」이니라."

하품하생下品下生

십악오역을 지은 사람은 임종시 괴로움으로 핍박받아
가르침에 십념을 칭념하면 황금색 연꽃이 앞에 머무네

부처님께서 아난 존자와 위제희 부인에게 이르시길, "하품
하생이란 혹 어떤 중생은 온갖 죄업(不善業)을 지어 오역五逆
과 십악十惡의 중죄를 짓고 또한 갖가지 불선不善을 갖추느
니라. 이처럼 어리석은 사람은 악업으로 인해 마땅히 악도
에 떨어져 다생다겁을 거치며 (무간지옥의) 괴로움을 받아
궁진함이 없으리라.

이 같은 어리석은 사람도 목숨이 다하려 할 때 선지식을
만나, 선지식이 갖가지 말로 위안하고 그를 위해 (대승의)
묘법을 선설하여 그에게 부처님을 억념하도록 가르쳐 주
지만, (지옥의 과보가 현전하여) 저 사람은 괴로움이 핍박하여
부처님을 억념할 겨를이 없느니라.

선지식이 그에게 이르기를, "그대가 만약 저 부처님을
억념할 수 없다면 마땅히 무량수불의 명호를 부르도록
하라." 하느니라. 이렇게 이 사람은 지극한 마음으로 소리
가 끊어지지 않고 십념을 구족하도록 「나무아미타불」을
부르나니, 부처님 명호를 칭념한 연고로 염념 중에 80억겁

下品下生 教稱十念
十惡五逆 蓮華金色
臨終苦逼

의 생사중죄가 사라지느니라. 목숨이 마치려 할 때 태양처럼 큰 황금색 연꽃이 그 사람 앞에 머무는 모습이 보이고, 일념의 짧은 순간에 곧바로 극락세계에 왕생하느니라.

연꽃 가운데 기다려 12대 겁을 채우면 연꽃이 비로소

피어나리라. (연꽃이 피어날 때) 관세음보살과 대세지보살께서 대비의 음성으로 곧 그 사람을 위해 (일념심성의 진여리眞如理와 무생의 지혜로써 업성본공業性本空을 관하도록) 제법실상을 광설하여 생사중죄(罪法)를 소멸시키느니라. 이 사람이 듣고 난 후 크게 기뻐하며, 이때 바로 보리심을 발하느니라. 이것이 바로 「하품하생」이니라.

이상 하품삼생의 관상을 「하배생상下輩生想한 행자」라 하고, 또한 「제16관」이라 하느니라."

제7품 이 경을 듣고 나서 큰 이익을 얻다

부처님께서 이렇게 극락세계를 관하는 16관법 법문을 선설하셨을 때, 위제희 부인은 5백 시녀들과 함께 부처님의 설법을 듣고 당하에 모두 극락세계의 드넓은 모습이 펼쳐져 있음을 보았느니라. 그리고 아미타부처님과 관세음보살·대세지보살 두 분 대보살의 장엄한 몸을 보고 모두 환희심이 생겨서 "일찍이 없었던 일입니다!" 찬탄하였다. (위제희 부인은) 확연히 크게 깨닫고 당하에 무생법인을 얻었다.

또한 5백 시녀들이 모두 아뇩다라삼먁삼보리심(무상보리

심)을 발하고 극락국토에 태어나겠다고 발원함에 세존께서 빠짐없이 다 수기하시길, "그대들은 마땅히 극락세계에 왕생하리라. 저 국토에 태어난 후 (선정 중에 언제나 부처님을 친견하고 불법을 듣는) 제불현전삼매(諸佛現前三昧 ; 염불삼매)를 획득하리라."

이때 무량한 제천들도 (부처님의 설법을 듣고 모두) 무상보리심을 발하였다.

그때 아난 존자는 곧 자리에서 일어나 부처님 전에 나아가서 부처님께 아뢰길, "세존이시여, 이 경을 어떻게 이름(하여 유통)하오리까? 이 법문을 수행하는 강요(인지因地의 수학과 과지果地의 공덕)를 응당 어떻게 수지受持하여야 하옵니까?"

부처님께서 아난 존자에게 이르시길, "이 경의 이름은 「극락국토 · 아미타불 관세음보살 · 대세지보살(體)을 (마음으로) 관함(宗)」(인지의 수학)이라 하고, 또는 「(현생에서) 업장을 깨끗이 제거하고, (당래에) 부처님 전에 태어남」(과지의 공덕)이니라. 그대는 마땅히 수지하여 망실함이 없도록 하라. (16관에 의지해) 이 삼매(염불삼매)를 행하는 사람은 현생에서 무량수불 및 관세음보살 · 대세지보살 두 대보살을 (마음으로) 친견할 수 있느니라. 만약 선남자 선여인이 부처님 명호와 두 대보살의 명호만 들어도 무량겁의 생사 중죄가 사라질 것인데, 하물며 부처님을 억념함이랴. 마땅히 알아야 할지니, 염불(관불)하는 사람은 바로 인간 가운데 분다리화(백련화)이며, 관세음보살과 대세지보살이 그의 수승한 법우가 되리라. (부처님께서 수기하사, 이 사람은 반드시 성불하고) 보리도량에 앉으며, 또한 제불의 집에 태어나 여래의 가업을 계승하리라."

부처님께서는 아난 존자에게 (부촉하여) 이르시길, "그대는 이 말을 잘 수지하여야 하느니라. 이 말을 수지함이란 바로 무량수불의 명호를 수지하는 것이니라." 부처님께서 이 말씀을 하실 때 목건련 존자·아난 존자·위제희 부인 등이 부처님께서 말씀하시는 것을 듣고 모두 다 크게 환희하였다.

이때 세존께서는 (아난 존자에게 부촉을 마치신 후) 큰 걸음으로 (빠르게) 허공에서 기사굴산으로 돌아오셨다.

이때 아난은 대중을 위하여 이상의 일을 자세히 설하였나니, 무량한 제천과 용·야차 등 중생은 부처님께서 설하신 법어를 듣고, 모두 다 크게 환희하며 부처님께 정례하고 물러갔다.

관무량수경 종
終

발일체업장근본득생정토신주

나무아미다바야 · 다타가다야 · 다지야타 ·
아미리도바비 · 아미리다 · 실담바비 ·
아미리다 · 비가란제 · 아미리다 · 비가란다 ·
가미니 · 가가나 · 지다가례 · 사바하
(세 번 칭념)

찬불게

아미타불 청정법신 금빛으로 찬란하고
거룩하신 상호광명 짝할이가 전혀없네

아름다운 백호광명 수미산을 둘러있고
검고푸른 저눈빛은 사해바다 비추시며
광명속에 화신불이 한량없이 많으시고
보살도를 이룬사람 또한 그지없나이다

중생제도 이루고자 사십팔원 세우시고
구품으로 중생들을 피안으로 이끄시네
나무서방극락세계 대자대비 아미타불

나무아미타불

(염불 수에 따라 백 번 내지 천 번 하고 다시 4자염불로 바꾼다)

아 미 타 불

(백 · 천 번)

나무관세음보살
나무대세지보살
나무청정대해중보살

(세 번)

자운참주慈雲懺主 정토문

극락세계 아미타부처님께 일심으로 귀명하옵나니, 바라옵건대 저희들을 청정한 광명으로 비추어 주시고, 자비로운 서원으로 섭수하여 주시옵소서.

저희들이 지금 정념正念으로 여래의 명호를 불렀사오니, 보리도를 위하여 정토에 태어나길 구하옵니다. 부처님께서 옛적에 본원으로 서원하시길, 만약 중생이 있어 나의 국토에 태어나고자 지극한 마음으로 믿고 기뻐하며, 내지 십념에 왕생하지 못한다면 정각을 성취하지 않겠노라 하셨나이다.

이 본원에 의지하여 염불한 인연으로 여래의 큰 서원바다 가운데 들어가서 아미타부처님의 자비로 위신력의 가지를 받아 온갖 죄를 소멸하고, 선근이 증장하게 하옵소서.

목숨이 마칠 때를 스스로 알아 몸에는 병의 고통이 없고, 마음은 탐욕과 연민에 빠지지 않으며, 뜻은 뒤바뀌지 않아 선정에 든 듯하며, 부처님과 극락 성중들께서 금대를 잡고 오시어 저를 맞이해 주시고 일념의 짧은 순간에 극락국토에 왕생하게 하시며, 연꽃이 피어 부처님 뵈옵고 일불승의 가르침을 듣고는 문득 부처님의

지혜가 열려 널리 중생을 제도하고 보리원을 만족하게
하옵소서.

시방삼세일체불 일체보살마하살 마하반야바라밀

삼귀의

부처님께 귀의하와 바라노니 모든중생
큰이치 이해하고 위없는맘 내어지이다

법보에게 귀의하와 바라노니 모든중생
삼장속에 깊이들어 큰지혜 얻어지이다

승가에게 귀의하와 바라노니 모든중생
많은대중 통솔해 온갖장애 없어지이다
거룩하신 모든 성중에게 예경하나이다

회향게

원하옵건대 이 공덕으로
불국정토 장엄하여서
위로 사중의 은혜 갚고
아래로 삼악도의 괴로움 건너게 하옵소서.

만약 견문이 있는 이는
모두 보리심을 발하여
이번 보신이 다할 때
함께 극락국토에 태어나지이다

불설아미타경

佛說阿彌陀經

노향찬 爐香讚

향로에 향을 사루니
법계에 향기가 가득
부처님 회상에 두루 퍼져서
가는 곳마다 상서구름 맺히나이다
저희 정성 간절하오니
부처님 강림하옵소서

나무향운개 보살마하살
나무향운개 보살마하살
나무향운개 보살마하살

연지찬 蓮池讚

연지해회 아미타부처님
관세음보살·대세지보살
연화대 앉아계시며

저희들 접인해 황금계단
오르게 하시나이다.
원하옵건대, 큰 서원 널리 여시어
저희들 티끌세상 여의게 하옵소서
나무연지해회 보살마하살
나무연지해회 보살마하살
나무연지해회 보살마하살

나무본사석가모니불

(세번)

개경게 開經偈

위없이 깊고 깊은 미묘한 법문
백천만 겁에도 만나기 어려워라
제가 지금 듣고 보아 수지하오니
여래의 진실한 뜻 알아지이다

불설아미타경

요진姚秦 삼장법사 구마라즙鳩摩羅什 역

제1품 법회에 오신 성중

이와 같이 나는 들었다. 한때 부처님께서 사위국 기수 급고독원에 머무르사, 큰 비구 대중 1,250명과 함께 계셨으니, 그들은 모두 대중들에게 널리 알려진 대아라한으로 곧 장로 사리불, 마하목건련 · 마하가섭 · 마하가전연 · 마하구치라 · 리바다 · 주리반타가 · 난타 · 아난타 · 라후라 · 교범바제 · 빈두로파라타 · 가루타이 · 마하겁빈나 · 박구라 · 아누루타 등의 여러 대제자들이었다.

제2품 극락과 아미타불을 말씀하시다

그때 부처님께서 장로 사리불에게 이르시길, "여기에서 서쪽으로 십만 억 불국토를 지나가면 「극락」이라 이름하는 세계가 있고, 그 세계에는 명호가 「아미타」
인 부처님께서 계시나니, 지금 그곳에서 안온히 주지
하시면서 법을 설하시고 계시느니라."

제3품 극락을 보여서 믿음을 일으키시다

사리불아, 저 국토를 어떤 인연으로 「극락」이라 하는
가? 저 국토의 중생들은 어떠한 괴로움도 없고 오직
온갖 즐거움만 누리나니, 이러한 인연으로 「극락」이
라 하느니라.

또한 극락국토에는 일곱 겹의 보배 난순과 일곱 겹의
보배 그물과 일곱 겹의 보배 나무가 있나니, 모두
네 가지 보배로 장엄되어 있고 그 주위를 둘러싸고
있느니라. 이러한 인연으로 저 국토를 「극락」이라
하느니라.

또한 사리불아, 극락국토에는 곳곳마다 칠보연못이
있어 그 속에는 팔공덕수가 가득하며, 그 연못의 바닥
에는 순금모래가 깔려 있고, 연못 사방으로 계단길이
놓여 있으며, 금·은·유리·파려가 합하여 이루어져
있느니라. 그 길 위에는 누각이 있나니, 그 또한 금·은

·유리·파려·자거·붉은 진주·마노로 장식되어 있느니라. 그 연못에는 갖가지 연꽃이 있나니, 그 크기가 수레바퀴만 하고, 푸른 빛깔에는 푸른 광채가 빛나며, 노란 빛깔에는 노란 광채가 빛나며, 붉은 빛깔에는 붉은 광채가 빛나며, 흰 빛깔에는 흰 광채가 빛나서 섬세하고 미묘하며 향기롭고 정결하느니라. 사리불아, 극락국토는 이와 같은 공덕 장엄으로 이루어져 있느니라.

또한 사리불아, 저 불국토에는 천상의 음악이 늘 연주되고, 황금으로 대지가 되어 있으며, 밤낮으로 여섯 때에 천상의 만다라화가 비오듯이 내리느니라. 저 국토의 중생들은 늘 새벽마다 각자 바구니에 온갖 미묘한 꽃을 가득 담아 타방세계 십만 억 부처님께 공양하고, 곧 식사 때에 본래 국토로 돌아와서 함께 식사하고 경행하느니라. 사리불아, 극락국토는 이와 같은 공덕 장엄으로 이루어져 있느니라.

다시 또 사리불아, 저 국토에는 늘 갖가지 기묘한 여러 빛깔의 새들이 있나니, 백학·공작·앵무새·사리새·가릉빈가·공명조 등과 같은 온갖 새들이 밤낮으로 여섯 때에 평안하고 단아한 소리를 내어서 그 소리가 오근·오력·칠보리분·팔정도 등 이와 같은 법을 연설하나니, 그 국토의 중생들은 그 소리를 듣고서 부처님을 생각하고 불법을 생각하며 승가를 생각하느니라. 사리불아, 이 새들이 실제로 죄의 과보로 생겼다고 말하지 말라. 왜 그러한가? 저 불국토에는 삼악도가 없기 때문이니라. 사리불아! 그 불국토에는 삼악도라는 이름조차 없거늘 하물며 실제로 그런 것이 있겠느냐? 이러한 갖가지 새들은 모두 아미타부처님께서 법음을 널리 펴고자 위신력으로 변화하여 이루어진 것이니라.

사리불아, 저 불국토에는 미묘한 바람이 불어와 모든 보배나무와 보배그물이 흔들리며 미묘한 소리가 나니, 이는 비유컨대 백천 가지 천상의 음악이 동시에 연주되는 것과 같으니라. 이 소리를 듣는 이는 모두 다 부처님을 생각하고, 불법을 생각하고, 승가를 생각하는 마음이 저절로 생기느니라. 사리불아, 저 불국토는 이와 같은 공덕장엄으로 이루어져 있느니라.

제4품 아미타불을 보여서 믿음을 일으키시다

사리불아, 그대 생각에는 어떠한가? 저 부처님은 어떤 인연으로 명호를 「아미타」라 하는가? 사리불아, 저 부처님께서는 무량한 광명을 시방세계 불국토에 두루 비추시어 장애가 없느니라. 이러한 인연으로 명호가 「아미타」이니라. 또한 사리불아, 저 부처님과 그 국토 사람들의 수명이 무량무변 아승지겁이니, 이러한 인연으로 「아미타」라 이름하느니라. 사리불아, 아미타불께서 성불하신지 지금 십겁이 지났느니라.

또한 사리불아, 저 부처님께는 무량무변의 성문 제자들이 있나니, 모두 아라한으로 그 수는 헤아려 알 수 있는 것이 아니고, 모든 보살대중도 또한 이와 같으니라. 사리불아, 저 불국토는 이와 같은 공덕장엄으로 이루어져 있느니라.

제5품 극락에 태어나길 발원하라

또한 사리불아, 극락국토에 태어나는 중생들은 모두 불퇴전지 보살이며, 그 가운데 일생보처 보살들도 매우 많아서 그 수는 헤아려 알 수 없으며, 단지 무량무변 아승지라 비유할 뿐이니라. 사리불아, 저 불국토의 극락장엄을 들은 중생들은 마땅히 저 국토에 태어나길 발원해야 하느니라. 왜 그러한가? 그들은 저 국토에서 이와 같은 수많은 상선인들과 한곳에 모여 살 수 있기 때문이니라.

제6품 집지명호의 행을 세워라

사리불아, 적은 선근·복덕·인연으로는 저 불국토에 태어날 수 없느니라. 사리불아, 선남자 선여인이 아미타부처님에 대한 설법을 듣고, 그 명호를 집지하여, 하루나 이틀이나 사흘이나 나흘이나 닷새나 엿새나 이레 동안 일심에 이르러 산란하지 않는다면, 그 사람이 목숨을 마치려 할 때에 아미타부처님께서 수많은 성중들과 함께 그 앞에 나타나느니라. 그래서 그 사람은 임종할 때에 마음이 전도되지 아니하고 아미타부처님의 극락국토에 즉시 왕생할 수 있느니라.

사리불아, 나는 이러한 진실한 이익을 보았기에 이러한 말을 하는 것이니, 이 말을 들은 중생들은 마땅히 저 국토에 태어나길 발원해야 하느니라.

제7품 육방제불께서 믿을 것을 권하시다

사리불아, 내가 지금 아미타불의 불가사의한 공덕 이익을 찬탄하는 것처럼 동방에도 아촉비불·수미상불·대수미불·수미광불, 묘음불 등과 같이 항하의 모래알 수만큼이나 많은 제불께서 계시며 각각 자신의 국토에서 광장설상을 내미시어 삼천대천세계를 두루 덮고 참되고 진실한 말씀으로 이르시길, "너희 중생들은 《칭찬불가사의공덕 일체제불소호념경》을 믿을지니라." 하시니라.

사리불아, 남방세계에도 일월등불·명문광불·대염견불·수미등불·무량정진불 등과 같이 항하의 모래알 수만큼이나 많은 제불께서 계시며, 각각 자신의 국토에서 광장설상을 내미시어 삼천대천세계를 두루 덮고 참되고 진실한 말씀으로 이르시길, "너희 중생들은 《칭찬불가사의공덕 일체제불소호념경》을 믿을지니라." 하시니라.

사리불아, 서방세계에도 무량수불·무량상불·무량당불·대광불·대명불·보상불·정광불 등과 같이 항하의 모래알 수만큼이나 많은 제불께서 계시며, 각각 자신의 국토에서 광장설상을 내미시어 삼천대천세계를 두루 덮고 참되고 진실한 말씀으로 이르시길, "너희 중생들은 《칭찬불가사의공덕 일체제불소호념경》을 믿을지니라." 하시니라.

사리불아, 북방세계에도 염견불·최승음불·난저불·일생불·망명불 등과 같이 항하의 모래알 수만큼이나 많은 제불께서 계시며, 각각 자신의 국토에서 광장설상을 내미시어 삼천대천세계를 두루 덮고 참되고 진실한 말씀으로 이르시길, "너희 중생들은 《칭찬불가사의공덕 일체제불소호념경》을 믿을지니라." 하시니라.

사리불아, 하방세계에도 사자불·명문불·명광불·달마불·법당불·지법불 등과 같이 항하의 모래알 수만큼이나 많은 제불께서 계시며, 각각 자신의 국토에서 광장설상을 내미시어 삼천대천세계를 두루 덮고 참되고 진실한 말씀으로 이르시길, "너희 중생들은 《칭찬불가사의공덕 일체제불소호념경》을 믿을지니라." 하시니라.

사리불아, 상방세계에도 범음불·수왕불·향상불·향광불·대염견불·잡색보화엄신불·사라수왕불·보화덕불·견일체의불·여수미산불 등과 같이 항하의 모래알 수만큼이나 많은 제불께서 계시며, 각각 자신의 국토에서 광장설상을 내미시어 삼천대천세계를 두루 덮고 참되고 진실한 말씀으로 이르시길, "너희 중생들은 《칭찬불가사의공덕 일체제불소호념경》을 믿을지니라." 하시니라.

사리불아, 그대 생각에는 어떠한가? 어떤 인연으로 《일체제불소호념경》이라 부르는가? 사리불아, 선남자 선여인이 이 경을 수지하고 제불의 명호를 듣는다면, 이 모든 선남자 선여인은 모두 일체제불의 호념을 받아 아뇩다라삼먁삼보리에서 물러나지 않을 것이니라. 그러므로 사리불아, 너희들은 나의 말과 제불의 말씀을 믿고 받아 지닐지니라.

제8품 부처님께서 발원할 것을 권하다

사리불아, 아미타불 국토에 태어나겠다고 이미 발원하였거나 지금 발원하거나 당래에 발원하는 이들은 모두 아뇩다라삼먁삼보리에 물러나지 아니하여서 저 국토에 벌써 태어났거나 지금 태어나거나 당래에 태어날 것이니라. 그러므로 사리불아, 모든 선남자 선여인이 믿음을 내었다면 응당 저 국토에 태어나길 발원할지니라.

제9품 부처님께서 행할 것을 권하시다

사리불아, 내가 지금 제불의 불가사의한 공덕을 칭찬한 것처럼 저 제불께서도 또한 나의 불가사의한 공덕을 찬탄하시며 말씀하시길, "석가모니부처님께서는 참으로 어렵고 희유한 일을 능히 하셨도다. 시대가 흐리고 견해가 흐리고 번뇌가 흐리고 중생이 흐리고 수명이 흐린 이 사바세계 오탁악세에서 아뇩다라삼먁삼보리를 얻으시고, 수많은 중생을 위하여 이 일체 세간이 믿기 어려운 법을 설하셨도다." 하시느니라.

사리불아, 내가 이 오탁악세에서 이 어려운 일을 행하여 아뇩다라삼먁삼보리를 얻었고 일체 세간을 위하여 이 믿기 어려운 법을 설하였으니, 이는 진실로 어려운 일임을 알지니라.

제10품 성중들이 환희하며 봉행하다

부처님께서 이 경을 말씀하시자, 사리불 등의 모든 비구들과 일체세간의 천 · 인 · 아수라 등이 부처님께서 하신 말씀을 듣고 모두 크게 환희하며 신수봉행하였으며, 부처님께 절을 하고는 물러갔느니라.

불설아미타경 종_終

발일체업장근본득생정토신주

나무아미다바야 · 다타가다야 · 다지야타 ·
아미리도바비 · 아미리다 · 실담바비 ·
아미리다 · 비가란제 · 아미리다 · 비가란다 ·
가미니 · 가가나 · 지다가례 · 사바하
(세 번 칭념)

미타찬 彌陀贊

아미타부처님, 48대원을 세우신 법왕이시여!
중생을 위해 베푸시는 자비희사의 마음은 헤아리기
어렵나니, 미간에서 항상 백호광을 발하시어 중생들을
극락세계로 인도하십니다.
팔공덕수 연못 안에는 구품 연꽃들이 피어있고, 연못
주위에는 칠보의 미묘한 나무가 사이사이 줄지어 늘어
서서 장식하고 있습니다.

아미타여래의 거룩한 명호를 선양하오니 저희들을 접인하시어 서방에 왕생하게 하옵고, 아미타부처님 거룩한 명호를 칭양하오니 다 함께 서방에 왕생하게 하옵소서.

찬불게

아미타불 청정법신 금빛으로 찬란하고
거룩하신 상호광명 짝할이가 전혀없네

아름다운 백호광명 수미산을 둘러있고
검고푸른 저눈빛은 사해바다 비추시며
광명속에 화신불이 한량없이 많으시고
보살도를 이룬사람 또한 그지없나이다

중생제도 이루고자 사십팔원 세우시고
구품으로 중생들을 피안으로 이끄시네
나무서방 극락세계 대자대비 아미타불
나무아미타불
(염불 수에 따라 백 번 ~ 천 번 하고 다시 4자염불로 바꾼다)

아 미 타 불

(백 · 천 번)

나무관세음보살
나무대세지보살
나무청정대해중보살

(세 번)

대자보살 발원게 大慈菩薩 發願偈

극락세계 아미타부처님께서는
시방삼세 제불 중에 제일이어라
구품으로 일체중생 건져주시니
그 복덕과 위신력이 무궁합니다

저희들이 이제 크게 귀의하오니
삼업으로 지은 죄업 참회하옵고
무릇 모든 복덕과 선근이 있으면
지극한 마음으로 회향하옵니다

원하옵건대 염불인에게 다같이

감응하여 때에 따라 현현하옵고
임종시에 서방극락세계 경계가
눈앞에 분명하게 나타나지이다

저희들 보고 들은 것 모두 정진하여
모두 함께 서방극락국토에 왕생하고
아미타부처님 친견해 생사 벗어나서
부처님처럼 일체중생 제도하겠나이다

끝없는 번뇌를 끊으오리다
무량한 법문을 배우오리다
한없는 중생을 건지오리다
위없는 불도를 이루오리다

허공끝이 있사온들
저희서원 다하리까
유정들도 무정들도
일체종지 이루어지다

시방삼세일체불 일체보살마하살 마하반야바라밀

삼귀의

부처님께 귀의하와 바라노니 모든중생
큰이치 이해하고 위없는맘 내어지이다

법보에게 귀의하와 바라노니 모든중생
삼장속에 깊이들어 큰지혜 얻어지이다

승가에게 귀의하와 바라노니 모든중생
많은대중 통솔해 온갖장애 없어지이다
거룩하신 모든 성중에게 예경하나이다

회향게

원하옵건대 이 공덕으로
불국정토 장엄하여서
위로 사중의 은혜 갚고
아래로 삼악도의 괴로움 건너게 하옵소서
만약 견문이 있는 이는
모두 보리심을 발하여
이번 보신이 다할 때
함께 극락국토에 태어나지이다

부록1

아미타불 염불 감응록

1. 염불로 살생업을 소멸하다

나는 올해 42세이며, 호남성 잠강시 택구 사무소 팽로촌에 살고
있다. 어려서부터 병은 나의 성장을 동반하였고, 특히 근 4년은
본래부터 여위고 허약한 몸에 설상가상으로 여성질환인 자궁 이상출
혈까지 보태져 매월 한 번씩 출혈을 했다 하면 열흘 넘게 침대에
누워서 꼼짝달싹할 수 없었고, 엄청난 돈을 쓰고 수많은 의사를
찾아봤으나 좀처럼 호전되지 않았다.

이처럼 어려움에 처해 있을 때 나는 다행스럽게도 불법佛法을 만나게
되었다. 그러나 나의 어리석음과 집착으로 단지 병이 낫기만을 바랐
기 때문에 병이 오면 죽기 살기로 염불하다가 병이 나으면 다시
만사태평이었다. 가장 하지 말아야 했던 것은 집안의 생활형편을
개선하기 위해 명절 때 돼지 한 마리를 잡은 일과, 이웃집의 오리
여섯 마리가 우리 집의 채소 모종을 먹는 바람에 그 오리들을 독살한
일이다. 그래서 병세가 호전되지 않았을 뿐더러 갈수록 더욱 심해졌
다. 하는 수 없이 나는 나에게 불법을 소개해준 선생님을 찾아가서
도움을 청하였다. 선생님은 나에게 병이 생기는 것은 업력으로 인한
것이니 아미타부처님의 서원을 깊이 믿고 오로지 육자명호만 부른다
면 업을 소멸하고 병이 나을 수 있다고 했다. 그러나 나는 우매하고
무지하여 아무리 생각해도 그 뜻을 이해할 수 없었기에 최후에는
죽음을 생각했다. 왜냐하면 이렇게 시간을 길게 끌다가는 병을 치료

할 돈이 없을뿐더러 설사 치료한다 해도 낫지 않을 거라고 생각했기 때문이다. 나는 나무아미타불을 불러도 효과가 없으니 차라리 죽는 게 나을 거라고 생각했다.

올해 4월 초하루 한밤중 꿈을 꾸는데 마치 나의 양손에 부처님 한 분을 껴안고 있었고 귓가에 뚜렷한 목탁소리가 들리는 것 같았다. 나는 깜짝 놀라서 깨어났다. 목탁을 뚜드리는 것은 참회를 하라는 것인데, 자비하신 아미타부처님께서 나더러 참회하고 나더러 신심을 내어 염불하라고 일깨워주시는 것이라는 생각이 들었다. 나는 얼굴도 씻지 않고 옷도 단정히 입지 않은 채로 법당으로 달려가 꿇어앉아 대성통곡을 하며 나의 죄업이 두터워서 금생에 재난과 병이 많은 결과를 초래하였으며, 특히 내가 이미 불법을 만났음에도 계속해서 살생하였으니 정말로 너무 나빴다고 울며불며 하소연하였다. 나는 아미타부처님의 제자가 될 자격이 없다. 내가 이렇게 나쁜데도 아미타부처님께서는 여전히 나를 구제해주려 하시니 아미타부처님은 얼마나 자비로운 분이신가! 앞으로 나는 반드시 계속해서 업장을 참회하며 한결같이 오로지 아미타부처님의 명호를 부르며 일심으로 아미타부처님께 귀명하겠다고 다짐하였다.

내가 울며불며 하소연하고 있을 때, 갑자기 몸에 있던 병들이 기적처럼 완쾌된 것 같은 느낌이 들었다(마치 가위로 단번에 잘라버린 것 같았다). 나는 한 걸음도 못 걷고 누워서 일어나지도 못하고 스스로 생활할 수 없던 사람에서 이튿날 바로 밭에서 일을 할 수 있게 되었다.

이 사건은 나로 하여금 아미타부처님의 자비하신 구제는 어떠한 근기도 빠뜨리지 않고, 우리 같이 죄악이 깊은 범부들이 고통의 바다에서 벗어날 수 있도록 아미타부처님께서는 시시각각 우리를 보호하고 계신다는 것을 깊이 이해하게 되었다. 내가 이처럼 용서받지 못할 수많은 죄업을 지었음에도 아미타부처님께서는 싫어하지 않으시고 도리어 자비롭게 구제를 해주신 것이다!

2. 염불로 오리를 죽인 업을 소멸하다

내 이름은 팽초재彭楚才이고, 올해 68세이다. 젊었을 때 본업에 힘쓰지 않고 자주 물오리를 잡으러 다녔다. 내가 동정호의 중심지대에 살고 있었기 때문에 수십 년 전만 해도 여기에는 매일같이 물오리들이 먹이를 찾아 무리를 지어 호수로 날아왔다. 매번 저녁 무렵이 되면 나는 작은 배를 몰고 물오리를 찾아 나서 작은 쇠구슬로 가득 채운 엽총으로 물오리들을 겨누고 도화선에 불을 붙이면 쇠구슬들이 여러 방향으로 퍼져나가는데, 미처 도망가지 못한 오리들은 나의 총구멍 아래서 죽고 말았다. 그래서 나는 매번 가득 싣고 돌아올 수 있었다.

그런데 한번은 불행히도 엽총이 오발되어 오리를 맞히지 않고 도리어 나의 왼팔을 맞혔다. 총알은 쇄골 아래에 구멍을 내었고, 그 당시 얼마나 아팠던지 대성통곡을 하였는데, 다행히도 생명에는 지장이 없었다. 그 뒤로 나는 다시는 오리를 잡지 않았다.

2002년 10월, 나의 좌반신이 갑자기 불수가 되고 말았다.

나는 10년 전 남악南嶽에서 부처님께 절을 할 때 어느 스님께서 주신 책 한 권(십년 동안 한 번도 펼쳐본 적이 없었다)이 생각나 호기심에 그 책을 펼쳤는데, 한 페이지에 염불의 좋은 점을 설명해놓은 것을 보고서 나는 책에서 배운 대로 나무아미타불을 부르기 시작하였다. 돌이켜 생각해보면 나의 일생에 그 수많은 오리들을 죽였으니, 참으로 죄악이 극도에 달하였다!

며칠을 염불하고 나서 나는 몸이 호전되기 시작하여 불수였던 좌반신도 움직일 수 있다는 것을 느끼고 내심 몹시 기뻤으며, 이제부터 장기적으로 염불하기로 마음먹었다.

매번 종도 스님이 가족을 만나러 올 때마다 나는 그의 집에 가서 스님께 가르침을 청하여 염불의 공덕을 설명해달라고 부탁하였다.

2003년 7월 삼보에 귀의한 뒤 이상한 일이 벌어졌다. 1년 넘게 귀먹었던 오른쪽 귀에 갑자기 희미한 말소리가 들리는 것 같았다. 아침 5시만 되면 그 소리는 "염불, 염불, 아미타불, 아미타불……" 하며 재촉하였는데, 이 소리는 줄곧 아침 7시에 아침기도가 끝나야만 멈추었다. 가끔씩 날이 어두워지기 전에도 오른쪽 귀에서 나더러 염불하라고 재촉하는 소리가 있었는데, 매일 이러하니 정말로 불가사의했다.

3. 염불기를 듣고 실면증을 치유하다

1995년 말에 나는 병원에 친척 병문안을 갔다. 병실에 들어설 때 뒤에서 40대 여성 한 분이 따라 들어왔다. 옆 병실의 환자였는데, 병이 심해서 5, 60 대처럼 보였다. 두 눈에 생기가 없고 눈 주위가 온통 시커멓고 얼굴은 초췌하였다. 길을 걸을 때도 매우 느릿느릿하였으며, 말을 할 때도 기운이 없어서 다 죽어가는 사람 같았다. 그녀는 이미 꼬박 1주일 동안 잠을 못 자서 몹시 고통스럽다고 말했다.

내가 그녀에게 일러주었다. "이것은 업장입니다. 염불만 하면 업장을 소멸하고 잠을 잘 수 있습니다."

"온몸에 전혀 힘이 없는데 어떻게 염불할 수 있겠습니까?"

"좀 있다가 제가 염불기 한 대를 가져다 드릴 테니, 누워서 조용히 염불기에서 나오는 염불소리만 들으면 잠을 잘 수 있을 겁니다."

친척의 병문안을 마친 나는 곧바로 병원을 나가 염불기 한 대를 사서 이 여성에게 가져다주었다. 아울러 그녀에게 조용히 부처님 명호를 들으면서 마음속으로든 입으로든 따라서 염불할 수 있으면 따라서 부르고, 만일 그럴 수 없다면 조용히 듣기만 해도 빨리 잠들 수 있다고 일러주었다.

이튿날 오후, 내가 다시 병원에 친척을 보러 갔더니, 옆 병실의 그 여성분도 계셨는데 어제와는 전혀 딴사람 같았다. 기운도 있고 웃음도 있었으며, 어제처럼 그렇게 늙어 보이지도 않았다. 그녀는 나에게 고맙다면서 "제가 이어폰을 귀에다 끼고 조용히 염불소리를 듣고 있었는데, 어느새 잠이 들었습니다. 긴 시간을 푹 자고 일어났더니 정신도 맑고 병도 많이 나은 것 같습니다."고 말했다.

그 뒤로부터 그녀는 입원해있는 동안 매일 밤 반드시 이어폰을 끼고 조용히 염불소리를 듣고 있었고, 낮에 병상 위에 누워서도 마찬가지였으며, 수면은 이미 완전히 정상이었다.

며칠 뒤, 그녀의 병세가 빠르게 호전된 것을 발견한 의사는 그녀에게 퇴원하고 집으로 돌아가라고 하였다. 퇴원하던 날, 그녀는 나를 집으로 초청하여 법당을 설치하였다.

4. 염불로 정신병을 치유하다

장수란張樹蘭. 여, 69세, 북경시 숭문구 사람이다. 1985년 남편이 갑자기 별세하는 바람에 정신에 이상이 생겨 늘 길거리에서 구걸을 하며 집으로 돌아갈 줄 몰랐다. 어떤 사람이 그녀에게 염불을 가르치자 그녀도 따라서 부르기는 하지만 정신이 마비되어 침울하고 초조해 하였다. 때로는 법당을 뛰쳐나가 심하게 욕을 퍼붓기도 하였다. 한 번은 대중들이 염불을 하는데 잠이 들어서 법당에다 오줌을 싸기도 하였다.

1992년 가을, 그녀는 약을 먹고 자살을 시도했다가 자녀들에게 발각되어 병원에 가서 구급치료까지 받았다.

1994년 여름, 장수란은 대중들과 함께 염불하다가 갑자기 깜짝 놀라며 소리쳤다. "보세요, 부처님께서 방광하십니다! 보세요, 부처님께서 방광하십니다!" 대중들도 서로 고개를 들어 보았고, 일시에 염불소리로 떠들썩하였다.

그 뒤로 그녀는 무서운 그늘에서 벗어났으며, 진실로 아미타부처님의 대자대비를 느꼈다. 1994년 음력 12월 초파일에 그녀는 불문佛門에 귀의하였다.

나중에 그녀는 섬서성으로 와서 우리 도량에 상주해 있었으며, 더욱이 아미타부처님께서 한 사람도 버리지 않는다는 대비원력을 듣고서 염불하면 반드시 왕생한다는 것을 안 뒤로부터 사람이 완전히 바뀌었다. 적극적으로 삼보의 사업을 호지護持할뿐더러 아껴 먹고 아껴 쓰며 절을 집으로 삼았다. 환희심으로 염불하는 그녀의 염불소리를 수시로 들을 수 있었으며, 아울러 몸소 불법을 수호하느라 자신이 구제를 얻은 과정을 인연 있는 연우들에게 일러주며 대중들의 신심을 불러일으켰다.

그녀가 항상 하는 말이 있다. "오직 나무아미타불, 다만 나무아미타불, 반드시 나무아미타불, 역시 나무아미타불……"

5. 염불로 중상을 치유하다

원강시 신항향의 곽등과郭燈科는 시내에서 4번 버스를 운전하는 26세의 기사였다.

2003년 6월 13일, 그가 운전하던 차량이 다른 차량과 충돌하여 20여명이 다쳤는데, 그중 10명이 중상을 입었고, 본인은 가장 크게 다쳐 그 자리에서 바로 정신을 잃었다. 병원으로 보내 응급조치를 받고 3일이 지나서야 깨어났는데, 5만 위엔(약 200만원)을 쓰고도 고칠 수 없었다. 돈이 없어 입원을 할 수 없는 관계로 집에 돌아와 치료하였다. 9월이 되어 병세가 호전되지 않았을 뿐더러 도리어 더욱 심해져 하는 수없이 다시 병원으로 보내야만 했다.

의사도 어찌할 도리가 없어서 그의 부모에게 말했다. "당신의 아들은 머리부위를 가장 크게 다쳤습니다. 치료를 하더라도 식물인간이 될 겁니다. 그리고 그의 발도 잘라야 하는데 지난번보다 더 많은 비용이 발생합니다."

극심한 통증으로 그가 온종일 크게 소리를 지르는데 가족들도 모두 애가 타서 눈물을 흘렸다.

하루는 그의 모친 진설진陳雪珍이 우리 염불당으로 와서 울먹이며 물었다. "제가 어떡하면 아들을 구할 수 있겠습니까?" 정말이지 그녀에게 오직 아들 하나밖에 없는데 만에 하나 무슨 변고라도 있으면 노인은 어떻게 살겠는가?

그래서 내가 말했다. "병원에서 이미 진실한 상황을 당신에게 말해준 이상, 지금은 아미타부처님을 의지하여 아들을 구하는 수밖에 없습니다. 당신이 아들도 염불하도록 한다면, 아미타부처님께서 틀림없이 건강을 회복하도록 해주실 겁니다. 내일부터 우리 염불당에서 3일간 염불하겠습니다."

이튿날 그들 모자가 왔다. 나는 먼저 곽등과에게 아미타부처님께 공양 올렸던 감로수를 마시게 한 다음 대중들과 함께 염불하였다. 그날 밤 그는 서방삼성(西方三聖: 아미타불, 관세음보살, 대세지보살을 말함)이 그의 병을 치료해주는 꿈을 꾸었는데, 깨어나서부터 예전처럼 아프지 않았다. 의사가 그에게 철심을 박는데도 전혀 아프다는 말을 하지 않았다.

모자(母子) 두 사람은 갈수록 정성을 다해 염불하고 절을 했으며, 우리 염불당과 아주 가까운 곳에 방을 찾아서 세를 들어 살았다.

십여 일이 지나서 그는 천천히 걸음을 걷기 시작했다. 병원의 원장과 의사와 간호사들이 모두 그에게 물었다. "당신은 무슨 종교를 믿는데 이처럼 영험한가? 정말로 기적이네!"

6. 염불로 반신불수를 치유하다

나의 큰 언니 양숙금의 병고는 특별히 심했다. 1997년에 뇌혈전으로 반신불수와 실어증을 앓게 되었고, 작년 4월에는 큰 형부가 또 돌아가시고, 그 뒤로 또 중병으로 두 차례 구급치료를 받아야 했다.

내가 여러 번 큰 언니에게 불법을 배우라고 타일렀으나 모두 듣지 않았다. 도저히 방법이 없어서 나는 부처님 전에 간절히 기도하는 수밖에 없었다. "제 큰 언니 양숙금은 지금 중병에 시달려 목숨이 숨 쉬는 사이에 있습니다. 부처님께서 가피를 주시어 언니가 하루빨리 깨닫고 염불하며 부처님의 구제를 받아들이길 빕니다."

그 후에 내가 다시 큰 언니에게 염불을 권했더니 큰 언니는 흔쾌히 받아들였다.

얼마 후, 큰 언니의 흰 머리카락 뿌리부분에 한 치 정도의 검은 머리카락이 자라났고, 본래 밥을 먹을 때 항상 식도를 긁던 귀에서 목까지 자란 경부의 큰 종물腫物도 현재 거의 다 사라졌으니, 참으로 불가사의하다!

내가 다시 큰 언니에게 염불에 관한 이야기를 꺼내자 큰 언니가 마음속으로부터 웃는데, 나 역시도 기분이 좋았다.

큰 언니가 말했다. "난 이제 아무 것도 상관하지 않고 오로지 염불만 하여 아미타부처님께서 나를 위해 깔아주신 극락세계로 통하는 '나무 아미타불' 명호의 길만 걷겠다!"

7. 염불로 식도암을 치유하다

제일諦一 법사는 섬서성 서안 향적사 스님으로, 올해 70여세이다. 1999년 봄에 식도암을 앓고서 병원으로부터 위독하다는 통지서를 받았다.

절에 돌아온 후부터 침대에 누워 일어나기가 힘들었고, 온몸이 붓고 호흡이 곤란하였으며, 온종일 신음소리가 끊이질 않았다. 또한 혈관 경화로 인해 진통제 주사조차 맞을 수 없었으니 말로 다할 수 없을 정도로 고통이 심했다.

제일 스님은 자신에게 가망이 없다고 생각하여 보시금을 전부 사중에 반납하였다. 죽은 뒤에 자신을 위해 천도재를 지내어 원친채주怨親債主들을 천도시키고, 아울러 자신이 아귀도餓鬼道에 들어가지 않도록 건져달라는 것이었다.

평소에 참선만 하던 스님은 말수가 적은데다가 온종일 좌선만 할 뿐, 염불에 대해 전혀 믿음이 없었다. 이때 죽음이 바로 코앞인데도 염불하여 왕생을 구할 줄 모르고 빨리 죽기만을 원했다.

상정常正 스님이 그에게 염불하라고 권하자 그는 도리어 이렇게 말했다. "에이! 평소에 공부를 똑바로 못해서 주인노릇을 못하는 것을 탓해야지 지금 입으로 염불 몇 마디 한다고 되겠소? 그만해!"

상정 스님의 노파심에서 거듭된 충고 끝에 제일 스님은 그제서야 하는 둥 마는 둥 염불하기 시작했다.

상정 스님은 또 제일 스님의 요사채로 옮겨와서 밤낮으로 그를 보살펴 주었다. 밥과 물을 먹여주고 몸과 발도 씻겨주고 똥오줌도 받아내면 서 살뜰히 돌보아주었다. 더욱 중요한 것은, 상정 스님은 늘 그와 함께 염불하면서 그에게 자신을 완전히 아미타부처님께 맡기라고 격려하였다.

제일 스님은 항상 신음소리에 부처님 명호가 섞여 있었다. "아이구! 아미타불, 내가 정말이지 생고생하네! 내가 스님만 아니었으면 자살 했을 거야. 아미타불, 빨리 좀 오세요! 더 이상 고생하지 않게 해주세 요! 아이구! 아이구! 아미타불, 제발 죽게 해 주세요⋯⋯"

이렇게 3개월이 지나서 제일 스님은 오히려 천천히 낫기 시작했다. 식도암도 낫고 온몸의 부종도 사라진 것이다!

이후부터 제일 스님은 참선을 버리고 정토로 돌아와 오로지 부처님의 명호만 부르면서 사람들에게 전수염불하며 왕생발원하라고 타일렀 다.

8. 브레이크 고장 난 버스에서 살아나다

1999년 여름, 이층침대가 있는 버스가 성도에서 출발하여 영현榮縣으로 떠났다.

버스는 쾌속운전을 하는 도중에 아무런 이상 현상이 없었다. 이아산二峨山을 넘어서 잇달아 매우 긴 연속 내리막길이었다. 옛 도로로 가고 있었기에 도로사정이 나빠서 노면에 수많은 작은 구덩이들이 있었다.

갑자기 승객들은 차체가 심하게 흔들리고 있다는 것을 발견하였다. 타이어가 급속도로 노면의 작은 구덩이 속으로 굴러들어갔다가 다시 튕겨져 나와 계속해서 앞의 작은 구덩이 속으로 돌진하였고, 차의 속도도 점점 더 빨라졌다. 버스기사는 땀 범벅이가 되어 반복하여 급히 제동을 걸었다. 그러나 브레이크가 고장 난 것을 확인하고는 공포에 질려 비명을 지르듯이 우는 목소리로 크게 외쳤다. "큰일 났어요, 브레이크가 안돼요!"

버스의 속도가 너무 빠른 상황에서 기어를 저속기어로 바꿀 방법이 없는데다가 도로 옆에 또 비빌 수 있는 바위가 없었기에 그는 핸들을 꽉 잡고 아래로 돌진하는 수밖에 없었다. 죽음의 신이 곧 찾아오게 되자 차 안의 사람들은 하나하나 얼굴이 창백해졌고, 놀라서 말 한마디도 할 수 없었다.

차 안에 하옥수夏玉秀와 오숙용吳淑蓉 두 불제자가 있었는데, 그녀

둘은 아주 빠르게 염불을 하고 있었다. 특히 오숙용의 마음은 매우 침착하였다. 그녀는 자부慈父이신 아미타부처님께서 틀림없이 수수방관하지 않을 거라고 확신을 하고 있었기에 명호를 부르는데 특별히 간절하였고 또 매우 힘이 있었다.

몇 십초 뒤에 오숙용은 비록 눈을 감고 있었고, 앉아 있는 위치도 차량의 중간부분이었지만, 버스의 범퍼 앞쪽에 가로로 차 넓이보다 길고 여러 가지 빛깔이 있는 너무나 장엄한 둥근 불광佛光 한줄기가 보였다. 불광을 본 오숙용은 감동하여 눈물을 흘리면서 더욱 열심히 '나무아미타불'을 불렀다.

절망 속에서 문득 제동장치의 기능이 회복되었음을 발견한 버스기사는 기뻐하며 사람들에게 브레이크가 다시 작동한다고 말해주었다.

버스가 무사히 영현으로 돌아온 뒤에 바로 정비사를 불러 검사를 맡겼다. 버스 밑으로 들어간 정비사는 차체 뒷부분의 브레이크호스가 벌써 떨어져 나간 것을 발견하였다. 그는 아무리 생각해도 이해가 안돼서 기사에게 물었다. "이 차는 진작부터 제동장치가 없었는데 어떻게 성도에서 여기까지 운전해 오신 겁니까?"

버스기사는 분명하게 말할 수가 없었다. 오직 그녀들만 알고 있을 뿐이었다.

9. 검은 색 가위 눌림을 염불로 풀다

어릴 적에 비록 집안형편이 어렵고 가난했다고 할 수 있지만, 2학년이 되던 그해에 교통사고로 눈꺼풀을 다쳐서 다행히도 겨우 한 달 정도 앞을 못 보다가 다시 빛을 보게 된 것만 제외하면 내가 병으로 아팠던 적은 매우 드물었다. 그런데 뜻밖에도 3학년 때부터 불시에 돌발사고들이 생겨 팔다리가 부러져 수술을 받은 것 외에도 말로 다 표현할 수 없을 정도로 고통스러운 '이상증세'가 생겼다. 잠을 자려해도 잠들 수 없었고 깨어나려 해도 깰 수가 없었다. 그동안 놀라고 두려운 심적 고통과 나로 하여금 부담과 시달림을 실컷 맛보게 한 상처는 불법을 배운 이후에야 천천히 아물었다.

어떤 사람은 그것이 신경쇠약이라 말하고, 또 어떤 사람은 과다한 뇌사용 때문이라니, 대뇌에 손상을 입었다느니, 소뇌가 파괴되었다 느니…… 나의 느낌으로는 아무 것도 아니었다. 늘 반쯤 자다가 꿈에서 막 깨어나려 할 때 한참을 지나서도 깨어날 수 없었고, 꿈속에서는 마치 어두운 큰 동굴이 보이는 듯하였는데 엄청난 크기의 '블랙홀'이었다. 나는 직감적으로 한 줄기 말로 표현할 수 없는 힘이 나를 그 블랙홀 속의 큰 구멍으로 끌어들이는 것 같았다. 내 기억에 매번 자기도 모르게 거의 그 속에 떨어지려 할 때 즉각 하나의 생각이 떠올랐다. '안돼! 들어가면 안돼! 빨리 나와야 해, 빨리 가야해, 속으면 안돼……' 나는 힘써 버티면서 바깥으로 도망을 가려 했고,

있는 힘을 다해 이 검은 색 가위눌림으로부터 벗어나려 하였다. 이때 사람은 여전히 누워있었고 의식도 여전히 또렷했지만 손발을 움직일 수 없었다. 소리를 내려 해도 입을 열 수가 없었으며, 사람은 깨어났는데 눈을 뜰 수가 없었다. 잠시 신경이 전부 사라지고 사지가 마비된 것 같았다. 그러나 나는 몸을 움직일 수 없었기에 더욱 필사적으로 몸부림을 치려 하는데 정말로 너무나 괴로웠다. 나는 마치 바람이 통하지 않는 밀폐된 공간에 갇혀서 질식할 것 같았고, 몇 십년 동안 세상을 못 보고 어둡고 무서운 감옥 속에서 어떻게든 벗어나려는 다급한 심정으로 구원을 바라고 있었다. 머릿속의 혈관들은 마치 전기가 세는 전깃줄이 된 것처럼 머리 전체가 얼얼하고 열이 나는 것 같았다. 호흡을 통해 콧구멍으로 나오는 냄새는 화학약품과 같은 이상한 냄새로 가득하였다. 이렇게 1분을 1년처럼 지내면서 어떨 때는 몇 분 정도 몸부림을 쳐야만 천천히 깨어날 수 있었고, 깨어나 눈을 떠도 늘 놀라서 온몸에 식은땀이 나기 일쑤였다.

이런 병으로 인한 고통은 나이가 들수록 발병의 횟수도 늘어났는데, 특히 군대에 있을 때는 더욱 심각했다. 심지어 외출을 할 때도 비정기적으로 갑자기 총알이 머릿속에서 이리저리 부딪치고 있는 것처럼 머리가 어지럽고 눈이 아찔해져서 방향을 분간할 수 없었다. 그사이 나는 신경안정제와 같은 약물들을 적잖게 복용하였으나 아무런 효과가 없었다.

내가 불법을 배우게 된 인연은 여동생이 대학생들을 상대로 한 여름수련회를 다녀 온 뒤에 나의 바른 믿음을 일으킨 것이었다. 우연한 기회에 처음으로 대승경전인 《불설아미타경》을 접하고 난 뒤에 나는 염불을 하기 시작했다. 염불을 한 이후로 발병의 횟수가 점점 줄어들고 병이 점점 가벼워졌다는 것을 알지 못했다가 나중에서야 알아차렸다.

어느 날 밤 꿈속에서도 여전히 부처님의 명호를 쉬지 않고 부르고 있었는데, 이때 검은 그림자 다섯 개가 나타났다. 멀리서 가까이 오더니 나와 십여 미터 정도 되는 곳에서 걸음을 멈추었다. 그중의 한 사람이 입을 열었다. "그가 염불을 하고 있어서 다가갈 수가 없구나." 느낌상 그들은 거기서 몇 분 정도 서 있다가 떠난 것 같았는데, 그 당시에 나는 여전히 염불을 하고 있었다. 나는 그 다섯 그림자가 왜 왔는지를 알지 못했다.

대략 한 달 정도 지나서 그들이 다시 왔다. 그날 내가 조금 피곤했었는데 그들을 발견했을 때 그들은 여전히 다섯 명에 열 개의 손으로 나의 몸과 가슴과 목을 눌렀다. 그 당시 나는 굉장히 괴로웠고 다시 또 평소대로 얼얼하고 뜨거운 느낌이었다. 그 기세는 평소보다 더욱 사납고 맹렬했다. 이때 나도 모르게 의식 속에서 부처님의 명호가 튀어나왔고, 몇 번 부르지 않았는데도 그 다섯 개의 검은 그림자가 갑자기 뒷걸음을 치더니 어디론가 튕겨져 나갔으며 나 역시 놀라서 급히 몸을 일으켰다.

이때 나는 지난날 고통스러웠던 그런 병고들은 모두 그들이 가져온 것임을 문득 깨달았다. 그렇다면 이것이 바로 이른바 '업의 그림자'란 말인가? 그들은 빚을 받으러 온 것인가? 전생에 내가 그들에게 미안한 일을 한 게 아닐까? 맙소사! 전생에 내가 얼마나 무거운 업을 지었길래 금생에 내가 받아야할 업의 과보가 이처럼 고통스러운가? 생각을 하다 보니 어느새 눈물이 줄줄 흐르고 침대에 앉아 통곡을 금할 수 없었다. 나는 아미타부처님의 자비를 느꼈고 또 깊이 부끄러워하며 참회하였다. 그래서 그들에게 회향해주기를 발원하고 정토에 왕생하겠다는 뜻을 세웠으며, 염불정진하면서 부지런히 삼복(三福: 부모에게 효도하고 봉양하며, 스승과 어른을 받들어 섬기고, 자비로운 마음으로 살생하지 않는 것)을 닦았다. 나는 날이 밝아 올 때까지 밤새도록 생각하며 잠을 자지 않았다. 그때의 경험은 나중에 내가 불광산에서 삼보에 귀의하게 된 좋은 인연이 되었다.

그 후로 더 이상 그런 그림자가 보이지 않았을 뿐만 아니라 그때처럼 병으로 인한 고통도 나타나지 않았다. 몇 번이나 결정적인 순간에 곧 다가올 큰 재난도 염불을 통한 불력의 가피로 하나하나 모두 사라졌다. 이제 와서 그 당시 수시로 사람을 초췌하게 만들고 사람을 긴 잠을 자게 만들던 그런 나날들을 회상하면 내가 어찌 '한 바탕 병고의 시달림을 겪지 않고서 어찌 아미타부처님의 크신 서원의 깊이를 알랴'고 말하지 않을 수 있겠는가? 또 어찌 '사람 몸 받기 어려우나 지금 이미 받았고, 불법을 듣지 어려운데 지금 이미 들은 것'에 대해 다행스럽게 여기지 않을 수 있겠는가? 생각건대, 금생에 불법을 배우지 않고 염불을 하지 않으며, 보리심을 내어 믿음과 발원과 수행으로 왕생하는 길을 걷지 않는다면, 다음 생에 다시 육도윤회를 하게 되고 업에 따라 승침升沈을 하게 되는데, 어찌 두렵고 안타깝고 불쌍하지 않겠는가?

10. 염라대왕도 아미타부처님을 두려워한다 ㅣ

어느 날 밤 12시 경, 비몽사몽간이었던 황 부인은 갑자기 문을 두드리는 소리가 들리고, 또 수많은 사람들이 문을 열어달라는 소리가 들렸다.

황 부인이 큰 소리로 물었다. "누구세요?"

문 밖에 있던 사람이 대답했다. "나는 염라대왕이 파견하여 한 사람을 찾고 있다"

황 부인은 다시 큰 소리로 말했다. "우리 집은 아미타부처님을 믿는 집이어서 당신네 염라대왕과는 아무런 관계가 없으니 빨리 가세요!" 이 말을 마친 그녀는 큰소리로 "아미타불"을 부르기 시작했다. 황 부인이 잠깐 염불을 멈추고 다시 자세히 들어보니 바깥에는 이미 아무런 움직임이 없었다. 그녀가 문을 열어 보니 한 무리의 사람들이 큰 도로를 향해 걸어가는 게 보였다. 그중에 북과 징을 치는 사람도 있었고 깃발과 팻말을 들고 있는 사람도 있었으며, 맨 마지막 사람은 녹색 도포를 입고 네 명이 드는 큰 가마에 앉아 큰 걸음으로 걸어갔다. 황부인은 이때 더욱 필사적으로 "아미타불"을 불렀다. 잠에서 깨어나 보니 한바탕 헛된 꿈이었는데 입에서 여전히 "아미타불"을 부르고 있었다.

알고 보니 황 부인의 옆집에서 살고 있던 두 모녀 중에, 딸이 올해 18살밖에 안 되었는데 목 사이에 대략 비둘기알 크기 만한 혹이 생겨 병원에서 수술로 제거해야 했다. 그래서 모녀 둘이서 함께 태중시의 모 병원으로 갔는데 불행히도 수술한 뒤에 죽은 것이었다. 이 날이 바로 황 부인이 꿈속에서 "아미타불"을 불러 저승사자들을 쫓아버린 뒤 셋째 날이었다. 황 부인은 그 아가씨가 너무나 안타깝다며 사전에 그들 모녀가 병원에 입원하여 수술을 할 줄 몰랐는데, 만일 그녀가 알았다면 그들이 가지 못하도록 말렸을 것이라 말했다. 3일 전에 황 부인이 그들 모녀에게 "염라대왕이 저승사자를 보내 여기서 사람을 찾고 있다"는 꿈을 말해주지 못했던 것은 이 꿈이 거짓인지 진실인지를 모르는 상황에서 말을 꺼냈다가 사람들이 요사스러운 말로 사람들을 미혹시킨다고 말할까봐 두려웠기 때문에 감히 그들에게 주의하라고 일깨워주지 못했던 것이다. 안타깝게도 그들은 부처님을 믿지 않았고 또 염불하여 원결怨結을 풀 줄도 몰랐다.

일단 무상(無常: 죽음)이 닥쳐오면 부처님의 명호를 부르는 데 확신이 없는 사람은 염라대왕의 지배를 받아 어쩔 수 없이 그들을 따라갈 수밖에 없다. 우리 모두 생각해 보라! 염불하는 사람은 육방六方의 한량없는 항하의 모래 숫자만큼 많은 부처님들께서 이 사람을 보호해 주시는데 모든 귀신들과 염라대왕이 어떻게 감히 염불하는 사람에게 접근할 수 있겠는가? 이렇게 말한다면 염불하는 사람은 죽지 않는단 말인가? 그렇지는 않다. 염불하는 사람이 만일 수명이 다할 때가 되면, 오직 서방삼성西方三聖만이 염불소리를 찾아 오셔서 우리를 영접하여 불국토에 왕생하게 되며, 일생에 불과를 성취하여 영원히 다시는 육도에 떨어져 윤회의 고통을 받지 않게 된다.

11. 염라대왕도 아미타부처님을 두려워한다 Ⅱ

사람의 질병은 대부분 업보와 연관이 있다. 업보가 다 하기 전에 만일 하루 빨리 병이 낫기를 바란다면 불력의 보호를 구할 수밖에 없다. 세상에는 국내외의 명의들도 치료할 수 없는 위중한 병들을 불보살님께 기도함으로써 완치된 사례들이 많이 있다. 예컨대 최근에 소련악邵聯萼 군 역시 염불을 통해 구제를 받았다.

소 군은 항주 사람으로 19살 때 상해에서 중병을 앓게 되었다. 보륭병원에서 치료를 받게 되었는데 의사가 진단을 해보더니 그에게 이 병은 희망이 없다고 말했다.

병원에 입원한지 7일째 되던 날 밤에 소 군은 갑자기 우두 귀신과 마두 귀신 등의 저승사자들이 흔들거리며 곧장 그의 침상을 향해 달려오는 것이 보였다. 이때 병실 안의 전등 빛은 매우 밝았고, 그의 정신도 아주 또렷했다. 그는 이 귀신들이 자신을 잡으러 온 것이고, 자신은 곧 죽게 된다는 것을 알았기에 용기를 내어 몸을 일으켜 앉았다. 그 후에 다시 한 번 생각해 보니 귀신이 있다면 틀림없이 불보살님들도 계실 거라는 생각이 들었다. 그래서 '나무아미타불' 여섯 자가 생각나서 큰 소리로 염불하기 시작했다.

그가 염불을 시작하자 수많은 귀신들이 갑자기 놀라하며 몇 발자국 뒤로 물러나면서 감히 그의 몸 근처에 접근하지 못하는 것이었다. 소 군은 이 여섯 자에 불가사의한 효력이 있어서 귀신들의 습격도 물리칠 수 있다는 생각이 들어 성심성의껏 끊임없이 염불하였다. 귀신들이 그를 잡지 못하자 나중에 염라대왕이 직접 나타났다. 염라대왕은 녹색 도포를 입고 머리에는 왕관을 쓰고 있었다. 그러나 그 역시도 부처님의 명호에 가로막혀 가까이 다가오질 못하였다.

부처님의 가피가 이처럼 위대하다는 것을 본 소 군은 더욱 용기를 내어 큰 소리로 염불하였다. 병원의 의사들은 그의 염불소리가 다른 환자들에게 지장을 준다면서 염불을 그만두라고 말렸다. 하지만 소 군이 이 생사의 절박한 고비에서 어찌 멈추려 하겠는가! 나중에 의사들도 할 수 없이 그를 다른 병실로 옮겼다. 소군은 여전히 계속해서 염불하였다. 이렇게 거의 5일 정도 지났는데 갑자기 알갱이 같은 하나의 금색 광명이 유성처럼 그의 앞으로 떨어지면서 위로부터 아래로, 차츰차츰 커지더니 순식간에 온 대지를 환하게 비추었다. 그 광명 속에 한 분의 황금색 부처님이 허공 중에 우뚝 서 계셨는데, 부처님의 발 아래에는 금색 구름 한 송이가 있었고, 부처님의 몸에서는 더욱 광명을 발하고 있었다. 부처님은 왼손에 염주를 들고 오른손은 손가락을 모아 가슴 앞에 두고서 소 군을 향해 미소를 짓고 계셨다. 자비로운 얼굴에는 기쁨으로 가득하였고 표정은 더 없이 친근해 보였다. 알고 보니 바로 아미타부처님이셨다! 이때 그 귀신 무리들은 어느새 전부 사라졌고, 잠시 후에 부처님도 몸을 감추었다.

소 군은 아미타부처님의 강림을 친견하였기에 더욱 흥분하였다. 병으로 인한 고통도 이미 사라져 이튿날 바로 퇴원하였으니, 몸도 가뿐하고 건강하여 이미 정상적인 상태로 다 회복되었다.

12. 아미타불을 부르자 원귀가 침범하지 못하다

사천성의 석현진釋顯眞은 자字가 서귀西歸이다. 재가자였을 때 현장縣長을 역임하며 수많은 도적 떼들은 죽였었다. 그는 출가한지 얼마 안 되어 영파寧波의 자계慈谿 오뢰사五磊寺에 머물렀다.

매일 밤 꿈속에 피와 살이 낭자하고 흉포하게 분노하는 수많은 도적

때들이 총기를 들고 그에게 원수를 갚으러 오는 게 보였다. 그래서 크게 두려워하며 용맹심을 발하여 밤낮으로 쉬지 않고 아미타불을 전념하였더니 꿈속에서도 염불할 수 있었다. 꿈속에서 도적 떼를 만나면 바로 부처님 명호로써 교화하였다. 이로부터 꿈속의 도적 떼는 차츰차츰 온순해지기 시작했고, 몇 개월 후에 다시는 보이지 않았다.

13. 필사적으로 염불하자 귀신들이 사라지다

북통주北通州의 왕철산王鐵珊은 청나라 때 광서성의 지방장관(藩台)을 지냈다. 그때 광서성에 도적 떼가 매우 많아 병비도(兵備道: 청나라 벼슬 이름)를 지내던 그는 계략을 꾸며 그 무리들을 철저히 토벌하면서 수많은 사람들을 죽였다.

4년 전 중병에 걸려 눈만 감으면 어두컴컴한 방 속에 있는 게 보였다. 그 방은 매우 크고도 어두웠는데, 무수한 귀신들이 몰려와 괴롭히는 바람에 깜짝 놀라서 깨어났다. 한참 지나 다시 눈을 감았더니 그 경계가 여전하여 또다시 놀라서 깨어났다. 이렇게 3일 밤낮을 눈을 감지 못하고 간신히 숨만 쉬고 있는 상태였다.

그래서 그의 부인이 타일렀다. "당신이 이런데 어떡하면 좋아요? '나무아미타불'을 부르세요, 염불하면 나을 거예요" 이 말을 들은 왕철산은 필사적으로 염불하였다. 머지않아 곧 잠에 들었다. 드디어 실컷 잠을 자게 되었고 아무런 경계도 나타나지 않았으며, 병 역시 차츰차츰 나았다. 그래서 오랫동안 채식을 하면서 염불하였다.

왕철산이 지난해 진석주陳錫周와 함께 산에 와서 직접 나(인광대사를 말함)에게 해준 말이다.

14. 내 수명이 51세까지라니…

40여년 전 나는 영험하다는 사주쟁이에게 내 사주를 본 적이 있었는데, 내 수명이 51세까지라고 하였다. 나는 본래 인생의 고난과 끝없는 육도윤회에 대해 앞날이 막막하여 속수무책이라 여겨왔는데, 이때 근본적으로 문제를 해결할 수 있는 묘법을 찾게 되었다. 그것은 바로 일심으로 염불하며 정토왕생을 구하는 것이었다. 그 후로 나는 매일 염불을 하였기 때문에 수명이 51세까지라는 예언에 대해 별로 신경 쓰지 않았다.

1950년 나는 큰 국영기업에 들어가 일을 하게 되었다. 그 당시 나는 일하고 공부하고 운동하느라 비교적 바빴지만 여전히 남몰래 염불을 하였다.

1971년, 내가 51세가 되던 해였다. 운동하다가 다쳐서 몸 상태가 좋지 않았던 나는 심장 박동수가 높게는 100까지 올라갔고 치질로 인한 대량의 출혈도 있었다. 그러나 운동과 공부로 바빴기 때문에 병원에 치료받으러 갈수도 없는 상황이었다.

그해 4월 3일 밤은 내가 평생 잊지 못할 밤이었다. 그날 밤 잠을 잘 무렵에 평소 습관대로 침대에서 합장하고 묵묵히 '나무아미타불' 성호聖號를 불렀다. 갑자기 심장이 매우 빠른 속도로 뛰면서 마치 몸 밖으로 튀어나올 것만 같았고 가슴부위도 숨이 막힐 듯한 답답함을 느꼈다. 본래 기숙사의 전등이 켜져 있었는데 갑자기 칠흑같이 어두워지더니 내 앞에 10미터 정도 되는 곳에서 귀신의 그림자가 흔들거리며 이리저리 왔다 갔다 하는 것이었다.

그때 어디서 나온 힘인지 모르겠지만 나는 조금도 두려워하지 않고 오직 염불만 계속하였다. 대략 2분 후 눈앞이 온통 밝게 빛나는 금색광명으로 바뀌었는데, 그 당시 장엄한 광경은 정말로 형용하기 어려웠다.

이때 본래 칠흑같이 어둡고 이리저리 마구 왔다 갔다 하던 귀신의 그림자들이 종적을 감추었다. 내 오른쪽 위편으로부터 또 온몸이 금색으로 빛나는 아미타부처님께서 오른 손을 아래로 드리운 장엄한 모습이 보였다. 나는 예배를 올리지 않고 여전히 합장한 채로 염불하였다. 염불소리에 따라 심장 박동수는 차츰차츰 정상으로 되돌아왔다. 내가 비몽사몽간이었을 때 내 자신이 여전히 합장한 채로 부처님의 명호를 중얼거리고 있었고 기숙사의 전등도 여전히 밝게 빛나고 있는 것이 보였다.

정말로 불가사의한 것은 다음날 본래 치질로 인해 대량으로 출혈하던 것이 이때 뜻밖에 아무 약을 쓰지 않고도 멈추었고, 심박수도 분당 80회 정도로 감소되었다는 사실이다. 나의 이번 재난이 마침내 부처님의 자비하신 가피로 벗어나게 된 것이었다.

그 전까지만 해도 나는 단순하게 일심으로 염불하는 것은 단지 사후에 극락세계에 왕생하기 위한 것인 줄로만 여겼지 부처님의 대자대비는 매우 세밀하고 두루 미친다는 것을 몰랐었다. 일심으로 염불하는 사람의 삶에서 큰 재난이나 병고를 당하게 되면 아미타부처님께서는 그 소리를 듣고 감응하여 가피를 주시어 재난에서 벗어나게 해주실 것이다. 이로써 유추해보건대, 염불하는 사람이 정토왕생을 원한다면 당연히 부처님의 영접을 받아 극락세계에 왕생할 수 있을 것이다. 이는 인광대사께서 "염불법문은 만 명이 닦으면 만 명이 다 왕생하여, 만에 하나도 빠뜨리지 않는다."고 법문하신 것과 같아서 나는 지금 더욱 깊이 믿어 의심치 않는다.

15. 염불하자 정수리에 원광圓光이 나타나다

내가 29살(1937)이었을 때, 나의 아내 원신遠信과 함께 적성산赤城山에서 살고 있었는데, 그때 원신의 나이가 25세였다.

어느 날 아침, 하산하기 위해 들판 사이를 걷던 그녀는 길을 따라 일심으로 염불하였다. 이때 태양이 막 산 위로 올라와 아침 햇살이 대지를 두루 비추고 있었다. 우연히 자신의 그림자를 보게 된 그녀는 정수리 위에 둘레가 어깨넓이와 가지런하고 크기는 대략 직경이 두 자 남짓한 원형의 빛이 있다는 것을 발견하였다. 거기서 발산된 찬란한 빛은 뭐라 형용할 수 없을 만큼 미묘하였는데, 불상 뒤편의 원광을 닮았다. 이상하다는 생각이 들었지만 그녀는 여전히 계속 걸으면서 염불하였다. 그리고 수시로 자신의 그림자를 살펴보니, 이 원광은 여전히 환하게 빛나고 있었다. 이것이 염불을 통해 얻은 현상이라는 것을 깨달은 그녀가 시험 삼아 염불을 멈추고서 세속의 잡다한 일을 생각하는 동시에 다시 그림자를 보니 원광이 사라진 것이었다.

따라서 염불은 우리들이 본래 갖고 있는 광명을 가장 잘 나타내고 업장의 어두움을 가장 잘 소멸할 수 있다는 것을 알 수 있다.

16. 염불하던 노파에게 기이한 서응이 나타나다

원나라 지순至順 경오庚午인 1330년, 절서浙西 지방에 해마다 기근이
들었다. 항주성杭州城에는 굶어죽은 사람들의 시신들이 마구 겹쳐
쓰러져 있었다. 지방관리가 말단관리에게 명하여 사람들을 시켜
시신을 들어서 육화탑 뒷산에 있는 큰 구덩이에 버리도록 하였다.

그런데 한 노파의 시신이 열흘이 넘도록 부패되지 않고 매일 수많은
시신 위에 누워있는 것이었다. 사람들이 이상하게 여겨 노파의 몸을
뒤져보니 품속에 작은 주머니가 있는데, 그 속에 '아미타불을 부르는
그림(念阿彌陀佛圖)' 세 폭이 들어 있었다.

이 일을 들은 관리는 노파를 위해 관을 사서 거두어주었다. 화장을
하자 연기와 불꽃 속에서 불보살의 상이 나타났고 환하게 빛이 났다.
이로 인해 염불하기로 발심한 이가 매우 많았다고 한다.

17. 안면 신경마비에서 벗어난 싱가포르 퇴직 경찰

저의 법명은 정락淨樂이며, 퇴직을 한 싱가포르 경찰이고 올해 63세입

니다. 제가 불법을 배우고 염불을 하기 시작한 것은 마흔 살 때였습니다. 마흔 살 이전의 저는 불법에 대해 완전히 믿지 않았다고 말할 수 있습니다. 예전의 제 성격과 생활로 봐서는 제가 불법을 배울 거라는 것을 그 누구도 믿지 못했을 겁니다.

마흔 살이 되던 해의 어느 날, 의사선생님은 저에게 이하선耳下腺 종양이 생겼다는 진단을 내렸는데, 이 소식은 저에게 엄청난 충격이었습니다. 저는 건강한 몸을 영구적으로 소유할 수 있을 거라고 생각하였기에, 이제까지 자신이 이 병에 걸릴 줄은 꿈에도 생각지 못했던 것이었지요.

그러나 행운인 것은 이 종양이 (악성이 아닌) 양성陽性이라는 것이었습니다. 하지만 종양 제거를 하고 난 후에, 뜻밖의 후유증이 생겼는데, 왼쪽 눈의 흰 자위에 물이 차면서 물집이 생겨 눈알이 에이는 듯이 아팠습니다. 비록 의사선생님의 지시를 따라 눈약도 넣고 진통제도 복용하였지만 효과가 모두 크지 않았고 여전히 매우 아팠기에, 언젠간 이로 인해 실명하게 될까봐 매우 걱정되었습니다.

그 당시 절제수술을 하고 난 뒤에, 왼쪽 얼굴의 안면신경이 수술의 방해를 받아 마비 상태에 빠져 안면 전체가 상당히 무섭게 변형되었고, 게다가 눈의 통증을 참기가 어려웠는데, 이때서야 비로소 인생이 참으로 괴롭다는 것을 느끼게 되었습니다. 따라서 아미타부처님의 구원을 바라는 마음은 대단히 간절했습니다.

마땅히 저의 불연佛緣이 무르익었다고 말해야 할 겁니다. 바로 이때 제가 노스님 한 분을 만나게 되었는데, 노스님께서 저의 상태를 보시고는 이렇게 말씀하셨습니다.

"자네가 나무아미타불만 부른다면 아미타불께서 틀림없이 자네를 구조하러 오실 테니, 분명히 아무 일도 없을 거야."

그 당시 저는 불법에 대해 별로 아는 게 없었지만 노스님께서 이렇게 분명하게 말씀하시는 것을 보고, 또 눈이 너무 아파서 별다른 방법도 없었기 때문에 저는 필사적으로 이 한 구절 '나무아미타불'에게 구원을 요청할 수밖에 없었습니다.

그렇게 해서 두 달 동안의 병가 중에 꼬박 계속해서 40여일 간 '나무아미타불'을 불렀습니다. 그렇게 45일 정도 되었을 때 어느 날 꿈을 꾸었습니다. 꿈속에서 저는 고향에 있는 고무나무원에 돌아왔는데, 숲속으로 걸어 들어갔더니 노파 한 분과 그 옆에 키가 매우 크고 건장해 보이는 남자 두 분이 보였습니다. 그 노파께서 저를 보시더니 이렇게 말씀하셨습니다. "자네의 눈 속에 거미줄이 있어!" 그러고는 눈 깜짝할 사이에 갑자기 손가락으로 제 눈을 찌르더니 그 속에서 아주 긴 거미줄을 뽑아내는 것이었습니다. 이렇게 저는 깜짝 놀라서 깨어났습니다. 꿈에서 깨어난 후에 저는 마음속으로 은근히 기뻤습니다. '이것은 분명히 염불이 가져다준 감응일 거야. 꿈속의 그 세 분은 서방삼성이 아닐까?' 이로 인해 저는 신심이 크게 증장되어 계속해서 염불을 하였습니다.

대략 또 닷새 동안 염불을 하였는데, 50만 번 부처님 명호를 불렀더니,

저의 눈병은 약을 먹지 않고도 완치되었으며, 얼굴이 변하는 현상 역시 50일 후에 사라졌습니다. 줄곧 지금까지 60살이 넘었지만 눈은 모두 정상입니다. 그때부터 저는 염불을 시작하여 여태 중단한 적이 없었지요.

주변의 친구들은 늘 이것저것 닦으면서 수많은 법문을 배웠으나 저는 한 번도 참여한 적이 없었습니다. 지금까지 저는 항상 한 구절 나무아미타불만 불렀으며 다른 도량에는 다니지 않았습니다. 그러나 그 한 차례의 눈병은 저로 하여금 한 구절 '나무아미타불'만 부르면 충분하다는 것을 굳게 믿도록 만들었습니다.

18. 염불로 비인암을 치유하다

나는 염라대왕의 문전에서 다시 돌아온 사람이다. 2007년 몸에 불편함을 느낀 나는 4월 달에 무한武漢에 있는 동제병원에서 검진을 받았는데, 비인암鼻咽癌 말기라는 확진을 받았다.

당시 나는 44세밖에 안 되었기에 살고자하는 욕망이 아주 강렬하였다. 수명을 연장하기 위해 전 재산을 털어 동제병원에서 8개월 동안 입원치료를 받았다. 약물치료와 방사선치료를 받으면서 각종 치료로 인한 고통을 받았는데, 비용은 약 2천 만원에 달하였다.

나중에 의사선생님은 사실대로 말할 수밖에 없었다. "일반 환자들은 3, 4개의 치료 코스를 받을 수밖에 없는데, 당신은 완강하게 7개의 치료 코스를 받았으니, 저희들은 더 이상 치료받지 않기를 건의합니다. 첫째는 당신의 가정이 부유하지 않아서 이처럼 높은 의료비용을 지불하기란 당신들에게 있어서 굉장히 힘든 일입니다. 둘째는 설사 아무리 치료한다 하더라도 길어봤자 반년에서 일 년밖에 살 수 없습니다."

어쩔 수 없이 집으로 돌아온 나는 죽음을 기다릴 수밖에 없었다. 질병과 치료 후의 각종 반응들은 나를 아주 고통스럽게 하였다. 다리에 힘이 없어서 길을 걸으려면 지팡이를 의지해야 했고, 눈은 기본적으로 사물을 볼 수 없었으며, 청력聽力도 잃고 말았다. 그래서 마음속으로 이렇게 죽지 못해 살 바에는 차라리 죽어버린다면 자녀들에게 부담을 덜어줄 수 있을 거라는 생각이 들어 자살을 생각하였다.

자살하기 전에 나는 죽은 뒤에 쓸 돈이 없을까봐 두려워 자신에게 많은 지전紙錢을 태워주었다.

나는 독한 마음을 먹고서 단숨에 쥐약 다섯 봉지를 삼켰다. 약의 분량이 적어 죽지 않을까봐 걱정되었기 때문이었는데, 결국은 여전히 며칠을 고생하고 나서 죽지 않았다. 며칠 동안 조금 회복한 나는 다시 남몰래 집에 있는 식칼을 들고 왼쪽 손목을 향해 두 번 세게 내리쳤다. 하지만 다시 가족들에게 제때에 발견되어 병원에 실려가 여섯 근의 피를 수혈하고 나서 살아났다.

2010년 6월 달에 퇴원하여 집에 돌아와 있는데, 호췌령이라는 친구가 나를 보러 왔다. 그녀는 나를 타이르며 말했다.

"네가 이렇게 고통스러운데, 차라리 나와 함께 염불을 해보는 게 좋겠어. 네가 성심성의껏 염불만 하면 아미타불께서 틀림없이 너의 병을 고쳐줄 거야, 왜냐하면 아미타불은 위없는 의왕醫王이시거든. 그리고 만에 하나 죽는다 하더라도 아미타불의 서방극락세계에 가면 되잖아. 그렇지 않고선 지옥에 갈 수 밖에 없을 거야."

그 당시에 나는 믿는 둥 마는 둥 어쩔 수 없이 불가능한 일에 최선을 다해보겠다는 심정으로 염불을 받아들였다.

뜻밖에 염불을 시작한 뒤에 정말로 기적이 나타났다. 몸은 날마다 가벼워지고 정신 상태는 날마다 좋아졌다. 반년 뒤에 병으로 인한 고통은 기본적으로 사라졌고 두 다리도 힘이 생겨 걸을 수 있었으며, 눈과 귀도 모두 차츰차츰 정상적인 기능을 회복하였다.

2011년 7월, 나는 또다시 무한의 동제병원에 가서 재검진을 받았는데, 결론은 몸 상태가 양호하다는 것이었다. 나는 또 일부러 당시의 주치의였던 우 교수를 찾아갔었는데, 우 교수는 내가 아직 살아있을 뿐만 아니라 암도 나았음을 보고는 놀라하며 물었다. "기적입니다. 당신은 어떻게 나았습니까?"

내가 말했다. "저는 염불을 하고 있습니다."

내 말을 듣고 난 우 교수는 기뻐서 머리를 끄덕이며 말했다. "염불? 염불이 좋아요! 우리 무한에도 많은 사람들이 염불을 하고 있습니다."

나는 의학적으로 사형을 선고 받고 틀림없이 죽었어야 하는 사람이었는데, 지금 건강하게 살고 있는 것은 아미타불께서 나에게 두 번째 생명을 주셨기 때문이다. 만약에 염불을 하지 않았다면 나는 벌써 지옥에 갔을 것이다.

19. 어느 백혈병 환자의 염불

역화향易和香은 광동성 자원현 사람이며, 2011년 11월에 불행하게도 백혈병을 앓게 되었습니다. 나중에 어떤 인연으로 불법을 만나게 되어 한편으로 치료를 하면서 한편으로 염불을 하였습니다. 2014년 12월에 재검사를 한 결과 완전히 정상으로 돌아왔습니다.

저는 아미타불께서 저의 생명을 구제해주신 것에 대해 매우 기뻐하고 매우 감은하고 있으며, 저의 체험을 보신 분들께서 하루 빨리 나무아미타불을 부르기를 간절히 바라고 있습니다.

제가 병이 걸리기 한 달 전부터 잠을 자다가 한밤중이 되면 항상 어렴풋이 어떤 소리가 들렸는데, 제가 남편한테 들어보라고 하였으나 그는 아무런 소리도 들리지 않는다고 말했습니다. 그때 제가 식당 주방에서 일을 하면서 매일 많은 닭·오리·토끼·생선들을 죽여야 했는데, 지금에 와서 다시 생각해보면 아마도 한밤중에 들었던 소리가 바로 그 중생들 영혼의 고함소리였을 겁니다.

처음 병에 걸렸을 때 마음이 몹시 우울하여 인생에 이미 아무런 의미를 느끼지 못하였고 어떻게 살아갈지 막막하였습니다. 한 달 뒤의 어느 날, 저는 17년 동안 얼굴을 못 본 친구의 전화를 받았는데 그 친구의 이름은 역효무易孝武였습니다. 그는 저의 병에 대해 물으면서 결연히 나의 은행계좌번호를 달라고 하더니 당일 날에 바로 600위엔(약 10만원 정도)을 보내주었습니다. 그리고 또 며칠마다 전화를 해서 나의 몸 상태에 대해 묻곤 하였습니다.

이주 뒤에 효무는 나에게 염불을 건의하였습니다. 처음에 제가 부처님에 대해 잘 몰랐기 때문에 그는 매일 최소한 열 몇 통의 문자를 보내주고 몇 번씩 전화하여 나에게 염불의 이익에 대해 설명해 주었습니다. 며칠 뒤에 저는 부처님에 대해 점점 흥미가 생겨 염불하기 시작했습니다.

매번 병원에서 항암치료를 받을 때마다 먼저 허리디스크 검사를 받아야 했는데, 이때마다 살을 에는 듯한 통증이 있었지만 제가 묵묵히 '나무아미타불'을 부르기만 하면 통증을 느끼지 못했습니다. 항암치료를 받을 때도 저는 '나무아미타불'을 불렀는데 여태껏 항암치료로 인한 불편한 반응이 나타나지 않았으며, 다른 환우들처럼 항암치료만 하면 매스껍고 구토하며 온몸이 무기력하여 음식을 먹을 수 없는 등의 현상이 없었습니다. 염불은 참으로 불가사의합니다! 저의 환우들은 모두 호기심이 생겨 저에게 어떤 비결이 있냐고 물었는데 그때마다 저는 그들에게 자주 '**나무아미타불**'을 불렀기 때문이라고 일러주었습니다. 한동안 지나서 정성껏 염불하던 환우들의 병세는 모두 차도가 있었습니다.

저와 같은 병실을 사용하던 환우는 여덟 살 된 어린 여자 아이였는데 병이 매우 위중하여 암세포가 이미 온몸에 확산되었습니다. 병마에게 시달리고 있던 여자 아이는 몹시 가련하여 계속 "엄마, 아파……"라며 소리를 질렀습니다. 그녀의 어머니는 속수무책으로 아이를 안고 울기만 하였습니다. 제가 아이한테 염불을 하라고 타일렀는데, 처음에 아이의 가장이 반신반의하다가 나중에 절에 가서 스님께 여쭤보니 스님도 그들에게 염불하라고 건의하였답니다. 그래서 아이의 가족 모두가 함께 정성껏 예불하고 염불하였으며, 또 시장에 가서 숱한 동물들을 사서 방생하였으며 가족 모두가 채식하겠다고 발심하였습니다. 그 뒤로 여자 애의 전신의 통증이 줄어들었습니다.

여자 애는 하루 종일 염불하였는데 한 달이 안 되어서 여자애가 엄마에게 말했습니다. "아미타불께서 저를 극락세계로 데려가러 오실 겁니다." 며칠 뒤에 아미타불께서 여자애를 데려갔습니다. 아이 어머니의 말씀에 의하면 딸이 죽었을 때 머리 부분이 뜨끈뜨끈하였고 그녀의 모습은 본래 모습보다 더 보기 좋았다고 하였습니다. 그 뒤로 아이의 가족 모두가 채식과 염불을 견지하였습니다.

제가 이 얘기를 할머니께 해드렸더니 할머니도 염불을 하였으며 게다가 수십 년이나 된 류머티즘도 호전되었습니다. 저는 매일매일 염불을 견지하였습니다. 한편으로 염불하면서 한편으로 일을 하는데 조금도 힘들다는 느낌이 들지 않았습니다. 부처님의 명호를 들으면서 염불을 하는 저의 마음은 언제나 안정되고 기쁩니다.

염불은 참으로 허공법계의 중생들로 하여금 풍성한 이익을 얻게 해줍니다. 우리가 염불만 하면 부처님의 광명이 우리의 몸에 비치어 우리의 몸과 마음이 건강하고 지혜롭고 선량하고 자비로운 사람으로 바뀌게 해줍니다.

20. 말기암을 염불로 치유하다

황춘매. 여, 41세, 요녕遼寧 부신阜新 사람이다. 2014년 1월 13일에 부신2병원에서 폐선암 말기 진단을 받은 그녀는 차마 믿을 수가 없었다. 4월 11일, 다시 북경에 있는 종양병원에 갔으나 여전히 폐선암 말기라는 확진을 받았으며, 게다가 3개월밖에 살 수 없다는 통보를 받게 되었다.

느닷없이 들이닥친 액운은 그녀로 하여금 모든 기대가 물거품처럼 사라지고 완전히 절망하게 만들었다. 애들은 아직 고등학교를 다니고 있고, 부모님은 이 소식을 듣고 나서 마음이 찢어지듯 슬퍼하였다. 이때 어떤 불자가 그녀에게 일러주었다. "시험 삼아 염불당에 한번 가보세요." 이제껏 아무런 신앙이 없었던 그녀는 삶에 대한 한 가닥 희망을 품고서 염불당으로 들어갔다.

염불당의 왕 선생님으로부터 불법에 대해 간략한 설명을 듣고 난 그녀는 바로 대중을 따라 염불하면서 교리를 배우기 시작하였다. 그녀는 아미타불이 대자부大慈父이시고, 자신은 부처님의 자식이기에 아미타불께서 절대 자신을 그대로 내버려두지 않는다는 것을 깊이 믿었으며, 이러한 마음가짐으로 매일 즐겁게 염불하고 열심히 법문도 들었다. 이상하게도 그녀의 몸에는 아무런 불편한 증상들이 나타나지 않았다.

그녀가 막 염불을 시작한지 얼마 안 되어서였다. 어느 날 점심시간에 잠깐 잠을 자고 있었는데, 비몽사몽간에 아주 높고도 큰 사람이 그녀의 침대 앞에 서서 이렇게 말하는 것이었다. "사실 당신의 수명은 이미 다 되었다. 그러나 당신이 염불을 하기 때문에 수명이 연장될 터이니, 염불을 잘 하시오!" 이 말이 마치고는 바로 사라져 버렸다.

2014년 5월 15일, 그녀가 부신2병원에 가서 다시 검사를 했더니, 뜻밖에도 결과는 정상에 가까웠다. 눈앞에 있는 말기 암 환자를 바라보던 의사선생은 몹시 놀라며 이런 일은 어떻게 해석할 방법이 없다면서 연거푸 물었다.

"당신이 환자인가요? 당신에게 어떤 신앙이 있지 않나요?"

그녀가 대답하였다. "제가 환자입니다. 저는 부처님을 믿습니다."

그렇게 해서 그녀는 바람이 불든 비가 내리든 하루도 빠짐없이 매일 전병차電瓶車를 타고 염불당에 가서 함께 염불수행을 하였는데, 아무도 그녀가 환자인지를 눈치 채지 못했다. 사람들이 도시와 마을에 있는 각 염불지점을 방문하여 소감을 교류할 때마다 그녀도 적극적으로 참가하였다.

9월 달에 그녀가 다시 병원을 찾아서 검사를 하였더니, 불가사의하게도 모든 수치가 완전히 정상으로 회복된 것이었다. 의사로부터 3개월의 수명밖에 남지 않았다는 통보를 받았던 그녀가 4개월 남짓 염불하고 나서 기적처럼 건강을 되찾은 것이었다.

부처님의 은혜에 감사한 마음을 품고서 병원에 들어간 그녀는 다른 환자들에게 자신이 어떻게 해서 병이 나았는지를 설명하고 또 환자들에게 염불을 가르쳐 주었다. 매번 병원에 들어갈 때마다 그녀를 본 간호사와 의사들은 말한다. "저 분은 불교를 믿는 사람이야!" 그리고 또 일부 암환자들이 전화로 연결하여 어떤 비방이 있냐고 물을 때마다 그녀는 그분들에게 아미타불에 대해 말씀드리면서 부처님을 믿고 염불하라고 일러주었으며, 자신의 체험담을 가지고 아미타불의 불가사의한 구제에 대해 간곡하게 설명 드렸다. 지금은 상당히 많은 환자들이 염불을 하고 있으며, 그녀의 많은 친인척들과 친구들도 이미 염불하고 있다.

21. 염불하여 몸소 극락을 경험하다

저희 오빠이신 허등희許登熹는 대만 까오슝에 살았으며, 생년은 민국 31년(1942)이고, 민국94년(2005)년 음력 6월 5일에 왕생하셨으니, 세수로는 64세였습니다. 오빠는 평생 동안 불법을 배운 적도 염불을 해본적도 없어서 불교에 대해 아무런 지식도 없는 사람이라 할 수 있습니다. 그러나 왕생 전에 하신 간단한 몇 마디 말씀은 저로 하여금 굉장히 놀랍고 온몸의 털이 쭈삣쭈삣 서게 할 정도였으며, 동시에 저로 하여금 '염불하면 반드시 왕생한다.'는 이치에 대해 결정적인 확신을 갖게 되었습니다.

오빠가 간암을 앓고 나서 왕생하기 약 보름 전에, 저는 매우 걱정되어 간절하게 그에게 '**나무아미타불**'을 많이 부르시고 전심으로 아미타불의 가피와 구제에 의지하시라고 권해드렸습니다. 기타의 도리는 자신이 아는 바가 별로 많지 않기도 하고, 또 오빠가 믿지 않을까봐 두렵기도 해서 특별히 언급하지 않았습니다.

그 뒤로 매번 만날 때마다 그가 염불을 하고 있는 것 같은 모습을 볼 수가 없었고 정진은 더욱 말할 것도 없었습니다. 그래서 저는 항상 걱정되어 오빠에게 물었습니다.

"염불하고 있나요?"

"하고 있어! 아미타불!"

매번 오빠는 이렇게 답했습니다.

왕생을 하기 하루 전날 아침에, 오빠의 병이 악화되면서 약간의 고통스런 모습을 보이다가 바로 정신을 잃고 응급실에 실려 갔습니다. 그러다가 다음날 아침, 병원에서 갑자기 깨어났는데, 오후에 제가 다시 그를 보러 갔을 때, 여전히 걱정되어 또 다시 "염불은 하고 있어요?" 라고 묻자 그는 여전히 "하고 있어! 아미타불!"라며 답했습니다. 그러면서 또 이렇게 말하는 것이었습니다.

"극락세계의 땅은 모두 황금이야!"

오빠의 이 말은 저를 깜짝 놀라게 하였습니다. 왜냐하면 오빠는 평생 불법을 배운 적도 없고 정토 교리에 대해 들어본 적도 없었기 때문에 극락세계의 갖가지 장엄에 대해 모르고 있을 텐데 어떻게 이런 말을 할 수 있겠습니까? 설마 부처님께서 이미 그를 데리고 극락세계에 갔었단 말인가? 증명을 하기 위해 제가 물었지요.

"오빠가 봤어요?"

그런데 뜻밖에도 오빠는 곤혹스런 표정으로 반문을 하는 것이었습니다. "그럼 넌 못 봤단 말이냐?"

이 한마디 반문은 저의 마음을 더욱 뒤흔들어 놨습니다. 오빠의 생각에는 제가 삼보에 귀의하고 채식도 하고 불법을 배우고 염불도 하고 도량에 가서 법문도 듣고 법회에 참석을 한지도 이미 몇 년은 됐는데, 며칠 밖에 염불을 하지 않는 그도 볼 수 있는 것을 설마 제가 못 봤겠냐는 것이었습니다. 그가 반문하는 표정과 말투에는 이러한 의미가 포함되어 있었습니다.

옆에 있던 올케가 물었습니다.

"정말요? 그럼 왜 하나라도 가져오셔서 저에게 주지 않았어요?"

이에 오빠는 낭랑하고도 힘찬 목소리로 대답했습니다.

"당신이 극락세계만 가면 뭐가 필요하면 뭐가 있어!"

마지막 이 말은 천둥번개가 머리를 치는 것처럼 온몸의 털이 쭈뼛쭈뼛 서게 했습니다. 이로써 오빠가 이미 극락을 다녀왔다는 것을 확신할 수 있었습니다. 그렇지 않고선 이 몇 마디 말씀을 절대 할 수 없으니까 요. 하지만 오빠가 이 말을 할 때는 아주 자연스럽고 아주 평범하며 아주 긍정적이었습니다. 오빠가 불법에 대해 아무것도 모르고 단지 병이 위독하여 염불을 한 것뿐임에도 불구하고 임종 시에 극락을 친견할 수 있었던 것은 저로 하여금 놀랍고 기쁘기도 하면서 또 부끄럽게 하기까지 했습니다. 그날 저녁 무렵, 오빠가 다시 혼미상태 에 빠지게 되었는데, 이미 임종이 다가왔으므로 곧바로 집으로 모셔 왔으며, 밤 열시에 숨이 끊어져 극락왕생을 했습니다.

오빠에게 염불을 권하고 나서 그가 왕생할 때까지의 시간은 단지 짧은 보름에 불과했습니다. 그의 염불도 생각나면 하고 생각나지 않으면 하지 않는 정도였습니다. 하루에 숫자 또는 시간을 정해놓고 염불정진을 한 것도 아닌데도 이렇게 여전히 극락왕생할 수 있었습니

다. 이로써 어떤 사람도 다만 왕생을 원하는 마음을 갖고 각자의
근기와 인연에 따라 염불만 한다면 모두 극락왕생을 할 수 있음이
증명된 것입니다. 선도대사님께서 말씀하셨듯이 "중생들이 칭념하
면 반드시 왕생할 수 있다." 저희 오빠가 바로 이 법어에 대한 믿음을
증명하신 분이었습니다.

22. 극락에 왕생한 어느 거사

곽아장郭亞章 거사는 어릴 때부터 농사일에 힘쓰면서 살아왔다. 세상
을 떠나기 3년 전부터는 농사를 그만두고 양어장만 경영하였다.
그는 위장이 나빠서 자주 고생했는데, 금년 들어 몸이 더욱 쇠약해졌
다. 병원에 가서 진찰해보니 위암 말기로 판명되었다. 8월에는 병세
가 더욱 악화되었다.

배가 산처럼 부풀어 오르고, 통증 때문에 고통이 심해서 2시간마다
진통제를 맞았다. 병고에 시달리다보니 성미도 호랑이 같이 사납게
변했다. 그런데 그는 자꾸 바다 괴물이 보인다고 말하여 두려움에
떨었다.

그의 아내조차도 문 앞에 원귀들이 머리를 기웃기웃 들이미는 모습을

자주 보았다. 그러던 중 다행히 염불수행을 열심히 하는 스님을 뵙게 되었다. 스님은 고통과 두려움에 떠는 그에게 아미타불 염불을 권했다.

하늘이 준 수명이 아직 다하지 않았으면 조속히 회복할 것이고, 만약 명이 다했다면 아미타부처님의 영접을 받으며 극락정토에 왕생할 것이라고 하였다. 이 말을 들은 곽 거사는 매우 기뻐하며, 염주를 돌리며 전심으로 아미타불 명호를 부르기 시작했다. 가족들도 모두 그를 도와서 조념염불을 했다. 염불을 시작한 뒤 암으로 인한 통증이 많이 줄어들어서 진통제 주사도 하루에 2번으로 줄어들었다. 그리고 물고기 형상을 한 바다 괴물들의 모습이 더 이상 보이지 않게 되었고 마음도 많이 안정되었다. 닷새 정도 지나고 나서는 침대에서 가볍게 내려와 식사를 하기도 하였다. 그의 방 한 쪽 벽에는 세 분의 불보살상을 모시고 있었는데 극락세계를 위호하시는 아미타불, 관세음보살, 대세지보살의 상이었다.

그런데 그 세 불보살상이 빛을 발하는 것을 보고는 자신이 인간세계를 떠날 때가 다가온 것을 알았다.

그는 침대에서 꿇어 앉아 합장 자세를 취했는데, 일생 동안 한 번도 이런 자세를 한 적이 없었다. 합장한 채 염불을 하는 그의 얼굴에는 점차 편안한 미소가 번졌다. 그렇게 평안하게 극락정토에 왕생한 것이다. 숨을 거둔 지 8시간 정도 지나고 나서 몸의 온기가 식었지만 머리 위 백회에는 따뜻한 온기가 남아 있었다. 불룩하게 부풀어

올랐던 배도 쑥 들어갔다. 염을 하기 위해서 목욕시키고 옷을 갈아입힐 때 온몸의 관절이 부드럽게 움직였다.

얼굴은 마치 살아있는 듯하였다. 이런 상서祥瑞를 보이는 것은 곽 거사가 극락정토에 왕생했다는 증거다. 장례를 치르고 한 달이 지났을 무렵 온 가족들의 꿈속에 그가 나타났다. 평안하기 그지없는 모습으로 가족을 만나러 온 그의 뒤에 서방 극락세계를 위호하시는 세 불보살님이 계셨다.

23. 원혼들과 함께 왕생한 어느 스님

보길普吉 스님은 대만 출신의 비구니스님이다. 이 스님은 출가하기 전 속가에 있을 때 나쁜 말로 남 욕하기를 좋아하여 많은 사람들과 악연을 맺었다. 나중에 신죽新竹 청초호靑草湖의 영은사靈隱寺로 출가하여 스님이 되었다. 그런데 어느 날 갑자기 두 눈을 모두 실명하여 장님이 되었다. 70여 세가 되었을 때 다시 병이 들었는데, 온몸이 퉁퉁 부어올랐다. 그래서 무상無上 선사가 폐관수행하고 있던 금강동으로 찾아가 울며 하소연하였다.

"금방이라도 죽을 것 같습니다. 저를 고해에서 구제해주십시오,

제발 부탁드립니다."

무상 선사가 부탁을 듣고 보길 스님의 거처에 와보니 소변을 누고
치우지도 못하여 매우 더럽고 악취가 말도 못할 정도로 심했다.

보길 스님이 울면서 말했다. 10여 명의 원귀怨鬼가 밤낮으로 자기를
때리는데 너무나 고통스럽다고 했다. 심지어 그 원귀들의 이름까지
말하며 구제해주기를 간청했다. 보길 스님에게 속가 남동생의 부인이
병문안을 와 있었다. 무상 선사가 그녀에게 물었다.

"당신의 시누이 되는 저 스님이 부르는 원귀들의 이름을 아십니까."

"모두 스님이 출가 전에 해친 사람들의 이름입니다. 그 사람들이
원혼이 되어 나타나 스님을 때려서 온몸이 부어오르고 살이 터져
피가 흐르는 것도 무리가 아닙니다."

그래서 무상 선사는 보길 스님을 위해 방을 청소하고 침대 한 가운데
구멍을 내고 그 아래에 통을 놓아 대소변을 받을 수 있게 하였다.
보길 스님은 여전히 고통스럽게 울고 짖으며 몸부림치다가 그 구멍
속으로 머리를 집어넣고 했다. 이를 지켜보던 무상 스님이 간곡함
음성으로 말했다.

"스님이 직접 아미타부처님을 염하며 서방극락정토 왕생을 구하여야
비로소 이고득락離苦得樂할 수 있습니다."

"눈앞이 캄캄해서 염불을 할 수가 없습니다."

"그러면 내가 하는 염불을 따라서 하십시오."

그렇게 염불을 시작했는데 한 시간 가량 지나자 보길 스님이 갑자기 기쁨에 찬 얼굴로 말했다.

"지금 제 앞에 밝은 광명이 보입니다. 나를 때리며 괴롭히던 그 10여 명의 원귀들이 저쪽에 서서 웃고 있습니다."

그때 그 원혼들이 보길 스님의 몸을 빌어서 말했다.

"무상 스님의 자비에 감사드립니다. 지은 죄업이 막대한 저 앞 못 보는 노인네가 뜻밖에 저희들을 고통에서 구제해주었습니다."

이 말을 듣고 무상 스님이 말했다.

"원한은 풀어야 되지 맺으면 안 됩니다. 당신들도 함께 따라서 아미타불을 염하십시오. 그러면 죄업이 있더라도 극락정토에 왕생하여 비로소 생사의 큰 고통에서 벗어날 수 있습니다."

그리고 보길스님에게도 경건한 마음으로 따라서 함께 염불하게 하였다. 다시 한 시간 남짓 염불을 계속하였다.

"지금 온 천지에 광명이 가득합니다. 저 구름 위에 흰 옷을 입은 성스러운 분들이 우리들을 영접해서 서방극락세계로 갑니다."

보길 스님은 이렇게 말하며 합장한 채 입가에 미소를 머금고 평안하게 왕생하였다. 부풀어 올랐던 스님의 몸도 원래대로 되돌아오고 조금도 나쁜 냄새가 나지 않는 상서가 보였다.

24. 선 채로 왕생한 왕일휴 거사

왕일휴王日休 거사는 용서龍舒 사람인데 품행이 단정하여 젊어서 국학
國學에 임명되었다. 그러나 문득 "서방정토에 귀의하는 것이 최고
제일이로다." 하고 탄식하였다. 이때부터 베옷에 채소밥을 먹으며
매일 천배千拜 하는 것을 일과로 삼았다.

어떤 사람이 말하기를,

"그대는 이미 마음이 순일純一한데 더 고행을 할 것까지야 없지 않습니
까?"

하니 이렇게 대답하였다.

"경經에 말하기를, 적은 복덕을 닦은 인연으로는 정토에 왕생할
수 없다 하였으니 한마음으로 고행하지 않는다면 어찌 왕생한다고
보장할 수 있겠소?"

왕 거사는 집에 있을 때에도 매우 엄격하게 계율을 지켰으며 앉아서는
반드시 좌선을 하고 누울 때는 의관을 흐트러뜨리지 않았다. 얼굴과

눈에서는 빛이 났으므로 보는 사람들은 그를 도인이라고 믿었다. 그가 세상을 떠나려 할 때 두루 친지들과 작별하면서 염불수행을 힘써 닦으라고 부탁하였다. 밤이 되자 소리를 가다듬어 부처님의 명호를 부르다가, "부처님께서 나를 맞으러 오신다!"고 외치며 우뚝 선 채로 세상을 떠났다.

25. 어리석은 사람도 왕생하다

청나라 왕치두王癡頭는 직례直隸사람이다. 성품이 너무나 어리석어 부모를 여의고 끼니조차 해결하기 어려웠으며, 고단할 때는 다 쓰러져가는 움막집에 누워 생계를 꾸려나갈 방법이 없었다. 사람들이 그에게 돈을 주면 그 돈의 액수조차 분별하지 못했다.

이를 불쌍히 여긴 진 도인陳道人이 자신의 제자로 받아들여 매일매일 바닥을 쓸고 땔감을 주워오게 하였다. 저녁기도는 부처님명호 수백 번을 부르면서 향 한 자루 다 탈 때까지를 기한으로 하였다. 왕치두는 염불을 하면서 운율을 맞추지 못하고 매번 꾸벅꾸벅 졸고 있었는데, 그때마다 진 도인은 긴 막대기로 때리면서 말했다.

"너는 이처럼 어리석으면서도 부지런히 정진할 줄 모르느냐?"

이렇게 3년이 지난 어느 날 저녁, "하하" 하고 크게 웃는 것이었다. 진 도인이 또 때리려 하자 왕치두가 말했다.

"오늘은 저를 때릴 수 없습니다."

그 이유를 묻자 이렇게 답하였다.

"스승님은 18년 동안을 덧없이 앉아 계시기만 하셨으니, 수행방법을 모르시는 것입니다. 만약 저처럼 성실하게 예배하고 염불하였다면 벌써 극락왕생하여 부처님을 친견하셨을 것입니다."

진도인은 이상하게 여겼으나 무슨 말인지 알 수가 없었다. 이튿날이 되자 왕치두는 가파른 낭떠러지에 올라 서방을 향해 합장한 채로 왕생하였다. 다비를 하니 사리 2과果가 나왔다.

26. 극락의 삼성을 본 대행大行스님

당나라 대행 스님은 태산泰山에 살면서 3년 동안 보현참법普賢懺法을 닦아 보살이 현신하는 것을 감응하였다.

늙어서 대장각大藏閣에 들어가 발원하고 아미타경을 얻어 밤낮으로 독송하였다. 21일이 되는 날 극락정토의 보배유리의 땅 위에 부처님과 두 보살이 현신하는 것을 보았다. 희종황제僖宗皇帝가 그 사실을 듣고 궐내로 불러 상정진보살常精進菩薩이라는 이름을 내렸다.

1년 후 보배유리의 땅이 다시 나타나더니 그날 운명하였다. 기이한 향기가 보름 동안 흩어지지 않았고 육신도 썩지 않았다.

27. 고원顧源거사

중국 명나라 때의 고원은 금릉金陵 사람으로 자호는 보당거사寶幢居士이다.

어려서부터 시를 지을 줄 알았고 초서를 잘 썼다. 중년에는 한결같이 극락정토에 뜻을 두었다. 나중에 경미한 병이 들어 승속간의 도우道友를 모으고 열 번의 아미타불을 염불하고는 사람들에게 "나는 반드시 극락정토에 왕생할 것이다."라고 말하였다.

누가 "무엇 때문입니까?"하고 물으니, "나는 아미타불의 몸이 허공에 가득하고 세계는 금색인데, 부처님이 가사로 나를 덮어 주시니 나의 몸이 이미 연화에 앉아 있는 것을 보았다."고 말하였다.

그때 온 대중이 연꽃의 향기를 맡을 수 있었다. 아들들이 슬피 울기를 그치지 않으니 거사가 "너희들은 내가 어느 곳으로 간다고 생각하고 있으나, 어느 곳이나 곧 이곳이다. 이곳에 만약 분명하면 어느 곳인들 확실하지 않겠느냐." 하고 말했다. 그리고는 사람들을 물리치며 "여러 말 하지 마라. 내 마음이 어지럽다. 공중에서 부처님이 나를 맞이하신다. 삼고(三鼓: 밤 12시쯤)에는 가련다." 하였다.

그 시각이 되자 평안히 웃음을 머금고 갔다.

28. 꿈에 부처님을 친견하고 왕생한 형가螢珂거사

송나라의 형가 거사는 잡천의 요산에서 불법을 배웠던 자였으나 술과 고기를 가리지 않았다. 어느 날 홀연히 파계로 인하여 악도惡道에 떨어질 것을 두려워하여 함께 사는 자에게 부탁하여 계주戒珠 선사가 펴낸 「왕생전」을 구해 읽었다.

한 분 한 분의 전기를 읽을 때마다 머리를 끄덕거렸다. 그런 후에 방안에 서쪽을 향해 선상禪牀을 놓고 음식을 끊어가면서 염불에 전념하였다.

3일째 되는 날 꿈에 부처님이 "너는 10년을 더 살 수 있다. 우선 염불에 힘써야 한다."하셨다. 그러자 형가 거사는 "설사 백년을

산다고 해도 이 세계는 탁악濁惡하여 정명正命을 잃기 쉽습니다. 원하
는 바는 하루빨리 극락정토에 왕생하여 여러 성인들을 모시고 싶습니
다." 하고 아뢰었다.

부처님께서 "너의 뜻이 그러하다면 3일 후에 반드시 너를 맞이하리
라" 하셨다.

그날이 되어 여러 사람에게 아미타경을 독송하게 하고는 "부처님과
대중들이 모두 여기에 오셨다."하고서 조용히 갔다.

29. 정정안鄭淨安

중국 원元나라 정정안은 전당錢塘 사람으로 염불하는 날을 헛되이
보낸 적이 없었다. 병을 앓다가 공중에서 "네가 갈 날은 정해져
있다. 태만하지 말라." 하는 소리를 들었고 또한 부처님 몸인 금색을
보기도 하였다. 그리고는 즉시 자리를 떨치고 일어나 서쪽을 향하여
단정히 앉아 그의 출가한 아들인 의수義修 스님을 불러 아미타경을
읽게 하고는 문득 운명했다.

그의 딸의 꿈에 나타나 이르길 "나는 이미 극락정토에 태어났다.
의수 스님에게도 알려라." 하였다.

30. 풍씨馮氏 부인

중국 송宋나라 광평군廣平郡의 부인 풍씨는 어려서부터 병치레가 잦았다. 자수慈受 심심深 선사로부터 "재계염불齋戒念佛 하라"는 가르침을 받고는 깊이 믿고 힘써 행하여 10년 동안 게을리 하지 않았다.

어느 날 갑자기 세상을 싫어하여 사람들이 괴이쩍게 여기니 "청정한 세계에서 잘못되어 이곳에 왔다. 사바의 인연이 다하면 서방으로 돌아갈 것이다. 무엇이 괴이한가." 하였다.

임종에 기절했다가 다시 소생하여 가족들에게 말하길, "나는 이미 극락정토에 왕생했다. 부처님의 세계를 보니 화엄경이나 관무량수경에서 말씀하신 것과 조금도 다르지 않았다." 하고는 영원히 갔다.

3일 후에 시신을 들어 옮기니 생시와 같았고 기이한 향기가 진동하였다.

31. 조행문趙行汶

중국 청나라 조행문趙行汶 거사는 어려서 부모를 잃고 작은 아버지

슬하에서 어렵게 자랐다. 작은 아버지 집안이 가난하여 여섯 살 때부터 일을 해야 했으며, 숙모한테는 갖은 서러움을 당하였다. 학문에 뜻을 두었으나 집안 형편 때문에 감히 엄두를 내지 못하였다.

스무 살이 될 때까지 밥을 배불리 먹어 본 적이 없었다. 품성은 착하고 너그러워서 불쌍한 사람을 보면 그냥 지나치지 못하고 어떻게든 도와주려 애썼다.

28살 때 점포의 점원으로 취직이 되어 조금이나마 돈을 벌게 되었지만, 생활이 어렵고 궁핍하기는 마찬가지였다.

당시 중국은 영국군이 쳐들어오고 태평천국운동이 일어나는 등 나라는 그야말로 대혼란의 시대였다. 굶주린 사람들이 사람을 죽여서 먹는가 하면 부잣집과 고관들의 집이 수시로 약탈당하였고 관리들의 부패와 학정은 극에 달하였다.

조행문 거사는 이러한 세상에서 살고픈 생각이 들지 않을뿐더러 결혼하겠다는 뜻도 접었다. 대신 아무런 연고도 없는 먼 지방에 가서 막노동을 하면서 생계를 유지하였다. 10여년을 갖은 고생을 하면서 돈을 모아 그 돈으로 어려운 사람들을 도왔다.

어느 날 모처럼 집에 있는데, 탁발을 하던 어떤 스님이 조거사를 보더니 혀를 차면서 불쌍히 여기는 표정을 지어 보였다. 조 거사가 그 연유를 묻자, 그 스님이 "당신을 보아 하니 많은 풍파를 겪었소 그려. 하지만 앞으로도 10년은 더 고생을 해야 할 상相이오." 그러면서 "전생에 닦아 놓은 공덕이 거의 없어 그러는 것이오. 그런데 3생生 전에는 높은 벼슬살이도 하였고, 공덕도 제법 쌓아 놓은 걸 보니 말년에는 좋은 일이 있을 것이오. 마지막으로 일러둘게 있소. 틈날 때마다 부처님 이름을 부르시오. 이왕이면 나무아미타불이 좋겠소. 그러면 필경 감응感應이 있을 것이오. 그대가 심성이 착하여 남을 도와주길 애쓰니 하늘이 그대를 돕는 거라오." 하였다.

조 거사는 그 스님의 말씀을 뼈에 새기고 어려운 사람들을 도와 가면서 염불을 하기 시작했다. 하지만 다른 사람의 모함으로 관청에 끌려가 매질을 당하기도 하였고, 산길을 걷다가 굴러 떨어지는 돌에 깔려 다리를 크게 다치기도 하는 등 고통은 그를 끊임없이 괴롭혔다.

그 와중에서도 그는 부처님 명호를 입에서 놓지 않았고, 그의 나이 62세가 되던 어느 날, 그는 자기가 죽을 날짜를 명확히 알게 되었다. 게다가 호법신장들이 자기를 따라다니면서 보호하고 있다는 것을 알았다. 그를 보는 사람마다 그한테서 향기가 난다고 하였으며, 얼굴에는 알 수 없는 빛이 서려 있다고도 하였다. 그런 말을 들을 때마다 더욱 열심히 부처님 이름을 불렀다.

임종이 다가오자 그는 모든 미련을 버린 채, 오직 부처님 이름만 불렀다. 그리고 사람들한테도 부처님 이름을 늘 부를 것을 권하였다. 저 멀리서 부처님과 수많은 보살님들과 성중들이 자기를 맞이하러 오는 광경이 보였다. 옆에서 수발을 들던 사람들에게 이 사실을 말하고는 온화한 표정을 지은 채 조용히 떠났다.

32. 유배 중에 참회 후 염불 왕생한 이현李炫

중국 당나라 때의 관리였던 이현李炫은 권세가 집안에서 자라나 28세 때 과거시험에 7등으로 합격한 수재였다. 집안이 벌족閥族이라 그 권세가 대단하였고, 역시 명문가인 팽彭씨 가문의 딸을 아내로 맞이하였으며, 벼슬길도 탄탄대로를 걸어 그를 부러워하지 않는 사람이 없을 정도였다.

하지만 자존심이 강하였고 성정性情이 잔인한 데가 있었다. 그리고 아랫사람들한테 모질게 굴어, 자기 성에 차지 않으면 거친 말과 욕설을 내뱉었으며, 한번 자기 눈에 밉보인 사람은 끝까지 용서하는 법이 없었기에 그와 원한을 맺은 사람들이 많았다.

당시는 측천무후 여 황제가 권세를 잡고 있을 때였다. 어진 선비들을 많이 죽여 악명이 높았던 황제를 죽이려는 역모 사건이 유난히 많았는데, 그 당시 역모를 꾀하다가 잡힌 무리들이 대거 잡힌 적이 있었다. 그 일당 중의 한 사람이 이현의 이름을 끌어대면서 이현의 집안은 그야말로 풍전등화의 위기를 맞이하게 되었다. 당시 이현은 병부시랑兵府侍郞이라는 요직에 있었는데, 결국 이 일로 파직이 되었음은 물론 집안이 풍비박산이 나면서 유배를 가게 되었다. 이현을 모함한 사람은 과거에 아무것도 아닌 일로 이현에게 모진 매를 맞은 적이 있었다.

유배지에서 어느 날 잠을 자고 있는데, 꿈속에서 어렴풋이 어렸을 때 겪었던 일이 떠올랐다. 이현이 7살 때인가 집에 어느 비구스님이 탁발을 하러 온 일이 있었다. 옥골선풍玉骨仙風의 모습을 한 스님은 대문 앞에서 염불을 하면서 목탁을 치고 있었다. 마당에서 이 모습을 본 이현은 그 스님에게 다가가 갑자기 욕설을 퍼부으면서 스님을 쫓아내 버렸다. 그것이 전부였다. 그 일이 왜 지금 떠오른 것일까?

이현은 계속 그 꿈을 떠올리면서 필시 무슨 곡절이 있겠거니 하였다. 훗날 이현의 어머니께서 유배 간 자식을 위해 절에서 하루도 빠짐없이 기도를 올리고 있다는 것을 알았다.

아무튼 그 꿈을 계기로 이현은 과거의 일들을 떠올리면서 자신의 죄를 들여다보기 시작하였다. 때로는 통곡을 하기도 하였고, 때로는 자기 때문에 괴롭힘을 당한 사람들을 위해 절을 하기도 하였다. 참회를 하면서 그 스님처럼 나무아미타불 염불을 하게 되었는데, 13년 후 해배(解配: 유배형이 끝남)가 된 후에도 여전히 염불을 놓지 않았다.

말년에 폐에 물이 차는 병에 걸려 고통을 겪게 되었지만, 이것이 모두 자신이 지은 죄악 때문이라고 여기고는 개의치 않았다.

어느 날 가족들에게 "나는 염불을 해온 까닭으로 곧 정토에 날 것이다. 그리 알고 내가 죽거든 울지 말고 염불해다오." 하고는 부처님 이름을 조용히 부르면서 숨을 거두었다. 방안에 기이한 향기가 진동하였고, 얼굴빛은 살아 있을 때처럼 온화하였다.

33. 20년 간 매일 1만번 염불한 손량孫良

송宋의 손량은 전당錢塘사람이다. 세상 밖으로 나가지 않았으며 대장경을 열람하였는데, 특히 화엄경의 종지宗旨를 얻어 일생 거처하는 곳마다 지송하기를 그치지 않았다. 뒤에 대지大智 율사에게 보살계를 받았고, 매일같이 나무아미타불 염송을 만 번이나 하였는데, 이것이 거의 20년이나 되었다.

하루는 집안사람들에게 명하여 스님을 초청해 염불하게 하였고, 반 식경쯤 지나자 허공을 보며 합장하고 말하였다. "여러 부처님들께서 이미 강림하셨다." 하고는 그대로 숨을 거두었다.

34. 법화경을 염송하고 왕생한 범엄范嚴

송宋의 범엄은 항상 채식을 하였고 세상의 인연에 담박하였다.

"나는 본래 잠시 머무는 나그네일 뿐이다." 하고는 매일 법화경을 염송하였고, 또 직접 한 부를 사경寫經하여 아름답게 장식하였다. 어느 날 홀연히 여섯 어금니를 가진 흰 코끼리를 탄 보현보살께서 나타나 금색 광명을 놓으며 말하였다.

"그대가 일찍이 법화경을 염송하고 아미타불을 불러 정토에 왕생하게 되었기에 이렇게 알려 주러 왔노라."

하룻밤 지나 여러 성중聖衆이 손을 내미는 모습을 보고는 자리에 앉아 합장하고 서거하였다.

35. 관음 염불로 풍랑에서 살아난 복만수伏萬壽

송宋의 복만수는 평창 사람이다. 문제文帝 때인 서기 442년 광릉에 있으면서 위부참군衛府參軍이 되었는데, 휴가를 청해 주州로 돌아오게 되었다.

새벽에 강을 건너기 시작할 때에는 긴 파도에 물살도 잔잔했는데, 중간쯤 오자 바람이 화살처럼 불어 닥쳤다. 이때 칠흑같이 캄캄하기까지 해서 어느 방향으로 가야 할지를 몰랐다. 복만수는 오직 일심으로 관세음보살에게 목숨을 맡기고 입으로 염불을 끊임없이 했다. 그러자 같이 배에 탔던 사람들이 동시에 북쪽 언덕에 있는 불빛을 보게 되었는데, 그 모습이 마치 마을에서 나오는 불빛 같았다. 배를 돌려 그곳을 향해 나아가 아침이 오기 전에 닿을 수 있었다. 그

언덕에 사는 사람들에게 누가 불을 피웠는지를 물어보자 다들 불을 피운 집이 전혀 없었다고 대답하였다. 그때서야 부처님의 위신력이었다는 것을 알아차렸다.

36. 아들로 태어난 아버지의 원수

대만에 부모님과 아들 내외가 화목하게 사는 집안이 있었다. 이 가정은 대대로 부처님을 독실하게 믿었으며 육식을 하지 않고 오신채까지도 먹지 않았다.

가족들은 모두 건강하였고 재산도 넉넉하였으며 집안에는 웃음소리가 끊이질 않았다. 아들 내외가 혼인한 지 2년이 채 안 되어 손자가 태어났는데, 손자가 얼마나 예쁘고 건강한지 주변 사람들이 다 부러워하였다.

아들은 대만 최고 대학인 국립 타이완대학교를 우수한 성적으로 졸업하여 대만에 있던 외국계 회사에 특채되었고, 아내 역시 대만의 명문대학교인 국립 성공대학교成功大學校를 졸업한 후 대만은행에 발탁되어 은행원으로 일하고 있는 재원才媛이었다.

그런데 호사다마好事多魔라고 했던가. 영원히 행복할 줄만 알았던 그 집안에 불행이 들이닥쳤다. 무탈했던 손자가 갑자기 죽은 것이었다. 병명은 급성 패혈증!

손도 써보지도 못하고 병원에 입원한 지 3일 만에 갑자기 죽은 손자… 그 집안은 이제 정상이 아니었다. 식음을 전폐하고 사흘 내내 곡소리가 떠나지 않았으며 다들 실성한 사람들처럼 보였다. 집안 분위기는 사형장처럼 무겁게 가라앉았으며 곧 귀신이라도 나올 듯 황량하고 을씨년스러웠다.

도대체 이 일을 어떻게 이해해야 할 것인가. 부처님을 독실하게 믿어 온 집안에 이런 횡액이 왜 생기는 것인가. 집안사람들은 도저히 이해가 되질 않았다. 뿐만 아니라 주변 사람들까지도 그들을 이상한 눈초리로 바라보았으며, 일부는 부처님을 비방하면서 불교는 미신이라는 말까지 하곤 했다.

그러던 차에 그 집안의 먼 친척 되시는 분께서 신통한 능력을 갖춘 스님이 계시는데 그 스님에게 한 번 찾아가 보자는 말을 꺼냈다. 그래서 아이의 부모 되는 부부가 날을 잡아 그 스님을 방문하였다.

그 스님은 청정한 비구승으로서 오랫동안 수행을 해온 탓에 오신통五神通을 얻으신 분이었다. 그 스님은 부부 내외가 올 것이라는 것을 이미 알고 계신 듯하였다.

부부가 스님 앞에서 삼배를 정성스럽게 올리는 동안 그 스님은 얼굴에 미소를 띠고 계셨다. 부부는 앉자마자 그동안의 자초지정을 말씀드리고는 스님의 답변을 기다렸다.

스님은 웃기만 하시더니, "참 잘된 일입니다." 하였다.

"잘 되다니요?"

"당신네 아이가 죽지 않았습니까? 그게 참 잘된 일입니다."

"스님, 우리 아이가 죽은 것이 잘된 일이란 말씀입니까?"

"그렇습니다."

"어째서입니까?" 남편은 얼굴에 노기를 띠며 스님을 쳐다보았다.

"당신의 아버님은 젊으셨을 때 무슨 일을 하셨습니까?"

"우리 아버지는 장사를 하셨습니다. 처음엔 일이 잘 안 풀려 고생을 좀 하셨지만, 곧 잘 풀려 돈을 많이 버셨습니다. 그게 이 일과 연관이 있습니까?"

"그렇습니다."

"아버님으로부터 다른 말씀은 못 들으셨습니까?"

"예. 들은 것이 없습니다. 우리 아버지는 성격이 너그럽고 온순하신데다 남을 돕는 일에 적극적이셨습니다. 주변 사람들도 다 아버지를 존경하셨고요."

"당신 아버지께서는 젊었을 적에 친구 분과 동업을 하셨습니다. 수익이 나면 무조건 절반씩 나누기로 약속을 하고 말입니다. 사업이 초기에는 잘 안 됐지만, 곧 술술 풀리기 시작했지요. 그러자 버는 돈도 빠르게 늘어만 갔습니다. 웬만한 사람은 만져볼 수도 없는 돈을 단기간 내에 벌었으니까요. 그런데 이때 당신 아버님에게 흑심이 생겼습니다. '친구가 없으면 이 많은 돈을 내가 독차지 있을 텐데…' 하는 마음 말입니다. 그래서 결국 친구 분을 죽이기로 결심합니다. 아무도 모르게 말이지요. 친구 분은 그야말로 철저히 믿었던 친구한테 배신을 당한 셈이지요. 친구 분이 죽어갈 때 당신 아버님을 많이 증오하였습니다. 그리고는 '내가 네 손자로 태어나 너한테 복수를 할 것이다.'라는 저주를 가슴에 묻고 절명했습니다. 그 친구 분이 바로 당신의 아들로 태어난 것입니다."

"도저히 믿기가 어렵군요. 저희 아버지가 그런 분이라니…"

"집에 돌아가시면 아버님께 물어보시기 바랍니다. 다만, 아버님한테 화를 내시거나 해를 가하거나 증오하시는 일 등은 삼가시기 바랍니다. 이것이 다 인연소생이자 인과응보입니다. 머나먼 전생에까지 눈을 돌려보면 인과因果 아닌 것이 없습니다. 이렇게만 말씀드리지요."

"그런데 궁금합니다. 하필 제 아들이 왜 죽은 것입니까? 잘못은 아버지가 하셨는데 왜 제 아들이 죽은 것입니까?"

"아버님 친구 분은 당신 아들로 태어나 줄곧 복수하기만을 기다리고 있었습니다. 하지만 당신 집안이 부처님을 독실하게 믿고 있었고,

게다가 채식을 하였으며, 틈나는 대로 염불수행을 하였기 때문에 복수할 틈을 얻지 못했던 것이지요. 만약 당신 집안이 부처님을 믿지도 않고 육식을 즐기며 염불도 하지 않았더라면, 당신 아이는 무럭무럭 자라서 나이 16살이 되었을 때 집안에 큰 풍파를 몰고 왔을 것입니다. 집안에 피바람이 일고 재산은 전부 탕진하며 형제들 끼리 서로 죽이고 저주하는 등 큰 사단이 일어났을 겁니다. 다행히 당신 집안 사람들이 심성이 착하고 남을 도와주는 일에 발 벗고 나섰으며 염불수행을 많이 했기 때문에, 아이가 복수를 포기하고는 죽어버린 것입니다. 이제 그 아이와는 다시는 만날 일이 없을뿐더러 당신들이 그 아이를 위해 진실하게 기도하면 그 아이는 곧 해탈하여 천상에 태어날 것입니다."

"불법이 이토록 불가사의하군요. 정말 믿기 힘든 일이지만, 저는 스님의 말씀을 다 믿습니다. 감사합니다."

아들은 집으로 돌아가 아버지께 조용히 지난 과거 일을 물었으며, 아버지는 스님의 말씀이 한 치도 틀리지 않다는 것을 보여 주었다. 아버지도 친구를 죽인 일을 늘 후회하고 있었으며, 늘 죽은 친구를 위해 염불을 해 왔다고 고백하였다.

아들은 아버지의 허물을 덮고는 더 이상 꺼내지 않았다. 그리고 불법이 이토록 심오하고 불가사의하다는 것을 깨달았으며, 앞으로는 어려운 사람들을 위해 더욱 열심히 일할 것과 늘 염불수행과 채식을 병행하면서 살아가기로 다짐하였다.

아미타부처님의 명호를 지극히 받아 지니는 자는
현세에 마땅히 열 가지 수승한 이익을 얻게 된다

1. 밤낮으로 항상 모든 하늘의 큰 힘을 지닌 신장과 그 권속이 은밀히 수호하신다.

2. 항상 관세음보살 등과 같은 25분의 대보살과 모든 보살께서 항상 따라다니며 수호하신다.

3. 항상 제불께서 밤낮으로 호념하시며, 아미타부처님께서 항상 광명을 놓으시어 이 사람을 거두어주신다.

4. 일체의 악귀·야차·나찰과 같은 것들이 모두 해를 입힐 수 없고, 일체의 독사·독용·독약 등이 모두 침해할 수 없다.

5. 일체의 수재와 화재, 원수와 도적의 피해, 칼과 화살의 상해, 감옥의 재난, 멍에와 족쇄의 괴로움, 뜻밖의 죽음과 억울한 죽음을 모두 다 받지 않는다.

6. 이전에 지은 죄업들이 전부 다 소멸되고, 살생의 업에 대한 목숨 빚을 면제받으며, 그(살해당한 자)가 해탈하여 다시는 집착하여 대하지 않는다.

7. 밤에 꾸는 꿈은 바르고 좋은 꿈이고, 혹은 또한 꿈에 아미타부처님의 수승하고 미묘한 색신을 뵙게 된다.

8. 마음 가운데 항상 기쁨이 가득하고, 얼굴빛에 윤기가 흐르며, 기력이 충족하고 왕성하여 하는 일마다 길하고 순조롭다.

9. 항상 일체의 세간 사람들이 공경하고 공양하며 기쁘게 예배하는 것이 마치 부처님을 공경하는 것과 같이 한다.

10. 임종할 때에 마음에 공포와 두려움이 없고 정념正念이 현전하며, 아미타부처님과 여러 보살성중께서 손에 금대를 들고서 접인하러 오심을 보고는 서방정토에 왕생하게 되고, 미래세가 다하도록 영원히 수승하고 미묘한 즐거움을 누린다.

이상의 열 가지 이익은 경문에 자세히 실려 있고, 부처님께서 금구金口로 선포하신 것으로서 이미 현생과 미래세에 모두 이익이 있다. 그러므로 세간과 출세간에 요긴한 법문으로 염불만 한 것은 없나니, 다만 정진할 뿐 의심을 품지 말아야 한다!

부록2

정종수학淨宗修學의 근본

보리심을 발하고 내 마음속에 아미타부처님을 모셔서

일향으로 아미타불 부처님 명호를 전념함에 있습니다.

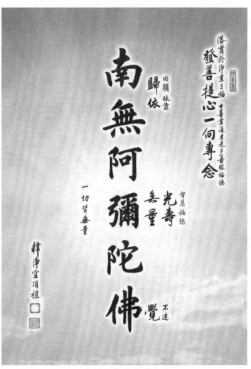

정공 법사님 친필

발보리심發菩提心 일향전념一向專念

정종淨宗에서 부처님 공부를 하는 근본은,

1) 보리심을 발하고 지극한 정성으로 정토에 태어나길 구하며,

2) 마음속에 정말로 아미타부처님께서 계신다고 믿고 아미타부처님 이외의 모든 인연을 놓아버리고서

전일하게 아미타불 부처님 명호를 염불함에 있습니다.

이와 같이 염불하면서 정업삼복(淨業三福; 인륜·계율·보리행)과 열 가지 바른 행위(十善業道)를 실행에 옮길 때 비로소 많은 선근과 복덕이 됩니다.

.

나무 南無

우리들은 일체의 잘못으로부터 마음을 돌려서, 아미타부처님께 의지하여야 합니다.

아미타 阿彌陀

아미타부처님께서는 무한한 광명·무한한 수명의 부처님이십니다. 무한한 광명은 지혜로, 아미타부처님께서는 지혜가 원만하십니다. 무한한 수명은 복덕으로, 아미타부처님께서는 복덕이 원만하십니다.

[귀歸]는 회귀이자 마음을 돌리는 것이고, [의依]는 의지입니다.

어디로부터 마음을 돌려야 합니까? 일체 잘못으로부터 마음을 돌려야 합니다.

무엇에 의지해야 합니까? 스승의 진실한 가르침에 의지해야 합니다. 귀의는 한 분 법사에게 귀의하는 것이 아님을 기억해야 합니다. 만약 여러분들이 오늘 여기서 "저는 정공 법사에게 귀의합니다."라고 말한다면 틀렸습니다. 이것은 잘못이고, 이 죄명으로 지옥에 떨어질 것입니다. 그렇다면 당신은 귀의를 받으러 오지 말아야 하고, 이런 죄업을 짓지 말아야 합니다. 왜냐하면 귀의를 받으러 와서 이런 죄업을 지으면 장래에 악도에 떨어지기 때문입니다. 그렇다면 누구에게 귀의해야 합니까? 우리들은 특정인에게 귀의하는 것이 아니라 삼보에 귀의해야 합니다. 만약 이것을 잘 알지 못하고 이런 의식을 받는 것에 그치면 이것은 실제와 부합하지 않습니다.

불 佛

1) 깨달아서, 미혹하지 않습니다.

육근(六根 ; 눈 · 귀 · 코 · 혀 · 몸 · 뜻)이 육진(六塵 ; 색 · 소리 · 향기 · 맛 · 촉감 · 법)의 경계에 접촉하여, 눈으로 물건을 보고, 귀로 소리를 들어서 마음이 일어나고 생각이 움직일지라도 하나하나 모두 다 깨달아 미혹하지 않습니다.

2) 일체의 모든 것이 무량합니다.

아미타부처님께서는 복덕이 무량일 뿐만 아니라 그 신통과 변재(辯才 : 말솜씨), 상호相好와 깨달음을 구하는 마음(道心), 일체의 모든 것이 다 무량하십니다. 무량無量이란 곧 끝없이 넓다는 뜻입니다. 따라서 아미타부 처님께서는 우리 눈앞에 계시지는 않으나 어디에나 다 계십니다.

무량수경에서 우리들에게 「발보리심發菩提心, 일향전념一向專念」을 가르쳐 주십니다. 일향으로 전념하여야 공부가 한 덩어리(成片)를 이룹니다. 발보리심은 지혜입니다. 일향전념은 공부입니다. 옛 고덕 께서는 보리심은 직심直心·심심深心·대비심大悲心이라고 말씀하셨 습니다. 관무량수경에서는 보리심은 지성심至誠心·심심深心·발원 회향심發願迴向心이라고 말씀하셨습니다. 우리들은 들을 수록 잘 모릅 니다.

우익대사께서는《아미타경요해》에서 우리들에게 매우 쉽고 명료하 게 말씀하셨습니다. 그 어르신께서는 "당신이 성심·성의를 다해 정토를 구하면 이 마음이 바로 무상보리심이다."라고 하셨습니다. 우리들은 비로소 문득 크게 깨닫습니다.

수많은 할머님들께서 아미타불을 염하시다 서서 왕생하시고, 앉아서 왕생하셨습니다. 그분들은 발보리심이 무엇인지 몰랐지만, 아미타불 을 염하는 것을 알았을 뿐입니다. 보리심을 발하지 않고는 왕생할 수 없는데, 그분들은 어떻게 왕생하셨겠습니까? 그분들은 염염히 정토에 태어나길 구하셨습니다. 이 일념이 바로 무상보리심입니다. 서방극락세계에 태어나 물러나지 않고 성불하는 것은 일반 보살도

해낼 수 없는 것입니다!16) 따라서 이것은 수승한 보리심입니다.

우리들에게 이러한 심원心願이 있으면, 일생 한가운데 이 염두念頭만 있으면, 단지 이 원망願望만 있으면 됩니다. 이 일념, 이 원망이 석가모니부처님께서 우리들에게 가르쳐 주신 것으로 우리들이 이렇게 해낼 수 있다면 바로 석가모니부처님께서 우리들에게 기대하신 것을 만족시키는 것입니다. 이것이 진정으로 스승을 존중하고 도를 중시하는 것이자 효도의 대원만입니다.

아미타부처님을 제외하고 아무것도 염하지 않으며, 아미타부처님을 제외하고는 아무것도 생각하지 않으며, 오직 아미타불만 생각하고 아미타불만 염하는 것을 일향전념이라고 합니다.

이것이 바로 정종에서 말하는 의심을 품지 않고 뒤섞지 않으며 중단하지 않는 것으로 단지 이렇게 수행할 수 있으면 왕생하지 못하는 사람은 한 사람도 없습니다. 이것이 정종수학의 방법이자 비결입니다. 여러분 모두 이번 생 가운데 진정으로 왕생하여 아미타부처님을 친견하고 싶으시면 절대로 잊지 말아야 합니다. 지금부터 한 마음

16) "일반적으로 범부로부터 부처가 되기까지 3대아승지겁三大阿僧祇劫을 수행해야 원만하다. 1아승지겁, 2아승지겁을 닦아도 보살의 지위에 있고 원만하지 않다." "일반 수행인은 3대아승지겁이 필요하지만 이것을 초월한다. 이것이 필요하지 않으며, 건너뛰고 단숨에 뛰어넘는다. 즉 보살 51계급을 초월한다. 보살들은 십신·십주·십행·십회향을 거쳐야만 하지만 당신은 이렇게 번거로울 필요가 없고 단숨에 뛰어넘는다. 뛰어넘어 서방극락세계에 왕생한다." 정공법사

한 뜻으로 아미타불을 전념하십시오.

마음을 거두어들여 염불하라

어떻게 마음을 거두어 들여 득력得力할 것인가? 염불할 때 염불기에서 나는 소리를 듣는다. 잡념은 모두 소리를 따라 들어온다. 그래서 염불할 때 대중을 따라 함께 수행하든 염불기를 켜서 하든 상관없이 열심히 자신의 염불소리를 경청하여야 한다. 마음으로 염불하던, 입으로 염불하던, 모두 한 글자 한 글자 또렷하게 염불하고 듣는다.

아阿~미彌~타陀~불佛~ 이처럼 소리를 내뽑지 말고, 음률을 넣어 염불하지 말라. 연속해서 멈추지 말고, 아阿·미彌·타陀·불佛, 한 글자 한 글자 사이에 잠시 멈추면 글자 글자가 분명해진다. 자신의 염불소리를 또렷하게 들을 수 있고, 망념이 저절로 그친다. 매우 쉽게 육근을 거두는 효과에 도달할 수 있다! 이 같은 염불방법은 처음 염불하는 사람과 망념이 많은 사람에게 매우 큰 도움이 된다!

염불할 때 이마나 가슴에 집중하지 말라. 그러면 쉽게 병이 난다. 코끝 및 입술 전방에 주의력을 집중하고, 눈은 반쯤 감거나 완전히 감는다. 자신에게 잘 맞는다고 느껴지는 것이 좋다!

왜 소리를 내뽑아서는 안 되는가? 소리를 내지 않고 염불할 때 만약 소리를 끌면 부처님 명호소리가 또렷하게 들리지 않고 머리가 어지럽기

쉽다! 이렇게 한 자 한 자 염하는 법은 득력할 때 염불소리가 귀 쪽에서 끊임없이 일어나고 이런 경계에 도달하면 소리를 내지 않아도 자신의 염불소리를 고요히 듣는다. 임종 시 조념助念하는 사람이 없다고 할지라도 자신의 이 한마디 부처님 명호에 의지해서 왕생할 수 있다.

그러나 염불하는 사람은 절대로 애써 이 경계를 추구하지 않는다! 오직 착실하게 염불하면 저절로 은밀히 오묘한 도에 계합하여 반드시 왕생할 자격이 생긴다.

불가사의한
고성염불과
수지독경의
공덕·위신력

고성으로 염불하고
경전을 독송하는
수행에 열 가지 공덕이 있나니,
잠을 내보내고
마군이 놀래 두려워 하고
소리가 사방에 가득 퍼지고
삼악도의 괴로움이 쉬며
바깥 소리가 섞여 들어오지 못하고
마음이 흩어지지 않게 하며
용맹한 마음으로 정진하게 하며
제불께서 기뻐하시며
항상 삼매가 현전하고
극락정토에 태어나느니라.
– 업보차별경

보시금을 내거나 수지독송하는 사람과

여러 사람, 여러 장소에 유통시키는 사람들을 위해

두루 회향하는 게송

이 경을 인쇄한 공덕과 수승한 행과
가없는 수승한 복을 모두 회향하옵나니,

원하옵건대 전생과 현생의 업이 다 소멸되고,
일체업과 견혹·사혹이 모두 사라지고 선근이 증장하며,

현생 가족권속들이 안락하고, 선망 조상들이 극락왕생하며,
시방찰토 미진수 법계 중생들이 공존공영하고 화해원만하며,
비바람이 항상 순조롭게 불고 세상이 모두 화평하며,

이 땅에 일체 재난이 없어지고 모든 사람들이 건강 평안하며,
일체 법계 중생들이 함께 정토에 왕생하게 하소서.

- 정공법사·무량수경친문기

이것이 바로 감응입니다.

한다면 자신도 모르는 사이에 모든 부처님의 가피를 받게 되며,

우리에게 한번 관정합니다. 이와 같이 수승한 일을 만약 항상 독송

우리에게 한번 관정灌頂할 뿐만 아니라, 시방삼세 일체 제불 역시

제일법문입니다. 만일 공경하는 마음으로 한번 읽는다면 아미타불이

무량수경은 일체 모든 부처님이 중생을 구제하여 불도를 이루게 하는

독경은 부처님의 관정을 받아들여 감응하는 것

지극히 높고 위없는 불법을 전수하는 관정灌頂

도서출판 비움과소통의 정토불서들

도서출판 비움과소통의 정토불서들

정토삼부경과 염불감응록

1판 1쇄 펴낸 날 2017년 2월 24일
1판 2쇄 펴낸 날 2019년 8월 15일(우란분절/미타재일)
1판 3쇄 펴낸 날 2022년 1월 17일(미타재일)
편역 무량수여래회
발행인 김재경 **번역** 허만항 **디자인** 김성우 **교정교열** 이유경 **제작** 재능인쇄
펴낸곳 도서출판 비움과소통
　　　경기도 평택시 목천로 65-15, 송탄역서희스타힐스 102동 601호
　　　전화 031-667-8739　팩스 0505-115-2068
홈페이지 blog.daum.net/kudoyukjung　**이메일** buddhapia5@daum.net
출판등록 2010년 6월 18일 제318-2010-000092호
© **무량수여래회, 2017**